U0541327

本书为2024年度国家社科基金项目"乡村旅游新业态培育的多主体协调机制及实现路径研究"（项目编号：24BGL139）的阶段性成果。

The Driving Force and Governance of Rural
Tourism in Chinese Traditional Villages

中国传统村落
乡村旅游化的
动力与治理

史玉丁 著

中国社会科学出版社

图书在版编目（CIP）数据

中国传统村落乡村旅游化的动力与治理 / 史玉丁著.
北京：中国社会科学出版社，2024.11. -- ISBN 978-7-5227-4245-8

Ⅰ.F592.3

中国国家版本馆 CIP 数据核字第 2024YB6243 号

出 版 人	赵剑英
责任编辑	郭曼曼
责任校对	韩天炜
责任印制	李寡寡

出　　版	中国社会科学出版社
社　　址	北京鼓楼西大街甲 158 号
邮　　编	100720
网　　址	http://www.csspw.cn
发 行 部	010-84083685
门 市 部	010-84029450
经　　销	新华书店及其他书店

印　　刷	北京君升印刷有限公司
装　　订	廊坊市广阳区广增装订厂
版　　次	2024 年 11 月第 1 版
印　　次	2024 年 11 月第 1 次印刷

开　　本	710×1000　1/16
印　　张	15.25
字　　数	241 千字
定　　价	78.00 元

凡购买中国社会科学出版社图书，如有质量问题请与本社营销中心联系调换
电话：010-84083683
版权所有　侵权必究

序

乡村是人类的故园。传统村落因其悠久的历史沉淀、独特的自然风貌和文化景观而具有多功能性和旅游开发价值。党的十八大以来，随着脱贫攻坚事业和生态文明建设的持续深入推进以及乡村振兴战略的实施，乡村的基础设施和公共服务得到明显改善，乡村旅游因此成为传统村落乡村特色产业发展的重要选项。

史玉丁博士撰写的《中国传统村落乡村旅游化的动力与治理》，基于他对西南民族村寨和传统村落的持续十多年的系统调研和深入思考，就"乡村旅游化"现象进行多层面、多视角的观察和分析，揭示了"乡村旅游化"引发的乡村社会经济变革及动力机制，以及"过度旅游化"带来的持续发展问题，并从旅游管理和公共治理的视域提出了中国传统村落保护性开发和乡村旅游产业永续发展的理论基础和政策框架。作者视角独特、思想敏锐，本书信息量大、可读性强，无论对中国传统村落保护和乡村旅游产业的研究者还是对实践者而言，都具有重要的参考价值，是通向传统村落保护和乡村旅游产业高深研究和创新探索不可或缺的"垫脚石"。

首先，本书基于重庆市黔江区新建村的典型案例，对"乡村旅游化"现象进行了发生学意义上的学理分析，并就"乡村旅游化"过程给传统村落的农民生计、产业格局、社会组织结构、综合治理系统等带来的影响做出了深刻的观察和思考，提出了"旅游生计"等富有解释力的重要概念，对"乡村旅游化"引发的乡村社会变革提供了全景式的"画像"。

其次，本书还尝试采用行动者网络等理论框架对"乡村旅游化"的过程机制进行深入细致的解析，指出乡村旅游化是乡村内外部要素和力量聚焦传统村落独有的农耕遗产、自然风貌和文化景观等稀缺资源集成整合、协同创新的过程和产物。作者敏锐地观察到，传统村落的乡土文化留存完整、传统乡村社会特色鲜明，与普通村落相比，传统村落更具备旅游化的可能性、正式性和合理性；传统村落的"乡村旅游化"发展涉及乡村居民、外来资本、地方政府等利益相关者，他们的认知态度、利益目标、竞合博弈、治理参与等推动或抑制着乡村要素的旅游化进程。具体而言，传统村落村民对可持续生计的追求，传统村落基层干部、经济精英、宗族精英对发展质量、经济收益、治理参与的追求，以及旅游消费者、外来资本主体、地方政府对消费获得感、资本收益、政治权力的追求等，形成传统村落乡村旅游化的创新行动者网络和动机集合，这些创新行动及其各动力要素之间形成的直接或间接的非线性的网络关系，深刻影响着乡村旅游化进程，并促使乡村社会的各种资源和要素由原有属性不断向旅游属性转换。乡村旅游化具有明显的系统性、动态性、关联性特征，为乡村社会特色产业发展提供新业态和新动能，也给传统村落乡村公共治理提出新挑战，值得从跨学科的视角进行多层面的深度研究。

再者，本书从公共治理的层面上提出"过度旅游化"的概念，强调对乡村旅游化的研究不仅要关注旅游管理问题，还要关注乡村旅游化过度发展引发的传统村落和乡村自然景观保护、历史文化传承以及小农户生计和发展权益保障等事关乡村社会发展和谐永续发展的公共治理问题。作者经过长期的田野观察，进行深刻的理论分析之后指出，传统村落乡村旅游化的发展过程和利益博弈的失衡是常态，绝对平衡是偶然，而失衡集中表现为"过度旅游化"，包括对政策文本的过度解读、外来资本的过度渗入、城市游客的过度消费和乡村旅游的过度融合。传统村落"过度旅游化"会造成乡村精英、发展带头人与普通农户和资源持有者之间的权利冲突和利益摩擦，乡村农户与外来资本、地方政府和其他乡村旅游开发者之间的文化冲突和利益竞争，以及游客旅游体验的诉求与旅游经营主体谋求经济利益动机之间的内在冲突等。总之，"过度旅游化"威胁着传统村落乡村旅游资源、乡村乡土生态的可持续开发、乡村社会和谐有序发展和农业农村现代化的高质量推进，亟须采用"政府主导，主体协调"的平衡治理策略进行理性疏导和系统治理。

需要指出的是，作者在本书中没有对"旅游化"进行简单的主观价值判断，而是将其作为一个系统化的研究对象，以旅游化动力为切入点和重要抓手，深入研究乡村旅游化的动力机制和公共治理策略。这种研究具有全面性和综合性，是对以往乡村旅游研究的新拓展，也是对解决乡村旅游地公共治理难题的一种新探索。期待作者以本书的出版为理论研究的"垫脚石"，在未来的乡村旅游管理和公共治理领域做出更富有洞见和原创性的研究成果。

李建军
中国农业大学教授、博士生导师
2024年4月于中国农业大学东校区

前　言

党的十九大报告中提出，实施乡村振兴战略。党的二十大报告中提出，全面推进乡村振兴。乡村旅游作为乡村产业振兴的重要路径之一，得到中央政策、学术话语、地方实践的重视。相对于其他地区，中国传统村落因其独特的自然资源和文化生态，在乡村旅游发展过程中，形成了以传统公共要素为基础，以村民特色化生产生活要素为主体，层级有序、关联紧密的旅游组织系统，这使其更存在乡村旅游化的可能性、正式性和合理性。传统村落乡村旅游化涉及乡村公共利益、改变乡村公共管理组织结构、挑战传统公共管理方式，需要恰当的公共管理创新进行有效应对。

本书以"行动者网络＋平衡治理"为理论框架，调研重庆市新建村（2015年，新建村入选第三批中国传统村落名录）的乡村旅游化过程、动力和公共管理问题。将新建村乡村旅游化这一动态过程作为研究对象，分析传统村落乡村旅游化中乡村要素的旅游功能拓展和旅游化转型过程，通过研究传统村落乡村旅游化中的发展动力，揭示乡村旅游化过程中农户群体、乡村精英、旅游消费者、外来资本主体和地方政府的功能作用和动力机制，根据发展动力常态化失衡的社会事实，提出构建对应发展动力的平衡治理机制。首先，分析国内外关于乡村旅游化的研究成果、不足和空白；其次，根据传统村落乡村旅游化的程度，将传统村落划分为潜在乡村旅游化阶段、初始乡村旅游化阶段、成熟乡村旅游化阶段；最后，在此基础上，采用质性研究中的拓展个案研究法，系统考察个案中各要素的旅游化转变过程，采用包括参与式研究方法、访谈法、类型比较分析法在内的资料收集与分析方法，研究传统村落乡村旅游化的发展动力和作用机制。据此，建立与乡村旅游化中发展动力对应的平衡治理机制，以推动传统村落乡村旅游化过程中乡村的稳定有序发展。

本书发现，生计资本提升是农户群体参与乡村旅游化的动力源泉，并使农户群体成为传统村落乡村旅游化的发展动力。乡村经济精英、宗族精英和基层干部带领乡村要素参与乡村旅游化进程，三者之间的多元协同使其成为传统村落乡村旅游化的新合力。传统村落乡村旅游化是一个外向的、开放的过程，各外部利益相关者发挥着重要的要素支撑与创新激发作用。旅游消费者、外来资本主体和地方政府是外部利益相关主体中三个核心组成部分。他们通过对乡村旅游地的影响和干预，实现自身的利益诉求，并通过乡村旅游地农户、乡村精英等内因要素影响着乡村旅游化的整体进程。传统村落乡村旅游化各动力要素均有各自的动力源起、动力路径、动力机制，但从总体来看，政策的强引导是推动这些发展动力达成的关键因素和基本动因，所以地方政策执行者充当着核心行动者的角色。传统村落乡村旅游化过程中，发展动力之间的失衡是常态，绝对平衡是偶然，失衡集中表现为"过度旅游"。任何社会系统的发展均是基于发展动力与平衡治理的双核结构而进行的。传统村落乡村旅游化过程中需要构建"政府主导，主体协调"的平衡治理机制，以缓解发展动力失衡的常态化公共管理问题。

本书认为，在传统村落乡村旅游化过程中，政府应明确乡村旅游与乡村旅游化的联系与区别，从乡村旅游化的视角推动以乡村旅游为特色的传统村落的可持续发展。政府应注重农户群体的参与式发展，发挥其在乡村旅游化要素供给中的主体作用，从推动生计资本旅游功能拓展的角度，激发其参与乡村旅游化的积极性。政府应激发乡村精英的引领和示范作用，注重乡村经济精英的产业经济功能、乡村宗族精英的文化功能和治理功能、乡村基层干部的统筹稳定和平衡协调功能，并结合旅游消费者、外来资本主体和地方政府部门等外部要素的支撑与创新作用，形成传统村落乡村旅游化的整体合力。传统村落乡村旅游化过程中，"政府主导，主体协调"平衡治理的构建需要政府提高对社会文化价值认同的形塑能力和对多元合作命运共同体的构建能力，设计维护核心公共价值、兼顾公平与效率的制度框架，通过利益平衡、内容平衡、责任平衡，提高公共管理的效率。

目　录

第一章　绪论 …………………………………………………… （1）
　第一节　研究背景、问题提出与研究意义 …………………… （1）
　第二节　文献梳理与述评 ……………………………………… （10）
　第三节　主要概念、研究目标与研究内容 …………………… （29）
　第四节　研究设计 ……………………………………………… （38）

第二章　从乡村旅游到乡村旅游化：个案的发展概况 ……… （48）
　第一节　新建村发展的历史沿革和基本情况 ………………… （48）
　第二节　新建村乡村旅游化的资源基础与发展阶段 ………… （52）
　第三节　从乡村旅游到乡村旅游化：乡村要素属性的
　　　　　渐变过程 ……………………………………………… （58）
　第四节　新建村乡村旅游化中的行动者网络 ………………… （73）

第三章　旅游生计：新建村乡村旅游化的内生动力 ………… （78）
　第一节　乡村旅游化之前的农户生计 ………………………… （78）
　第二节　农户生计方式向旅游生计的转变 …………………… （91）
　第三节　农户旅游生计加速乡村旅游化进程 ………………… （99）

第四章　精英效应：新建村乡村旅游化的裂变机制 ………… （108）
　第一节　经济精英：乡村旅游化中的形成与示范作用 ……… （108）
　第二节　宗族精英：乡村旅游化中的传承与治理作用 ……… （120）
　第三节　基层干部：乡村旅游化中的引导与管理作用 ……… （129）

第五章　外部支撑：利益相关者的激发推动作用 …………… (138)
第一节　旅游消费者对传统村落乡村旅游的"硬需求" ……… (138)
第二节　外来资本主体对乡村旅游化的"硬介入" …………… (148)
第三节　地方政府对乡村旅游化的"硬治理" ………………… (156)

第六章　新建村乡村旅游化中的动力机制、摩擦与失衡 ………… (164)
第一节　新建村乡村旅游化中的动力机制 …………………… (164)
第二节　发展动力之间的多重摩擦 …………………………… (173)
第三节　过度旅游：发展动力失衡的集中表现 ……………… (179)

第七章　"政府主导，主体协调"的平衡治理机制 ……………… (189)
第一节　平衡治理的基本逻辑与方法指导 …………………… (189)
第二节　"政府主导，主体协调"平衡治理的政府能力 ……… (196)
第三节　"政府主导，主体协调"平衡治理的主要内容 ……… (199)
第四节　"政府主导，主体协调"平衡治理的实践路径 ……… (204)

第八章　研究结论与展望 ……………………………………… (208)
第一节　研究结论 ……………………………………………… (208)
第二节　研究展望 ……………………………………………… (215)

参考文献 ………………………………………………………… (217)

附　录 …………………………………………………………… (227)

后　记 …………………………………………………………… (233)

第 一 章

绪　　论

第一节　研究背景、问题提出与研究意义

一　研究背景

中华人民共和国成立以来，历代中央领导人都关注农业，关心农民，注重农业生产发展。例如，毛泽东同志指出，农民问题是中国革命的根本问题。[①] 邓小平同志认为，中国经济能不能发展首先要看农村能不能发展。[②] 习近平总书记强调，农业农村农民问题是关系国计民生的根本性问题。[③] 传统村落发展的紧迫性和战略性在新时代也有了新的要义，习近平总书记高度重视传统村落保护发展工作，先后视察湖南省十八洞村、河南省田铺大塆村、陕西省杨家沟村等传统村落，并多次作出重要指示。2019 年 9 月 16 日，习近平总书记在河南新县田铺乡田铺大塆调研时指出，搞乡村振兴，不是说都大拆大建，而是要把这些别具风格的传统村落改造好。基于这些重要表述，笔者再去强调传统村落乡村发展的重要意义，显得有些多余。但作为公共管理研究，对重大现实问题的关注、剖析、探究，并提出系统解决方案是最基本的问题意识与责任所在。

中国改革开放 40 多年的探索试验期，也是农村发展的集中改革尝试

[①] 中共云南省委党校编：《毛泽东同志论农民问题》，云南人民出版社 1960 年版，第 90 页。

[②] 中共中央文献研究室编：《邓小平关于建设有中国特色社会主义的论述专题摘编》，中央文献出版社 1992 年版，第 89 页。

[③] 习近平：《决胜全面建成小康社会 夺取新时代中国特色社会主义伟大胜利——在中国共产党第十九次全国代表大会上的报告》，人民出版社 2017 年版，第 32 页。

期。在40多年的农村发展历程中，一些地区的农村通过发展非农产业，实现了快速发展，也有一些地区的农村通过调整资源要素结构，整合村庄资源优势，发展新型农业，实现了提速跟进，还有一些地区的农村，尤其是城郊村庄，在城镇化进程中实现了整体性系统蜕变。一批明星村也随之出现，例如，民俗为本、数字赋能的袁家村，乘势而上、电商带动的丁楼村，文化依托、乡旅转型的宏村镇，等等。还有一些地区因为乡村整体发展优势明显，被总结为不同的区域农村发展模式，例如苏南模式、温州模式、德宏模式等。但中国不同地区农村之间的客观现实差距较大，明星村与先进模式的复制推广成效甚微。

在中国广阔的农村发展改革实践中，传统村落的乡村旅游发展改革与探索实践值得关注。在国家和地方政策的引导和推动下，在传统村落乡村优势资源整合的改革和实践中，传统村落乡村旅游产业得到快速发展，成为传统村落部分农村发展、农民致富、农业提升的重要路径。随着传统村落乡村旅游产业的发展，乡村旅游产业所涉及的乡村要素逐渐增多，农村传统发展场域中部分有形要素和无形要素开始了明显的旅游功能拓展和旅游化转型，而农村要素由"乡村常态化"向"乡村旅游化"的渐变过程，对传统村落乡村治理提出了重要挑战。

第一，国家政策层面，乡村旅游被定位为中国乡村产业发展的重要路径，助力乡村振兴战略。2005年是中国乡村旅游政策引导质性变化的开始。2005年之前，政府政策文件很少专门提及乡村旅游，更没有"乡村旅游"这一名词的政策应用，而是以"农村旅游"的提法出现在宏观旅游政策文件中。从2005年开始，政府政策文件中专门的"乡村旅游"政策开始出现，并逐渐增多。2015年中央一号文件《中共中央 国务院关于加大改革创新力度加快农业现代化建设的若干意见》提出，要积极开发农业多种功能，挖掘乡村生态休闲、旅游观光、文化教育价值。2016年中央一号文件《中共中央 国务院关于落实发展新理念加快农业现代化实现全面小康目标的若干意见》强调，大力发展休闲农业和乡村旅游，使乡村旅游成为农村新兴支柱产业。2017年，"田园综合体"作为乡村新兴产业发展的亮点措施被写进中央一号文件《中共中央 国务院关于深入推进农业供给侧结构性改革加快培育农业农村发展新动能的若干意见》。2018年中央一号文件《中共中央 国务院关于实施乡村振兴战略的意见》要求实施休闲农业和乡村旅游精品工程。2019年中央一号文件《中共中央 国务院关于坚持农业农村优先发展做好"三农"工作的若干意见》提出加强乡村旅游基础设施建设，将农村人居环境整治与发展乡村休闲旅游等有机结合。在政策话语中，乡村旅游的表述逐渐清晰具体，定位逐渐切实可行，意义逐渐对标到位，将成为今后相当一段时间内，中国乡村发展的重要力量支撑。2021年中央一号文件《中共中央 国务院关于全面推进乡村振兴加快农业农村现代化的意见》强调，开发休闲农业和乡村旅游精品线路，完善配套设施。2022年中央一号文件《中共中央 国务院关于做好2022年全面推进乡村振兴重点工作的意见》将乡村休闲旅游作为重点发展产业，实施乡村旅游提升计划。2023年中央一号文件《中共中央 国务院关于做好2023年全面推进乡村振兴重点工作的意见》进一步提出，实施乡村休闲旅游精品工程，推动乡村民宿提质升级。2024年中央一号文件《中共中央 国务院关于学习运用"千村示范、万村整治"工程经验有力有效推进乡村全面振兴的意见》提出，推进乡村旅游集聚区（村）建设，培育生态旅游等新业态。

第二，产业发展层面，乡村旅游成为中国乡村地区产业多样化发展的重要路径。乡村旅游作为一种产业形态起源于19世纪60年代的英国、法国、意大利、西班牙等西欧国家。例如，西班牙农舍、农场提供接待游客的服务，意大利成立了"农业与旅游全国协会"，等等。中国的乡村旅游开始于改革开放初期，主要目的是政治外交接待，而非市场化运作。20世纪80年代后期，深圳的"荔枝节"和"采摘园"是中国较早的具有市场色彩的乡村旅游,[①] 其目的是招商引资，不是乡村旅游本身。乡村旅游的快速发展期开始于21世纪第一个十年，乡村旅游正是在这个时间开始被写入国家宏观政策文本中，并在政策的引导下得到迅速发展。[②] 在国家政策的宏观引导下，在社会需求的增长推动中，后现代主义特征鲜明的乡村旅游提供了一个回归传统、体验乡土、释放自由的虚实空间，并得以迅速发展。2018年，农业农村部召开的全国休闲农业和乡村旅游

[①] 谢天慧：《中国乡村旅游发展综述》，《湖北农业科学》2014年第11期。
[②] 史玉丁、李建军：《乡村旅游多功能发展与农村可持续生计协同研究》，《旅游学刊》2018年第2期。

大会显示，2012年至今，中国休闲农业与乡村旅游收入增长迅速，从2012年2400亿元人民币发展到2019年18100亿元人民币，受疫情影响，2020—2022年乡村旅游收入下降明显，但携程网数据显示，2023年前三季度，国内乡村旅游订单量已恢复至2019年同期的264%，复苏势头强劲。中国乡村旅游发展日趋多元化，乡村旅游产业链逐步完善。

第三，传统村落乡村旅游特殊性层面，传统村落乡村更存在乡村旅游化的可能性、正式性和合理性。传统村落乡村因传统文化特色而形成乡村旅游差异化的基础。传统文化对村民生产生活的润养，使传统村落乡村旅游产品的文化基因、符号特征、存在形态均产生了与众不同的吸引力。从2003年至今，住房和城乡建设部及国家文物局组织评选的487个中国历史文化名村均具备明显的传统文化特色。2012年至2023年，住房和城乡建设部、文化和旅游部等部门联合公布的8156个中国传统村落也是以传统特色为重要衡量标准。相对于其他地区，传统村落乡村资源的差异化、历史性、系统性，决定了其更具备乡村旅游化的要素条件和场域环境。在当前乡村旅游产业遍地开花的局面中，不难发现，大部分乡村仅存在某一种乡村旅游业态，例如单一的果蔬采摘、农家乐等传统乡村旅游业态，且以极少数村民自营为主，辐射范围有限，乡村要素参与较少。这与当前中国乡村要素零散化、失序化的存在格局密切相关。而传统村落乡村呈现出以公共要素为基础（例如传统信仰、古朴公共建筑等），以村民传统式生产生活要素为主体（例如传统歌舞、民间住房等），层级有序、关联紧密的旅游组织系统。所以，在乡村旅游产业发展过程中，传统村落乡村难以从单一要素获得乡村旅游的"局部发展"，更容易出现乡村系统要素的旅游化转型，从而促成乡村整体旅游化的发展格局。也正是因为传统村落乡村要素的紧密性和系统性，使传统村落乡村旅游产业发展过程中乡村旅游化存在其正式性和合理性。

第四，乡村治理层面，传统村落乡村旅游给当地经济社会发展带来的新问题、呈现出的新现象对乡村公共治理提出了新要求。乡村旅游产业的快速发展，给当地原有的发展系统带来冲击，这极大地考验着乡村公共治理。首先，乡村旅游产业本身的问题。在旅游资源界定方面、在发展路径方面、在可持续性方面均存在一定的短期经济利益获取的倾向性。其次，乡村旅游与本地原有经济产业的关系问题。乡村旅游与原有产业产生了激烈的碰撞，这种碰撞有的以产业融合的方式进行化解，但是依然存在产业间的冲突，甚至是零和博弈般的恶性争夺。再次，乡村旅游与乡村社会的关系问题。乡村旅游对村民之间的利益平衡产生了影响，在相对利益的变化过程中，乡村旅游各参与主体之间的摩擦和矛盾成为伴随乡村旅游产业发展的常态。最后，乡村旅游与乡村生态关系的问题。乡村旅游虽然被冠以绿色产业，但是有些地方的乡村旅游却成为破坏自然生态的利器。另外，乡村旅游也被冠以文化产业，但是有些地方的乡村旅游对文化生态是一种扭曲性的复归。这要求传统村落乡村治理方面的适应性改革，同时，治理实践中相关主体职能的转变、治理意识中乡村治理的升级为传统村落乡村旅游化的公共治理模式的构建和实施提供了空间、机会和激励。

二 问题的提出

党的十八大以来，中共中央、国务院高度重视"三农"工作，把"三农"问题摆在国家战略核心位置。党的十九大报告中乡村振兴战略的提出，为未来乡村发展设计了宏伟蓝图，中共中央、国务院印发的《乡村振兴战略规划（2018—2022年）》为乡村发展制定了时间表和路线图。党的二十大报告强调，全面推进乡村振兴，发展乡村特色产业，拓宽农民增收致富渠道。在国家乡村振兴宏观背景下，针对以乡村旅游为特色的传统村落的持续发展动力、社区治理机制，我们必须要明确以下三个问题。

第一，以乡村旅游为特色的传统村落的旅游产业发展与旅游化转型是如何进行的？21世纪初，中国有500多万个村庄，[1] 由于分布广泛，在不同的自然环境、文化环境、经济社会发展水平的影响下，形成了千差万别的农村类型。乡村旅游作为一种产业经济形式，在部分乡村以点状、线状、面状或者网状的结构存在着。相对于乡村旅游这一产业经济概念，乡村旅游化是一个更加立体、系统、动态的概念。每一个村庄从发展乡村旅游产业到村庄的旅游化，都经历着不一样的演化过程。这一过程的

---

[1] 鲁可荣：《后发型农村社区发展动力研究——对北京、安徽三村的个案分析》，安徽人民出版社2009年版，第2页。

客观分析与类型归纳对透视乡村过去与未来发展意义重大。所以,我们要对以乡村旅游为特色的传统村落进行界定,并研究其演化路径,进而进行归纳总结。

第二,传统村落乡村旅游化的发展动力有哪些,是如何持续的?中国乡村旅游在国家和地方政策带动下,快速进入成长期,并随着消费者收入水平的提高、可支配时间的增加,乡村旅游需求端动力逐渐充沛。相对于普通乡村地区,传统村落的自然环境、文化内容更具特色和吸引力,乡村旅游的资源供给能力优势明显。从发展学视角进行研究,传统村落中的乡村旅游化发展动力除消费者需求和旅游资源供给,还需要乡村居民的主体作用、社区经营的推动作用、社区组织的整合作用、村落文化的聚化作用、制度干预的渗透作用等。从立体的、动态的、系统的视角对以乡村旅游为特色的传统村落的持续发展动力进行研究是促进旅游与非旅游要素之间,本乡村经济与外部经济之间,旅游产业经济与旅游文化传承、旅游社区治理、旅游满意度、旅游环境等之间协同共生、螺旋共进的必要前提。

第三,传统村落乡村旅游化中公共治理如何助力?传统村落乡村旅游化的进程离不开公共治理的参与、渗透和支撑。一个民主的、负责任的、有能力的、透明的公共治理体系,无论对经济的发展还是对整个社会的可持续发展都是不可缺少的。[①] 社会主义制度的优越性在中国传统村落乡村发展中体现得尤其明显。新时代传统村落乡村发展必须坚持创新、协调、绿色、开放、共享的新发展理念,实施乡村振兴战略,建设产业兴旺、生态宜居、乡风文明、治理有效、生活富裕的现代化新农村。在国家宏观布局中,以问题为导向研究传统村落乡村旅游化中公共治理问题有较强的必要性。我们要研究以乡村旅游为特色的传统村落公共治理面临哪些新问题和新挑战?传统村落乡村旅游化背景下,乡村善治应是一种什么理想状态?传统村落乡村旅游化中公共治理的治理动机、治理机制是什么?如何建立乡村旅游化中发展动力的平衡治理?如何通过发展动力与平衡治理的构建,促进以乡村旅游为特色的传统村落稳定有序发展?

---

① 陈振明等:《公共服务导论》,北京大学出版社2011年版,第3—4页。

目前，在国家政策驱动与乡村发展自觉的格局中，中国大部分传统村落乡村具备了促进经济社会发展的基础条件、动力要素和制度保障。就中国传统村落中乡村旅游村庄的可持续发展而言，关键在于如何挖掘呈现发展要素与发展动力，形成自身发展的独特优势和持续动力，并通过有效的公共治理贯彻落实国家宏观政策，对接地方具体措施，整合内外资源要素，促进乡村系统可持续发展。因此，对于传统村落中的乡村旅游村庄，我们必须认真研究旅游化演进过程、可持续发展动力、有效性公共治理，以乡村居民为参与主体，以发展问题与治理问题为重要导向，以系统可持续发展为核心目标，探寻传统村落乡村旅游化动态过程中各要素发挥作用的动力机制与平衡治理策略。

三 研究意义

（一）理论意义

第一，提出乡村旅游化的研究命题，拓宽乡村旅游发展的研究视角，促进对乡村振兴战略中乡村旅游发展的新认知。已有成果大多没有跳出对乡村旅游研究的单一维度和静态视角，大多从产业经济、资源生态、社会治理等单一维度进行专门研究，不能兼顾乡村旅游地各发展要素之间、各发展目标之间、各发展阶段之间的动态平衡关系。本书在已有研究成果的基础上，从要素系统、动态发展的角度提出乡村旅游化的研究框架。本书认为，乡村旅游化不一定是乡村旅游产业扩张的必然结果，而是乡村要素进行旅游功能拓展的系统动态发展过程，单一的乡村旅游产业拓展不一定促进乡村旅游化的系统发展局面。乡村旅游化不一定是单一自由市场的发展结果，研究发现传统村落的乡村旅游化更是政策强引导的客观结果，在某种程度上，乡村旅游化是乡村旅游产业发展的重要推动。本书提出"乡村旅游化"这一全新的学术命题并展开初步的学理论证与阐释，这本身就是一种理论创新。乡村旅游化有利于充实乡村旅游发展研究、旅游乡村发展研究的理论框架，将研究认知从零散化、静态化、单一化，转移到系统化、动态化、多要素上，为打破公共管理领域对乡村旅游"硬治理"的研究惯性提供理论前提。另外，本书从微观视角对案例村的乡村旅游化表现、过程、动力进行分析，这一动态过程中存在传统村落乡村旅游化的共性，也有案例村的特性。但乡村旅游化的动态分析框架可以为乡村旅游研究提供工具借鉴。

第二，提出"政府主导，主体协调"的平衡治理框架，丰富和完善乡村旅游地政府管理理论，促进对乡村旅游化过程中政府与社会关系的新认知。政府治理能力的精准化是公共管理研究面临的重要理论挑战。党的十八届三中全会之后，政府治理能力现代化、政府创新治理能力成为政府治理研究领域的关键词。党的二十大报告指出，到2035年要基本实现国家治理体系和治理能力现代化。可见，在中国区域发展千差万别的客观现实下，无论是传统的全能政府式的官僚行政模式，还是西方新公共管理和公共服务模式，均面临落地生效的考验，都需要与客观场域的创新结合，提高其公共管理效率。不同于"强政府，弱社会"或"弱政府，强社会"的"零和博弈"，传统村落乡村旅游化过程中，多中心社会公共事务的特征明显。政府的强引导作用、农户要素供给的主体作用、精英的示范带动作用、外部因素的创新助推作用组成乡村旅游化的主要动力，同时也产生动力之间常态化失衡的现象。可见，多中心不能无中心，调研发现传统村落乡村旅游化过程中，政府强引导发挥主导作用，并促进其他动力效能最大化。基于此，本书相对精准地提出"政府主导，主体协调"的平衡治理框架，为乡村旅游化中的公共管理提供理论参考。其中，平衡治理不是绝对的静态平衡，而是在乡村旅游化发展过程中，各治理主体之间相对的动态平衡。

（二）实践意义

第一，提出乡村旅游化的政策含义与导向，为政策创新性、协调性设计提供参考。当前，关于乡村旅游地的专门性政策多从乡村旅游产业发展的角度进行设计与实施，除此之外，相关的生态环保、资源保护、文化传承、精准扶贫等方面的政策也涉及乡村旅游地的发展。但是政策的零散化、关注对象的单一性比较明显，在设计过程中，难以达到整体性、系统性的创新框架，在政策实施过程中，难以达到推动乡村旅游地整体发展的效果。乡村旅游化既是乡村旅游地发展中的客观动态过程，也是乡村旅游地政策制定的重要参考和精准导向，具有明确的政策含义。乡村旅游化的政策含义需要地方政府宏观统筹，并从乡村旅游化的角度制定整体的政策设计框架，基于此，相关部门进行针对性的政策设计和实施，提高政策的协调性和创新性。在政策设计中，通过"乡村旅游化理论—乡村旅游化情境—相关行动者"三个层面的有效整合向更具普遍解释力的方向发展。乡村旅游化的政策导向主要体现在政策设计空间上的情境化考量。乡村旅游地政策设计的情境化考量可以提高政策设计的灵活性和弹性，犹如产品制造经历了技术创新向集成创新的转变。

第二，促进乡村旅游化过程中政府治理现代化，精准引导乡村旅游化公共治理实践。地方政府治理能力的现代化需要解决的核心问题是通过梳理政府权力清单，理顺政府与市场、社会的关系，为构建法治政府奠定基础，主要体现在政府、市场和社会关系的规范化以及治理客体系统的协调化。在国家治理体系和治理能力现代化推进过程中，与中央政府相比，地方政府的治理能力、改革愿望均相对滞后。地方政府治理能力现代化的提升既需要遵循共同的原则，也需要地方特色的创新。本书从三个角度促进传统村落中乡村旅游地政府治理现代化，首先，传统村落乡村旅游地发展过程中，以地方发展现实与特定场景为前提，进行本土化的治理创新是提高地方政府治理效率的关键；其次，乡村旅游的外向性需求与传统村落相对封闭性的发展现实需要地方政府实施更加开放的决策机制创新；最后，乡村旅游化的整体性，尤其是传统村落乡村要素旅游化发展的客观现实需要地方政府以系统化的法治体系建设进行有效保障。乡村旅游化是地方政府治理现代化过程中树立本土化理念，进行开放性决策、系统化法治建设的重要推动，可以精准引导地方政府公共治理实践。

第三，促进乡村旅游化过程中社会协同治理体系现代化，充分发挥各行动主体的动力效能。当前乡村公共治理面临的主要问题是，西方样板的拿来主义、政策和执行中的治理失衡、个体治理行动者的忽略。传统村落乡村旅游化涉及乡村内外部要素众多，基于不同主体利益形成的行动者网络也相对复杂，挑战着传统公共管理方式。西方样板的拿来主义更多带有明显的理想主义色彩，不能完全适应传统村落乡村旅游地旅游化公共治理的要求，实施过程不畅，治理效率较低。政策制定者与政策执行者之间存在的摩擦主要体现在政策设计对时效性和持久性的要求，但政策执行者则更多追求稳定性、效率性，以及对成本的控制。传统村落乡村旅游化过程中的公共治理体现系统性、可持续性，对政策制定者与执行者具有更高的均衡要求。当前，社会协同治理是提高政府治理效率和治理能力的重要选择,有学者提出多中心的治理框架,笔者认为,多中心不是无中心,在传统村落乡村旅游化过程中构建"政府主导,主体协调"的治理框架是推动社会协同治理体系现代化,平衡各行动者主体,提高公共治理效率的路径参考。

第四,促进乡村旅游化健康可持续,助力乡村振兴战略。本书认为乡村旅游化是传统村落乡村旅游地发展过程中所呈现出的客观现象,也是传统村落乡村旅游地发展中可选择的路径之一。虽然相对于其他地区,传统村落乡村旅游化更具有现实可能性、正式性和合理性,但并不是所有传统村落乡村旅游地均可以达到乡村旅游化健康可持续的理想状态。乡村振兴战略注重乡村发展的系统性和持续性,是对乡村不均衡不持续发展的革新。乡村振兴战略的落地需要切实可行的实践载体。本书认为,传统村落乡村旅游发展过程中凸显出来的乡村旅游化可以作为该地区乡村振兴战略实践的重要路径。一方面,传统村落乡村旅游化是该乡村内在客观条件与外来发展环境有效结合的重要平台,可破解相对封闭性的状态,提高对外开放度;另一方面,传统村落乡村旅游化中乡村内外部要素、各利益相关主体的旅游化转型与乡村振兴战略提出的"五大振兴"具有较高的适配性,旅游化可为乡村振兴战略提供动力和路径选择。

第二节 文献梳理与述评

传统村落乡村旅游化问题,归根结底是一个发展问题,对已有发展理论进行研究梳理,在此基础上,对传统村落乡村旅游、社会发展动力、乡村发展模式和动力、传统村落乡村发展、乡村治理等领域进行已有研究分析,为本书奠定坚实的理论基础、方法基础和实践基础。

一 从传统村落乡村旅游到传统村落乡村旅游化:不只是产业经济的范畴

已有文献关于传统村落乡村旅游的描述大多是从经济学、管理学、社会学、人类学等方面进行的单一学科研究,从一个侧面对传统村落乡村旅游的静态存在进行研究分析。乡村旅游是一个动态的、全要素的客观存在，通过增维透视存在的全视角、动态的全过程，可以全面剖析乡村旅游化的全貌。但是现有文献较少通过"乡村旅游化"动态过程进行专门研究。

（一）传统村落乡村旅游要素与开发

相对于传统村落乡村旅游资源而言，旅游要素的分析更加繁杂多维，更多研究是对前者的实证案例分析。例如，陈宇通过主类、亚类、基本类、资源单体的形式，对湘西乡村旅游资源进行分类研究，认为乡村旅游资源应分为乡村文化及民俗、乡村聚落、乡村历史景观和自然资源4大主类，人事记录、居住社区、历史遗迹、地貌资源等11个亚类，传统节日、特色街巷、古城遗址、亭台楼阁等41个基本类。① 长安大学资源学院旅游系对陕西省乡村旅游资源进行了详细划分，分为自然景观、历史遗迹、民俗、休闲、农家乐等8大主类，生物景观、民族村寨、乡土名人、交通水利等40个亚类。② 杨载田认为湖南乡村旅游资源可通过水体景观、农业景观、地质景观、气候景观、生物景观、聚落景观、民俗景观、历史遗迹景观8个维度进行分类。③ 纵观已有研究，对传统村落乡村旅游资源的认定有较高的相似度，但是对如何划分存在不同的分类维度，这无可厚非，但是存在的问题在于仅对现存的旅游资源进行认定，而不追本溯源，难以挖掘传统村落乡村旅游的本质和根源。

如上所述，传统村落乡村旅游要素开发的专门研究较为不足，旅游资源开发的专门研究已有大量研究成果。在开发的原则方面，徐燕等提出要遵循文化性、特殊性、民俗性、生态性、参与性五大原则。④ 在开发的影响因素方面，罗章认为，不同利益群体之间的博弈是影响乡村旅游资源开发的重要因素，应从行动者动态博弈的角度出发进行解释性研究，在对贵州某苗寨进行实地调查，并通过构建混合博弈模型分析利益冲突

---

① 陈宇：《湘西少数民族地区乡村旅游资源分类及评价》，《中国农业资源与区划》2019年第2期。

② 胡粉宁、丁华、郭威：《陕西省乡村旅游资源分类体系与评价》，《生态经济》（学术版）2012年第1期。

③ 杨载田主编：《湖南乡土地理》，中国文史出版社2005年版，第6—29页。

④ 徐燕、熊康宁、殷红梅：《贵州少数民族地区乡村旅游开发研究——以兴义市南龙村为例》，《贵州民族研究》2007年第6期。

问题产生的内在机理后,认为交往理性的缺乏是产生利益冲突问题,进而影响旅游资源开发的深刻原因。① 李星群认为,年龄、家庭经济地位、受教育程度、社会阅历、投资意识是影响乡村旅游资源内生自主开发的重要因素。② 他建议,开发乡村旅游资源的重要基础应是村民的认识和发展能力的提升。在资源评价方面,有关学者运用定性评价、定量评价、比较评价、综合评价的方法,从旅游资源的开发条件、类型结构、资源等级和价值等方面展开,如陶犁从资源的吸引向性、资源开发潜力级别、资源开发限制三个方面对云南怒江州旅游资源进行定性评价,同时还与相邻 3 个旅游区作了比较评价;③ 熊辉、彭重华、朱明以湘西侗族村寨景观为例,从景观的功效性、生态敏感度、美感度和民族性四方面建立民族村寨景观资源评价体系;④ 陈晓艳等专门对传统村落的乡愁进行测度和价值评价,认为乡愁是人类共同的情感,作为人的一种意识,也具有一定的能动性和价值,因此乡愁资源是一种价值资源。⑤

(二) 传统村落乡村旅游市场

传统村落乡村旅游市场主要通过传统村落乡村旅游中消费者端和市场开发供给者端进行体现。首先在传统村落乡村旅游中消费者端的相关研究。旅游消费者的旅游消费行为与其所掌握的信息量与资料多少关系密切,Dann 从需求的角度分析了游客动机的推动因素,认为游客个人可支配收入、出游动因和旅游相关信息资源的获取是影响旅游消费的重要因素。⑥ 旅游消费者要进行可行的选择,而属于可行的选择,还要经过更详细的评估,旅游者将选择那些具有满足其个人旅游目的的旅游地及

---

① 罗章:《民族乡村旅游开发中三组博弈关系及其博弈改善——以贵州省 XJ 苗寨为例》,《社会科学家》2015 年第 1 期。
② 李星群:《民族地区乡村旅游开发村寨居民交际和社会认知能力研究》,《广西民族研究》2010 年第 1 期。
③ 陶犁:《云南怒江州旅游资源评价》,《学术探索》2002 年第 2 期。
④ 熊辉、彭重华、朱明:《湘西侗族村寨旅游资源评价及可持续发展对策》,《湖南林业科技》2007 年第 1 期。
⑤ 陈晓艳等:《传统村落旅游地乡愁的测度及其资源价值——以苏南传统村落为例》,《自然资源学报》2020 年第 7 期。
⑥ Dann, G., "Towrist Motivations: An Appraisal", *Annals of Tourism Research*, Vol. 8, No. 2, 1981, p. 187.

其产品。① 基于此，薛群慧、邓永进分析了传统村落旅游消费需求的激发及其影响因素，总结出传统村落旅游消费行为具有时间性、民间性、重复性和文化性的特征。② 学界通过实证案例研究的方法对特定区域的传统村落乡村旅游消费者进行分析。例如，吴忠军、唐晓云通过对广西龙胜乡村旅游市场的客源地分析，对各族自治县国内游客的人口统计学特征、需求与消费行为特征、游客的时空分布进行了详细梳理，运用调研结果对龙胜现有旅游产品进行诊断，并根据诊断结果进行产品规划及项目设计。③ 另外传统村落乡村旅游产品对消费者行为动机的影响明显，尤其是旅游产品的失真性将影响消费者对传统村落乡村旅游的本真性偏好。吴晓山对传统村落文化旅游产品的消费者行为进行研究发现，文化失真现象较为突出。④ 当消费者感知到文化失真时，旅游消费者的负面心理以及感知风险会更高，而旅游产品评价和旅游购买行为会更低。

其次，在传统村落乡村旅游中市场开发方面的相关研究，国外学者起步较早。Cristaller、Zahra 等分别运用区位理论⑤和复杂性理论⑥研究旅游空间结构，从而拓宽了旅游市场空间结构的研究领域。Dredge 提出了旅游目的地空间的多种类型，并对旅游目的地空间模式进行了划分⑦。国内相关研究人员主要通过实证案例研究的方法对某一区域的乡村旅游市

---

① [美]小爱德华·J.梅奥等：《旅游心理学》，南开大学旅游学系译，南开大学出版社 1987 年版，第 78—79 页。
② 薛群慧、邓永进：《论民俗风情旅游消费需求的激发及其行为特征》，《贵州社会科学》1998 年第 5 期。
③ 吴忠军、唐晓云：《民族旅游地国内游客行为研究及其应用——以广西龙胜各族自治县为例》，《经济地理》2004 年第 1 期。
④ 吴晓山：《民族文化旅游产品文化失真对消费者行为影响的实证检验》，《统计与决策》2012 年第 22 期。
⑤ Cristaller, W., "Some Considerations of Tourism Location in Europe: The Peripheral Region Underdeveloped Countries Recreation Areas", *Paper and Proceedings of Regional Science Association*, Vol. 12, No. 1, 1964, p. 95.
⑥ Zahra, S. A., R. D. Ireland and M. A. Hitt, "International Expansion by New Venture Firms: International Diversity, Mode of Market Entry, Technological Learning, and Performance", *Academy of Management Journal*, Vol. 43, No. 52000, p. 925.
⑦ Dredge, D., "Place Change and Tourism Development Conflict: Evaluating Public Interest", *Tourism Management*, Vol. 31, No. 1, 2010, p. 104.

场进行微观分析。例如，王冬萍、阎顺就对新疆三年以来的客源市场的构成、旅游目的、旅游花费等情况进行了分析，并对新疆旅游市场发展提出若干建议。①车婷婷等则以肃南裕固族自治县为例，调查分析旅游市场结构组成要素，并据此建立灰色预测模型对旅游市场游客量进行精确预测和风险防范。②王兆峰、鹿梦思对湘西传统村落乡村旅游市场进行分析，通过地理集中度指数、游客感知度评价等定量分析指标，对该地旅游市场空间结构进行了讨论分析。③

（三）传统村落乡村旅游开发管理模式

国外关于乡村旅游模式的研究起步于20世纪60年代人类学者努涅斯的相关研究。学界主要围绕传统村落乡村旅游起步较早的国家和地区进行了模式总结。李亚娟对中国台湾地区自上而下（Top-Down）的社区营造模式、泰国自下而上的第三方管理模式、新西兰政府主导的原住民经营模式和澳大利亚国家公园体制下的合作管理模式四种模式进行了研究。④中国台湾地区的民族乡村旅游是在20世纪90年代经济不景气的背景下，由政府刺激推动发展，以促进就业和经济增长的产物。在传统村落乡村旅游产业发展的同时，引起了传统村落乡村居民的不满，以及对乡村环境的担忧。⑤泰国旅游产业发展起步早，在旅游产业形态与模式方面走在亚洲的前列。泰国民族乡村旅游发展模式主要是在第三方（NGO）参与下，自下而上的发展模式。写实文化艺术中心（Mirror Cultural Arts Centre）在民族乡村旅游发展中发挥了重要作用。它旨在通过提高当地居民的人力资本水平，促进社区发展的可持续性。因为经费来源多样，并且非营利的定向，在促进人力资本提升这一公益性的目标指引下，带动了乡村旅游的发展。新西兰乡村旅游的发展离不开新西兰独特的自然景观，更离不开强烈的传统文化自信和反殖民的独立自由意愿。以毛利会

---

① 王冬萍、阎顺：《1998—2000年新疆国内游客调查分析——兼析新疆旅游市场的发展》，《干旱区地理》2003年第1期。
② 车婷婷、肖星、黄栋：《西北地区县域旅游市场分析与预测——以肃南裕固族自治县为例》，《甘肃农业》2005年第2期。
③ 王兆峰、鹿梦思：《民族地区旅游市场结构、游客行为与感知分析——以湘西州为例》，《西南民族大学学报》（人文社会科学版）2016年第12期。
④ 李亚娟：《国内外民族社区旅游开发模式研究》，《贵州社会科学》2016年第8期。
⑤ 王亚欣：《对台湾原住民部落观光营造的思考》，《旅游学刊》2006年第4期。

堂（Marae Atea）、毛利基金会（Ngai Tahu Maori Trust Board）等为代表的民族机构，为新西兰乡村旅游发展提供了精神指引和资金支持。[①] 值得一提的是，政府带动下的新西兰乡村旅游，从未绕开乡村居民的意愿，从未绕开乡村文化与生态环境，使乡村居民成为乡村旅游的最大受益者。澳大利亚国家公园乡村旅游发展开始于 20 世纪 80 年代，是为了促进乡村地区文化保护以及偏远地区经济发展。虽然，在澳大利亚文盲率、失业率和犯罪率最高的人群中，土著人占较大比例，但是澳大利亚乡村旅游依然没有将其排斥在外，而是建立了国家体制下的国家与原住民合作开发模式。

在中国传统村落乡村旅游开发管理模式研究中，学界以典型案例分析的方式，对特定区域乡村旅游开发模式进行了专门分析。例如，陆军在对桂林阳朔乡村旅游研究分析后，提出了以实景主题打造传统村落文化旅游开发的新模式。[②] 杨振之在对美国印第安人文化保护和世界文化遗产丽江古城进行对比研究后，提出了前台、帷幕、后台，这一传统村落文化保护与旅游开发的新模式。[③] 还有学者基于传统村落乡村整体发展的客观情况，提出了"社区驱动+政府引导+市场参与+外围助力"等"万能公式"，但是依然需要接受实践的检验。

（四）传统村落乡村旅游影响

中国乡村旅游发展最初的目的是满足外交需要，随着乡村旅游产业的迅速发展，影响的广度和深度逐渐提升。按照已有研究，从宏观角度划分，传统村落乡村旅游的影响主要集中在乡村居民生活水平、传统文化保护、生态环境保护、乡村治理等方面。张遵东、章立峰对贵州传统村落乡村旅游的扶贫效果进行了定量分析，研究表明乡村旅游对传统村落乡村居民生活水平的作用并不明显。[④] 他们认为，政府动机与行为、外

[①] 唐文跃、张捷、罗浩：《新西兰旅游研究及对我国的启示》，《地理与地理信息科学》2007 年第 3 期。

[②] 陆军：《实景主题：民族文化旅游开发的创新模式——以桂林阳朔"锦绣漓江·刘三姐歌圩"为例》，《旅游学刊》2006 年第 3 期。

[③] 杨振之：《前台、帷幕、后台——民族文化保护与旅游开发的新模式探索》，《民族研究》2006 年第 2 期。

[④] 张遵东、章立峰：《贵州民族地区乡村旅游扶贫对农民收入的影响研究——以雷山县西江苗寨为例》，《贵州民族研究》2011 年第 6 期。

来旅游企业经营水平、传统村落居民的参与度、参与主体的利益分配机制是影响传统村落乡村旅游扶贫效果的重要因素。郭山对传统村落文化客观存在的内源进行深入研究,在此基础上分析了传统村落文化传承与保护的工作机理,提出了旅游干预传统村落文化保护的本质影响。① 他认为,传统村落文化的"有用性"不来自研究者或政府官员,而只能来自居于"主位"(emic)的文化持有者,乡村旅游可以通过对共同体认知能力和价值观进行直接干预,进而影响共同体成员对传统村落文化的有用性评判,从而间接影响传统村落文化的传承。尚前浪、陈刚、明庆忠对传统村落乡村旅游对当地居民生计方式和社区发展影响进行了微观视角定量研究,他们认为,传统村落乡村旅游发展带动当地经济结构转型,催生更多居民生计方式,而这一过程受政策影响较为明显。② 苏静、孙九霞在岜沙苗寨的传统村落乡村旅游对社区社会关系的影响研究中得出,传统村落乡村旅游改变了外部主体与当地居民之间的关系,但是没有改变当地居民之间的社会关系。③ 史玉丁、李建军在对武陵山区传统村落乡村旅游产业发展与生态资本提升的研究中认为,旅游产业中的经济价值、生态价值、文化价值等与生态资本中的使用价值和资本价值之间存在横向网络关系,旅游资源开发与生态资本价值之间存在纵向时序关系,基于此,他们认为,传统村落乡村旅游发展过程中要适时进行生态资源监测和使用价值分析,保护生态环境的原本价值与经济价值。④

值得注意的是,传统村落乡村居民对乡村旅游带来的积极影响感知较为明显,而对负面影响感知较为滞后,对经济的感知较为明显,而对文化、生态、社会等方面的影响感知较为滞后。⑤

---

① 郭山:《旅游开发对民族传统文化的本质性影响》,《旅游学刊》2007 年第 4 期。
② 尚前浪、陈刚、明庆忠:《民族村寨旅游发展对社区和家庭生计变迁影响》,《社会科学家》2018 年第 7 期。
③ 苏静、孙九霞:《旅游影响民族社区社会关系变迁的微观研究——以岜沙苗寨为例》,《旅游学刊》2017 年第 4 期。
④ 史玉丁、李建军:《武陵山区旅游产业发展与生态资本提升协同研究》,《生态经济》2017 年第 10 期。
⑤ 李志飞:《少数民族山区居民对旅游影响的感知和态度——以柴埠溪国家森林公园为例》,《旅游学刊》2006 年第 2 期。

（五）传统村落乡村旅游公共治理

治理就是对政府、私人和志愿部门所形成的合作网络的管理。传统村落乡村旅游产业发展产生的一系列问题，成为经济学、管理学、社会学领域学界研究的重点。国外学者一般以利益相关者为切入点分析乡村旅游公共管理问题。Mendelow 的 "利益相关者权力—利益矩阵"（Stakeholder Mapping of power-interest Matrix）可以用来破译多种场景利益相关者之间的各种复杂关系[1]。社区参与的概念最早被墨菲提出，并掀起了从旅游地社区自身来研究旅游的高潮，研究者一般认为社区参与是当地居民自己管理旅游资源、决定旅游政策并协调旅游经济发展的必要策略和途径。从宏观视角审视传统村落乡村旅游，发现乡村旅游发展的矛盾之处，澳大利亚学者诺德提出了乡村旅游发展的悖论，他认为，乡村地区的边缘化状态导致乡村社区处于劣势地位，而边缘化的一些特性被当作乡村旅游发展的优势，这样一来，随着乡村旅游的发展，必然使乡村趋向城市化。中国学者大多以案例实证研究的方式，对传统村落乡村旅游的某一领域进行专门研究，提出公共管理的问题与对策。关于传统村落乡村旅游衍生的生态治理问题，刘遗志、胡争艳、汤定娜对贵州传统村落乡村旅游地进行生态研究后，提出应构建贵州传统村落乡村旅游地生态补偿机制，通过人口、生态环境和旅游业三者互动共赢发展，使生态补偿向 "造血式" 模式转变。[2] 钟洁在对中国西部传统村落乡村旅游生态补偿进行研究后提出，应从制度层面、现实领域，对旅游生态补偿进行支撑，并协调旅游与生态、社区之间的关系，促进三者共赢。[3] 关于传统村落乡村居民参与式发展问题，刘旺、吴雪认为，少数传统村落社区旅游参与中存在居民参与茫然、获利不均、信息不等、心理失衡、公地悲剧、参与单一等问题，应通过教育引导机制、利益分配协调机制、社区补偿保障机制、民主决策约束机制提高居民参与乡村旅

---

[1] Mendelow, A. L., "Environmental Scanning-The Impact of the Stakeholder Concept", ICIS, 1981, p. 407.

[2] 刘遗志、胡争艳、汤定娜：《贵州民族地区旅游生态补偿机制研究》，《改革与战略》2019 年第 3 期。

[3] 钟洁：《西部民族地区旅游生态补偿政策实施的实践探索》，《民族学刊》2017 年第 1 期。

游的效率。① 关于传统村落乡村旅游地公共治理模式问题，王汝辉、刘旺认为，社区参与、文化自觉与自主治理是传统村落乡村旅游公共治理模式的重要遵循。② 郭凌、王志章、朱天助认为，要发挥资源对社区治理的影响作用，培育社区治理的多方行动者，借用社区的社会结构建立主体的良性互动关系。③ 白凯、杜涛认为，全球化、商业化和在地化是传统村落乡村旅游地治理结构调整的驱动力，各类边界和群体的互动关系左右着传统村落乡村旅游地治理运作的方向，基于此，应建立政府权能、宗教、地方、社区群体等要素相互协调的自组织网络结构。④

二 乡村发展动力和模式：传统村落乡村旅游化的实践归属

（一）行动者网络理论

行动者网络理论（Actor-Network Theory，ANT）是社会学范畴的重要理论，同时对公共问题具有重要的指导意义，所以经常被用来指导公共管理领域的相关研究。该理论由法国科学知识社会学家米谢尔·卡隆（Michel Callon）、布鲁诺·拉图尔（Bruno Latour）和约翰·劳（John Law）等提出，为研究利益联盟网络的形成提供了一种新视角和新方法。吴莹等把拉图尔的《重组社会：行动者网络理论》中 ANT 的核心要素概括为三点，即行动者（Actor）、异质性网络（Heterogeneous Network）和转译（Translation）。⑤ 首先，行动者是指人和非人等异质性要素，它们都具有同样的行动能力，这是 ANT 的一般对等原则（Generalized-Symmetry）。这里强调行动者的相关性、系统性和全面性。其次，ANT 认为每一个行动者（人和非人）都具有自我的行动能力和自身利益。各行动者根

---

① 刘旺、吴雪：《少数民族地区社区旅游参与的微观机制研究——以丹巴县甲居藏寨为例》，《四川师范大学学报》（社会科学版）2008 年第 2 期。

② 王汝辉、刘旺：《民族村寨旅游开发的内生困境及治理路径——基于资源系统特殊性的深层次考察》，《旅游科学》2009 年第 3 期。

③ 郭凌、王志章、朱天助：《社会资本与民族旅游社区治理——基于对泸沽湖旅游社区的实证研究》，《四川师范大学学报》（社会科学版）2015 年第 1 期。

④ 白凯、杜涛：《民族旅游社区治理：概念关联与内部机制》，《思想战线》2014 年第 5 期。

⑤ 吴莹、卢雨霞、陈家建、王一鸽：《跟随行动者重组社会——读拉图尔的〈重组社会：行动者网络理论〉》，《社会学研究》2008 年第 2 期。

据自身的利益需求与其他行动者产生联系，并形成彼此之间的关联，从而构建网络的链条与网眼。在关联过程中，资源的集中点可以被称为节点。在这一网络中个体行动者的身份是平等的。最后，朱剑峰总结认为，ANT 中异质性网络的稳定性就取决于各个行动者利益的不断转译。[1] 行动者之间的相互作用靠转译来完成，而每个行动者都想通过自己的语言表达其他行动者的问题和兴趣，即每个行动者都在"转译—被转译"的动态过程中。王能能、孙启贵、徐飞认为 ANT 中转译的作用和角色凸显是建立行动者网络的基本途径，而决定转译成功与否的关键是使被转译者满意进入网络后的角色转变。[2] 根据已有相关研究，本书认为 ANT 中转译过程包括四个主要环节。其一是问题呈现（Problematization），这是转译的基础和关键，核心行动者在其中发挥重要作用，它通过将其他行动者利益实现途径现实化，使不同行动者关注的对象问题化，从而使不同行动者之间形成联盟。在问题呈现过程中，核心行动者占据"强制通行点"（Obligatory Passage Point，OPP）的角色。其二是利益共享（Profit Sharing），在问题呈现强化过程中界定每个行动者的角色，在角色定位中使每个行动者均可以预期到自身的利益获取情况。其三是征召（Enrollment），这是利益共享过程的结果，即把行动者征集在一起，并形成系统的、紧密的联盟成员。其四是动员（Mobilization），这一过程中，网络的倡导者、建议者或核心行动者成为网络联盟的代言者，并通过获取的权力和对应的责任对其他行动者进行管理，目的是维护网络的稳定性和共同利益的获取。

（二）社会发展动力

人类社会作为一个庞大的组织系统，从人类诞生起就进行着人与人之间、人与自然之间的关系构建，进而持续推动着人类社会的进步发展。在复杂的人类社会发展进程中，必然存在一种动力机制，使其世代延续、生生不息。[3] 对发展的哲学理解，决定着制度路线和发展模式的选择。德

---

[1] 朱剑峰：《从"行动者网络理论"谈技术与社会的关系——"问题奶粉"事件辨析》，《自然辩证法研究》2009 年第 1 期。

[2] 王能能、孙启贵、徐飞：《行动者网络理论视角下的技术创新动力机制研究——以中国自主通信标准 TD-SCDMA 技术创新为例》，《自然辩证法研究》2009 年第 3 期。

[3] 李忠杰：《论社会发展的动力与平衡机制》，《中国社会科学》2007 年第 1 期。

国古典哲学的创始人康德认为，私欲是人类社会发展的动力，这种恶是"大自然使人类的全部禀赋得以发展所采用的手段"。① 唯心论哲学的代表黑格尔坚持"绝对精神"的概念，将其视为世界万物一切存在的根本动力，是历史发展的最后动力，其他的动力形式只不过是"绝对精神"的次生产物。新自由主义思想家哈耶克认为自由是创新和社会发展的原动力，其中最根本的是思想和行动的自由，应避免以扼杀个人互动的自生自发秩序的方式去摧毁我们的文明，否认能够经由刻意地思考而"创造人类的未来"。② 哈贝马斯提出了社会进化动力论，认为人类知识增长及其学习机制是社会根本动力，社会进化得以发生的基本力量来源于人类的进化式学习。③

马克思主义唯物史观对社会进化与发展进行了前所未有的系统论述，揭示了人类社会是一个从低级向高级规律性的进化过程。人类社会系统内的各要素之间的矛盾构成了发展的动力系统，而生产力与生产关系之间的矛盾，组成了社会发展的根本动力，而生产力的发展是社会制度变迁的根本动力。列宁发展性的提出存在非对抗矛盾，认为"对抗将会消失，矛盾仍将存在"。④ 毛泽东的矛盾动力系列理论在中国斗争改革实践中发挥了重要的引导作用，也进行了充分的实践检验。《矛盾论》提出，"社会的变化，主要地是由于社会内部矛盾的发展。即生产力和生产关系的矛盾，阶级之间的矛盾，新旧之间的矛盾，由于这些矛盾的发展，推动了社会的前进，推动了新旧社会的代谢"。⑤

从社会进化论的视角分析人类社会发展，应该具有整体性、变化的渐进性、变化的内生性、不断增加的复杂性、单线性等思想。从社会发展理论模式来看，可分为政府主导社会发展理论、市场自发社会发展理

---

① ［德］伊曼努尔·康德：《历史理性批判文集》，何兆武译，天津人民出版社2014年版，第6页。
② ［英］弗里德利希·冯·哈耶克：《法律、立法与自由》（第二、三卷），邓正来、张守东、李静冰译，中国大百科全书出版社2000年版，第492页。
③ ［德］尤尔根·哈贝马斯：《重建历史唯物主义》，郭官义译，社会科学文献出版社2000年版，第38页。
④ 《列宁全集》（第六十卷），中共中央马克思恩格斯列宁斯大林著作编译局编译，人民出版社1990年版，第282页。
⑤ 《毛泽东选集》（第一卷），人民出版社1991年版，第302页。

论、公众决定社会发展理论。另外，从社会发展的干预要素划分，可分为先发内源型、后发外生型两个理性主义类型，[①] 但从不同的发展主体来看，内外动力综合作用才是主流发展类型。

（三）农村发展模式与动力

千百年来中国农村的客观存在决定了农村发展一直是国家发展的核心与主力。农村是生产力发展到一定阶段的产物，是以涉农劳动为主的劳动者集中居住的地方。农村生产力的变化，决定着农村生产关系的不断变更，决定着与城镇之间关系的不断变化。近代以来中国传统的农村经济社会结构进行了大幅度调整。回顾百年中国农村发展史，农村经济社会改革一直处于内部要素变革与城乡关系调整的范畴。

民国时期乡村建设（1912—1949年）是一场教育革新运动。在中国乡村整体衰弱之际，晏阳初、陶行知、梁漱溟等进行教育改革，为中国教育的发展寻找新的方向，为中国乡村发展注入了新的思想。这是一场极具家国情怀的教育救国、教育兴村的重要尝试。"人民公社"乡村建设时期（1949—1978年），国家确定了"农业国向工业国转型""以粮为纲"的发展目标，推行了农业生产合作社和人民公社制度，农村、农民处于贫困状态，城乡二元结构深化。市场化发展阶段（1978—2002年），体制上乡村撤社建乡，实行行政村管理体制；经济上则推行家庭联产承包责任制，从计划经济向市场经济过渡，促进了中国农村经济的快速提升。城乡统筹发展阶段（2002—2017年），"统筹城乡经济社会发展，建设现代农业，发展农村经济，增加农民收入，是全面建设小康社会的重大任务"。农业税全部取消，正式进入工业反哺农业、城市支持农村、财政补贴农民的新时期和城乡经济社会发展一体化新格局。乡村振兴战略阶段（2017年以来），党的十九大报告正式提出"乡村振兴战略"，强调"农业农村农民问题是关系国计民生的根本性问题，必须始终把解决好'三农'问题作为全党工作重中之重"。"产业兴旺、生态宜居、乡风文明、治理有效、生活富裕"的总要求提出，乡村建设的重点从以往的城镇化、城乡统筹发展转变为乡村发展内生动力的培育，乡村活力的恢复，城与乡的融合发展。党的二十大报告进一步明确全面

[①] 童星：《发展社会学与中国现代化》，社会科学文献出版社2005年版，第255—261页。

推进乡村振兴，坚持农业农村优先发展，坚持城乡融合发展，畅通城乡要素流动。

从政府改革和发展要素两个维度分析农村发展模式。党国英从政府改革的角度，对改革开放以来的农村改革发展模式进行了分析，认为农村经历了以"减弱控制"为主的改革发展模式和以调整国民收入分配为主的综合改革发展模式，并对两种改革发展模式进行了比较分析。"减弱控制"改革发展模式主要是减轻国家权力对农村发展的控制程度，让农村回归市场，鼓励地方政府进行制度创新，中央政权对农村改革的关键节点、事件进行把控。调整国民收入分配综合改革发展模式包括以财政、金融改革加强对农村的支持，以征地改革保护失地农民的利益，统一城乡就业的劳动力市场，推动农村社会保障事业发展等内容。两种政府改革的农村发展模式都是在不同的时代背景下产生的，均产生了积极的发展效果。[①] 张富刚、刘彦随从发展要素的角度把农村发展模式分为工业化、城市化外援驱动主导型模式和农村自我发展主导型模式。外援驱动主导型模式包括工业带动型模式、城镇建设带动型模式和劳务输出带动型模式，农村自我发展主导型模式包括特色产业发展型模式、生态旅游发展型模式和专业市场组织型模式等模式。[②] 另外，在中国农村发展实践中，一些地方形成了独具特色的农村发展模式，极具代表性的有苏南模式、温州模式、珠江模式等。

农村发展动力因素多种多样，不同类型、不同发展模式的乡村根据自身特色和客观实际，选择不一样的发展动力。陈玉福等对苏南农村发展的动力机制进行案例研究，认为工业化、城镇化、产业结构升级和制度创新，构成苏南农村发展的四大主导驱动力。王湘琳认为农民发展能力是农村发展的原动力，要通过制度和政策提升农民发展能力，凝聚农村发展动力。[③] 薛晋华认为，农业信息化是推动农村经济发展的动力，要

[①] 党国英：《中国农村改革与发展模式的转变——中国农村改革 30 年回顾与展望》，《社会科学战线》2008 年第 2 期。

[②] 张富刚、刘彦随：《中国区域农村发展动力机制及其发展模式》，《地理学报》2008 年第 2 期。

[③] 王湘琳：《农民发展能力：农村发展的内源动力》，《广西大学学报》（哲学社会科学版）2010 年第 5 期。

加强农村信息化建设。①李长健等从文化的角度对农村发展动力进行研究，认为农村文化动力不足是阻碍农村发展的重要因素，要通过提高挖掘和引进文化要素和理念，内蓄承载力、外拓张力，形成农村文化动力，促进农村和谐发展。②秦德文、王怀忠通过对安徽省凤阳县农民首创的大包干责任制的研究，提出制度创新是农村经济发展的强劲动力。③李良平从农村社会要素的角度提出，农村社会资本是农村发展的动力，要通过建设农村社会资本，提高农村可持续发展的能力。④高春风从自组织视角提出，相对于一般村庄，那些具有开发性、非均衡性以及非线性特征的村庄往往能获得持续发展的动力，规律是通过外界因素与村庄内部因素的融合转换，发展成为村庄内部自主自发的动力。

（四）传统村落乡村发展：传统村落乡村旅游化的特定场域

中国十分重视传统村落乡村发展，各级政府颁布了针对少数传统村落乡村发展的若干政策文件，例如《中华人民共和国民族区域自治法》和《民族乡行政工作条例》，学界也从不同学科、不同视角对传统村落乡村旅游发展进行了专门研究。张金鹏对传统村落发展进行了宏观研究，认为要因地制宜发展传统村落乡村经济，发挥优势，提高发展的可持续性。⑤在传统村落乡村文化发展方面，他认为，要突出传统村落文化的独特性与多元性，坚持思想性、时代性、开放性相统一的原则，以提高传统村落乡村居民的现代化素质，使其全面发展。吴晓萍等从传统村落发展中城乡关系的视角提出，在乡村振兴战略背景下要协调发展传统村落城乡关系，要纠偏城镇化进程中重城市轻乡村的认知，要加大对传统村落基础设施投入与政策投入的力度，因地制宜发展特殊生态环境高效农

---

① 薛晋华：《农业信息化是推动农村经济发展的动力》，《中共山西省委党校学报》2005年第1期。

② 李长健、伍文辉、涂晓菊：《和谐与发展：新农村文化动力机制建构研究》，《长白学刊》2007年第1期。

③ 秦德文、王怀忠：《制度创新：农村经济发展的强动力》，《农业经济问题》1995年第3期。

④ 李良平：《建设农村的社会资本：为农村提供可持续发展的动力》，《理论观察》2006年第5期。

⑤ 张金鹏：《多民族地区乡村民族社区发展研究》，《云南民族大学学报》（哲学社会科学版）2005年第1期。

业和传统村落文化生态旅游业，以传统村落乡村发展推动地区城镇化发展。①李林凤从优势视角对西部传统村落发展进行研究，她认为传统村落的内部优势在于社区成员的情感、精神和生计方式，自然和文化资源独特的区位优势；外部优势在于国家政策和非政府组织的介入。②她提出，应该提高社区居民的参与意识和主体地位，并以其为核心进行赋权，提高能力建设与资源整合水平。兰觉对贵州山区少数民族乡村经济发展进行研究，提出"民族经济"的框架，认为传统村落乡村经济形态不仅仅局限于农业经济范畴，更是民族经济的范畴，因此在发展涉农产业时，应该进行必要的新型工业化发展。③钱宁对新农村建设中少数民族社区发展的思考，从内源性发展和外源性发展的辩证角度提出要对社区居民进行"增能"和"赋权"。④正如辛格尔顿的提醒，只有当地人自我感觉的需要才是第一位的，是主要的需要，而外界观察到的需要只是第二位的，是某一部分人的需要。⑤黄高智等也提醒过，占统治地位的经济技术的这种渗透战略企图全面贬低把地方社会和经济结构作为多种经济学说选择标准的一切"内源性"知识。⑥在进行民族乡村社区发展时，要将政策与居民连接起来，让人民自主参与项目的决策、实施、利益分配及监督和评估。⑦

传统村落乡村旅游化的专门研究，正是置于中国乡村发展场域之内，已有相关研究大多从特定区域、特定视角对特定问题进行了专门研究，但是少有具体研究基础上的抽象提升，缺乏系统性和针对性。

三 乡村治理：一个保障乡村可持续发展的永恒话题

中国基本的政治制度和乡村发展的历史脉络决定了乡村治理是乡村

---

① 吴晓萍、LIU Hui-wu：《论乡村振兴战略背景下民族地区的乡村建设与城乡协调发展》，《贵州师范大学学报》（社会科学版）2017 年第 6 期。

② 李林凤：《优势视角下的西部乡村民族社区发展》，《中央民族大学学报》（哲学社会科学版）2012 年第 4 期。

③ 兰觉：《贵州山区少数民族乡村经济发展探析》，《贵州民族学院学报》（哲学社会科学版）2010 年第 4 期。

④ 钱宁：《对新农村建设中少数民族社区发展的思考》，《河北学刊》2009 年第 1 期。

⑤ [美] 辛格尔顿：《应用人类学》，蒋琦译述，湖北人民出版社 1984 年版，第 40 页。

⑥ 黄高智：《内源发展——质量方面和战略因素》，中国对外翻译出版公司 1991 年版，第 36 页。

⑦ 李小云主编：《谁是农村发展的主体？》，中国农业出版社 1999 年版，第 22—23 页。

发展的关键内容和必要环节。从中国政策文本和专家话语的历史累积中也足以看出，乡村治理是一个保障乡村可持续发展的永恒话题。而乡村治理改革不是一蹴而就的简单工程，必须在原有的乡村治理基础上有突破，这是对存量的增加。①

贺雪峰、董磊明认为，乡村治理结构包括村庄基本秩序状况及其维系机制、村干部的角色与动力机制以及乡村关系状况三方面基本要素，而乡村治理模式和乡村治理结构都是围绕这三要素的内容变更、关系变化而进行推陈出新。②

中国传统乡村社会的政治特征是由保甲制度和宗族组织及士绅统治结合在一起的乡村自治政治，③ 是一种"官督绅办、乡绅治乡"的模式，以官府和乡绅的默契为前提，进行责任划分与治理配合。清末民初时期则实行经纪人的治理模式，通过乡村经纪人，实现国家政权对乡村治理的实际控制，并加强对乡村资源的汲取能力。但如杜赞奇所说，"这一时期国家对乡村社会的控制能力低于其对乡村社会的榨取能力，国家政权的现代化在中国只是部分地得到实现"。④ 中华人民共和国成立初期，乡村治理实施了人民公社全能治理模式，马克思认为公社"是由人民自己当自己的家"，⑤ 而中国人民公社是集党、政、经、军、民、学于一体的治理模式，这彻底摧毁了传统乡村治理结构，使国家意志能快速掌控乡村发展的全要素，但这导致了乡村居民劳动积极性降低，发展效率也随之下降，城乡二元结构也在这一时期快速加深。改革开放之后，乡村实施乡政村治的治理模式，彻底分解了人民公社高度集权的治理模式，刺激了村民生产积极性，乡村经济得到快速发展，但是在传统国家宏观体制以及县乡治理结构的框架下，乡级政府和村民自治之间产生了治理

---

① 俞可平：《思想解放与政治进步》，社会科学文献出版社2008年版，第18—19页。
② 贺雪峰、董磊明：《中国乡村治理：结构与类型》，《经济社会体制比较》2005年第3期。
③ 于建嵘：《岳村政治——转型期中国乡村政治结构的变迁》，商务印书馆2001年版，第126页。
④ [美] 杜赞奇：《文化、权力与国家：1900—1942年的华北农村》，王福明译，江苏人民出版社2003年版，第51页。
⑤ 《马克思恩格斯全集》（第十七卷），人民出版社1963年版，第565页。

摩擦。①

中国传统乡村治理是一种单主体的硬治理，随着乡村经济社会的发展，多元主体的软治理成为乡村治理的发展方向，这需要借助多样化民主治理主体，以解决不同范围的乡村公共问题。而协商民主则是多元主体治理模式的常用运转平台。② 多中心治理是埃莉诺·奥斯特罗姆（Elinor A. Ostrom）和文森特·奥斯特罗姆（Vincent A. Ostrom）夫妇对政府中心主义、市场中心主义失灵研究后提出的政府或市场单中心之外，包括社会在内的多中心治理模式。在实证主义研究过程中对多中心治理模式的应用，呈现出对研究场域相关参与主体的"多元共治"模式，即政府维度、市场维度和社会维度，并根据研究场域的不同，呈现出不一样的"中心"格局。当然，民主并不铲除所有权威，也不铲除那些提供服务的、可靠的行政管理机构。③ 在乡村民主自治中，农村经济体制的改革要与农民民主权利的实现相结合，并不断提高农村的组织化程度。④ 结合发达国家乡村治理的经验，沈费伟、刘祖云认为，中国乡村治理应该走"有限政府、农民主体、依托农协、全社会参与"的多中心的乡村治理模式。⑤ 中国乡村治理结构中除了乡村自治，还包括乡镇自治，"它要求以一地方之人，在一地方区域以内，依国家法律的规定和本地方公共的意志，处理一地方公共之事务"。⑥ 当前，乡村治理隐藏着地方政府与地方势力结盟的隐患，这将侵蚀自上而下配置的农村发展资源，导致乡村治理内卷化。⑦ 另外，也有学者认为要通过文化与制度建设，使新乡贤成为

---

① 许远旺、陆继锋：《现代国家建构与中国乡村治理结构变迁》，《中国农村观察》2006年第5期。

② 刘祖云、孔德斌：《乡村软治理：一个新的学术命题》，《华中师范大学学报》（人文社会科学版）2013年第3期。

③ ［英］戴维·赫尔德：《民主的模式》，燕继荣等译，中央编译出版社1998年版，第414—415页。

④ 张晓山：《简析中国乡村治理结构的改革》，《管理世界》2005年第5期。

⑤ 沈费伟、刘祖云：《发达国家乡村治理的典型模式与经验借鉴》，《农业经济问题》2016年第9期。

⑥ 王沪宁：《比较政治分析》，上海人民出版社1987年版，第239—241页。

⑦ 贺雪峰：《论乡村治理内卷化——以河南省K镇调查为例》，《开放时代》2011年第2期。

推动中国乡村治理的重要动力。①

沈费伟、刘祖云对日本、韩国、德国、荷兰、瑞士、法国、美国、加拿大乡村治理经验进行了梳理。在日本城乡二元的背景下，大分县前知事平松守彦率先进行了因地制宜的造村运动，坚持"一村一品"，这种充分结合村庄客观实际的自上而下的乡村治理模式为日本农村现代化提供了重要支撑。在韩国城乡二元分化的背景下，实施了自主协同的新村运动，在国家兴建乡村基础设施的同时，村民参与的积极性得到明显提高。这种上下结合的乡村治理模式促进了韩国乡村的可持续发展。德国乡村治理是一种国家系统发展过程中循序渐进的微调过程，没有直接的过度干预，通过微调治理目标、方式和手段，促进德国乡村有序发展。荷兰根据自身国土面积有限的客观情况，对乡村实施了精简集约的治理模式，例如，《土地管理法》《空间规划法》等国家治理法规的颁布。这种自上而下的乡村治理模式，为资源有限的荷兰乡村进行充分的资源整合、集约发展，促进了乡村生态化、城市化、可持续化发展。瑞士则通过提升农村基础设施和生态环境，缩小城乡差别，提高农村的吸引力和可持续发展能力，促进农村现代化。法国作为一个工业农业均高度发达的资本主义国家，在农村发展中有效协调各部门之间的关系，对乡村发展进行统筹支持，通过利益共同体建设，提高农村循环发展能力，加速农业现代化。美国乡村面积广大，涉农产业高度发达，通过实施城乡共生的乡村治理模式，完善公共服务和基础设施，促进城乡协同发展。加拿大为了缓解城乡贫富差距，对乡村发展实施了伙伴式的乡村治理模式，通过政府各部门与村民伙伴关系的搭建，促进农村可持续发展。②

赖海榕比较了德国、匈牙利、印度与中国乡村治理的异同，从经济发展水平与民主制度的影响、政府间责任与权力分配的影响、村与乡镇治理结构的影响、融资机制的影响、监督机制的影响五个方面分析了乡村治理效果差距的原因。③

---

① 颜德如：《以新乡贤推进当代中国乡村治理》，《理论探讨》2016年第1期。
② 沈费伟、刘祖云：《发达国家乡村治理的典型模式与经验借鉴》，《农业经济问题》2016年第9期。
③ 赖海榕：《乡村治理的国际比较——德国、匈牙利和印度经验对中国的启示》，《经济社会体制比较》2006年第1期。

四　文献评述

整体来看，国内外关于乡村旅游化的专门研究还非常稀少，但是与本书内容相关的研究成果已经众多，主要集中在乡村旅游发展、地方公共治理两个方面。国外文献更多侧重于单个案例的定量分析，或者是少数案例的比较研究。国内文献更多侧重于国家、地区的宏观研究，或者是单个案例的定性研究。国外对本书问题的关注更多是社会学、旅游学相关专业的研究人员，国内对本书问题的关注则更多是公共管理学、人类学、社会学等相关专业的研究人员。

对已有研究的分析不难发现，目前无论是旅游相关专业，还是农村公共管理相关领域，对"乡村旅游化"的系统性研究，及其背景下乡村公共治理的专门研究相对较少。尤其是在旅游发展理论与公共管理理论相结合的理论研究方面、旅游产业与地区治理相结合的实践研究方面的研究成果非常稀少。孙柏瑛等提出，地方治理涉及的研究领域非常广泛，可从宏观、中观、微观三个层面进行研究。[1] 徐勇指出，学界对"治理""村治"这一类词缺乏深入的理论分析，特别是缺乏以中国为主体的探讨，以致我们在运用这一类词对村民自治、社区自治、民间组织及其国家与社会关系进行分析时，没有强有力的理论支持和理解力。[2] 可见，对中国典型地区、典型背景下的乡村公共治理的研究显得非常紧迫。

另外，更引起笔者注意的是，公共管理相关理论是在经济发展、社会治理等方面处于发展前沿的国家或地区发展起来的。而中国传统村落与之相差较大，对中国传统村落而言，乡村旅游化的公共治理首先厘清的问题是乡村旅游化的多向度特征与中国传统村落乡村公共治理之间的关系。下一步才是对中国传统村落乡村旅游化过程中公共治理理论创新与实践推广问题的研究。

---

[1] 孙柏瑛、李卓青：《政策网络治理：公共治理的新途径》，《中国行政管理》2008 年第 5 期。

[2] 徐勇：《"政策下乡"及对乡土社会的政策整合》，《当代世界与社会主义》2008 年第 1 期。

第三节　主要概念、研究目标与研究内容

一　主要概念

本书主要聚焦于传统村落乡村旅游化这一动态演进过程，研究这一过程中乡村系统中各要素的动态变化（例如功能变化等）、传统村落旅游乡村在这一过程中的发展动力要素及其作用机制。为了更恰当准确地聚焦研究的主题和内容，现将本书涉及的相关核心概念进行科学界定。其中，乡村旅游化是本书提出的新的概念，发展动力、平衡治理等是在已有研究基础上，对应本书的必要界定。

（一）乡村旅游化

乡村旅游化是本书最核心的概念，为了更好地对其进行界定，将对乡村旅游和乡村旅游化、乡村旅游化和乡村旅游村庄这两组概念进行比较分析。

第一，区分乡村旅游与乡村旅游化。

已有研究多将乡村旅游视为产业经济学或社会学概念，而本书是从公共管理学的视角提出乡村旅游化的概念。乡村旅游是一个既富有古老传统色彩，又极具现代时尚场景的活动方式。从活动方式的角度理解乡村旅游，可以追溯到中国远古时期甲骨文所记载的"旅"和"游"，从东汉时期，应劭著《风俗通义》记载的"共工之子曰修，好远游，舟车所至，足迹所达，靡不穷览，故祀以为祖神"到南朝沈约《悲哉行》"旅游媚年春，年春媚游人"，再到唐朝王勃《涧底寒松赋》"岁八月壬子，旅游于蜀，寻茅溪之涧"，所记载的旅游与当今理解的旅游活动相差无几。明末地理学家徐弘祖，云游大半个中国，以日记体为主要形式成就了典型的地理著作——《徐霞客游记》，是乡村旅游活动系统实践的重要代表。当今，乡村旅游活动以更加丰富的形式存在着，在市场经济背景下，乡村旅游经济化、产业化的色彩逐渐浓重，也成为乡村旅游研究的重要视角。

西方国家关于乡村旅游产业化研究早于中国，Gilbert 和 Tung 把乡村旅游定义为，农户为旅游者提供住宿条件，使其在农场、牧场等典型的

乡村环境中从事各种休闲活动。① 这种将乡村旅游限定于农场、牧场等的概念界定，其实是今天农业旅游的范畴。欧盟（EU）和世界经济合作与发展组织（OECD）将乡村旅游定义为发生在乡村的旅游活动。这种乡村旅游"乡村性"的界定，使其与城市旅游形成一个鲜明的对比。杜江、向萍认为，乡村旅游是以乡野农村的风光和活动为吸引物，以都市居民为目标市场，以满足旅游者娱乐求知和回归自然等方面的需求为目的的一种旅游方式。② 王兵（1999）认为乡村旅游是以农业文化景观、农业生态环境、农事活动及传统民俗为资源，融观赏、考察、学习、参与、娱乐、购物、度假于一体的旅游活动。肖佑兴等（2001）对已有乡村旅游概念进行评价，将乡村旅游综合定义为以乡村空间环境为依托，以乡村独特的生产形态、民俗风情、生活形式、乡村风光、乡村居所和乡村文化等为对象，利用城乡差异来规划设计和组合产品，集观光、游览、娱乐、休闲、度假和购物为一体的一种旅游形式。

可见，已有乡村旅游概念的研究，是将其视为一个静态的产业类型，或是一个动态的活动形式，是从乡村旅游场域外，透视乡村旅游的内在要素构成和逻辑关系，且多集中于经济学、地理学学科范畴。要从公共管理学的学科归属研究传统村落发展乡村旅游村庄的公共治理问题，仅从已有乡村旅游的概念进行理解和切入是不够的，鉴于公共治理研究对象应有的历史纵深、动态演化、全要素系统的特点，结合乡村旅游村庄的客观现实，本书提出了乡村旅游化的概念。

旅游化这一概念最早在 20 世纪 80 年代被加拿大劳瑞尔大学的 Bruce Young 提出，他在研究发展旅游对马耳他渔业、农业村落景观影响时第一次使用旅游化（Touristization）的概念，并用概念模型来解释旅游化进程与景观变化，③ 但未对旅游化进行系统的界定。此后，Crouch 等在旅游化

---

① Gilbert, D., Tung, L., "Public Organizations and Rural Marketing Planning in England and Wales", *Tourism Management*, Vol. 11, No. 2, 1990, pp. 164–172.

② 杜江、向萍：《关于乡村旅游可持续发展的思考》，《旅游学刊》1999 年第 1 期。

③ Bruce Young, "Touristization of Traditional Maltese Fishing-Farming Villages: A General Model", *Tourism Management*, Vol. 4, No. 1, January 1983, p. 35.

对农户的期望与态度研究中，① Mason 和 Cheyne 在关于旅游化对居民态度影响的研究中②均没有给出乡村旅游化明确的概念，但学者们对旅游化的碎片式的观点可以总结为乡村旅游化过程中发生的农村劳动力的转移；经济增长方式发生的转化；乡村旅游化对乡村居民、乡村旅游开发者存在的经济、社会等多方面的影响。

基于已有研究，本书将乡村旅游化定义为——在乡村旅游发展过程中，乡村内外部要素，在形态、功能、价值、权责等方面，由原有属性向旅游属性动态变化的过程。另外，本书在借鉴工业化、城市化对应翻译的基础上，认为"旅游化"的对应翻译应该为"Tourismization"。众所周知，工业化是工业的名词形式"Industry"加后缀变为"Industrialization"，城市化是城市的名词形式"Urban"加后缀变为"Urbanization"。因此，"旅游化"应该以旅游的名词形式"Tourism"加后缀衍生为"Tourismization"，"乡村旅游化"对应翻译为"Rural Tourismization"。

第二，乡村旅游化的概念与不同阶段分类。

乡村是相对于城镇而言的客观存在，包含地理空间、文化内涵、社会结构等全方位的要素和含义。《关于统计上划分城乡的规定（试行）》提出，乡村是指本规定划定的城镇地区以外的其他地区。乡村包括集镇和农村。集镇是指乡人民政府所在地和经县人民政府确认由集市发展而成的作为农村一定区域经济、文化和生活服务中心的非建制镇。③ 从社会—文化结构概括乡村，乡村拥有更丰富的内涵，并且具备更宽广的范围，是一个富有地方性，又十分重视关系的社会。④ 维伯莱从土地资源生态的角度将乡村定义为一个国家的那些地区——它们显示出目前或最近的过去中为土地的粗放利用所支配的清楚迹象。⑤ 乡村是一个较难以被准确概

---

① Crouch, G. I., Perdue, R. R., "The Disciplinary Foundations of Tourism Research 1980 - 2010", *Journal of Travel Research*, Vol. 54, No. 5, 2015, p. 563.

② Mason, P., Cheyne, J., "Resident Attitudes to Proposed Tourism Development", *Annals of Tourism Research*, Vol. 27, No. 22000, p. 391.

③ 刘冠生：《城市、城镇、农村、乡村概念的理解与使用问题》，《山东理工大学学报》（社会科学版）2005 年第 1 期。

④ 费孝通：《乡土中国》，生活·读书·新知三联书店 1985 年版，第 6 页。

⑤ Guy M. Robinson, *Conflict and Change in the Countryside*, USA: Belhavan Press, 1990, p. 102.

括的概念，从不同角度对乡村的定义有非常大的差异。本书所指传统村落，从地理空间来看，是包括村民当前和以往生活、生产所处的全部地理空间；从社会—文化结构来看，还是应具备显著的传统乡村社会特征、传统乡土文化属性的传统村落。

  基于以上界定，本书中所涉及的旅游化的传统村落是指那些在传统村落随着乡村旅游的渗入，乡村要素被潜在旅游化、正在旅游化、已旅游化，且具备乡村传统社会结构和传统文化属性的乡村，这是本书的重要场域和研究对象。值得注意的是，并不是所有村庄的乡村旅游产业都可以伴随乡村旅游化现象的产生，所以并不是所有发展乡村旅游产业的村庄都可被界定为旅游化乡村，那些只涉及部分乡村要素旅游功能拓展的村庄不属于本书中旅游化村庄的范畴。按照乡村旅游化的动态演变需求，本书将传统村落乡村旅游化分为潜在乡村旅游化阶段、初始乡村旅游化阶段、成熟乡村旅游化阶段。从旅游化的动力视角，也可以将以乡村旅游为特色的传统村落划分为内生动力乡村旅游村庄、外来动力乡村旅游村庄和综合动力乡村旅游村庄。按照前者分类方式，潜在乡村旅游化阶段的村庄是指乡村旅游渗入不明显，但已在政策、资本等方面存在明显的乡村旅游导入倾向，且乡村居民已意识到相关潜在动向的乡村；初始乡村旅游化阶段的村庄是指乡村旅游渗入明显，外来政策、资本或内生动力已成为乡村旅游关键动力，且乡村部分或全部要素的形态、功能、价值、权责开始由原有属性向旅游属性转化的乡村；成熟乡村旅游化阶段的村庄是指乡村旅游已完成对乡村的渗入，外来乡村旅游政策、资本或内生乡村旅游力量已成为乡村整体发展的主要动力来源，且乡村部分或全部要素的形态、功能、价值、权责已完成由原有属性向旅游属性转化的乡村；当然还有乡村旅游被其他产业替代，逐渐退出乡村旅游化阶段的逆乡村旅游化阶段的村庄，是指乡村旅游逐渐退出乡村场域，乡村部分或全部要素的形态、功能、价值、权责开始或已完成由旅游属性向非旅游属性转化的乡村，此类村庄暂时不在本书研究范围内。按照后者分类方式，内生动力乡村旅游村庄是指由乡村内部发展要素助力乡村旅游，引发乡村部分或全部要素的形态、功能、价值、权责由原有属性向旅游属性转化的乡村；外来动力乡村旅游村庄是指由乡村外部发展要素助力乡村旅游，引发乡村部分或全部要素的形态、功能、价值、权责由原有属性向旅游属性转化的乡村;综合动力乡村旅游村庄是指由乡村内部和外部发展要素互补融合,助力乡村旅游,引发乡村部分或全部要素的形态、功能、价值、权责由原有属性向旅游属性转化的乡村。

(二) 发展动力

《辞海》记载动力(drive)有两种解释:一是可使机械运转做功的力量;二是推动事物运动和发展的力量。《不列颠百科全书》对动力进行了心理学解释——一种要求立即满足的紧迫的基本需求,在某种紧张、不平衡的状态下,机体的活动反应,具体包括先天的生理需求和后天习得的需求,如驱动力等。日本学者富永健一从社会发展的角度对动力进行分析,认为社会发展的两种力量无非是内在动因和外生动因,即社会系统的内部原因和社会系统的外在原因,我们把前者称为内因,后者称为外因。[①] 在马克思看来,社会生产力的发展是社会制度变迁的根本动力,生产物质生活本身是人类生存的第一个前提,也是一切历史的第一个前提。关于社会发展的动力因素,马克思认为,生产力的发展是社会经济形态演进的根本动力,同时他也注意到派生的、转移来的、非原生的生产关系的存在。诺斯认为,人口的持续增长是推动中世纪盛世经济增长和发展的动因,但对人口增长的原因却未提及。[②]

根据动力的相关研究成果,本书把乡村发展动力定义为,为了促进乡村的共同发展、家庭的个体发展、个人的能力发展,那些被乡村居民挖掘、发现、整合、利用的乡村现有和潜在可用资源,被争取、协调用于乡村发展的外部资源,都可被称为乡村发展动力。乡村发展动力是一个集合,不同乡村的发展动力集合中蕴含着各异的动力要素。基于此,传统村落乡村旅游化的发展动力,是指传统村落乡村在进行乡村旅游发展过程中,推动乡村内外部要素由传统属性向旅游属性转化的动力集合。值得注意的是,在传统村落乡村场域中,那些支持乡村旅游发展的利益主体往往会提供更多乡村旅游化的发展动力,而那些反对乡村旅游

[①] [日]富永健一:《社会学原理》,严立贤、陈婴婴、杨栋梁、庞鸣译,社会科学文献出版社1992年版,第250页。

[②] [美]道格拉斯·C·诺斯:《制度、制度变迁与经济绩效》,刘守英译,生活·读书·新知三联书店上海分店1994年版。

发展的利益主体则产生一些制约乡村旅游化的障碍。所以，传统村落乡村旅游化发展动力的研究，往往伴随着传统村落乡村旅游化阻碍因素的研究。

传统村落乡村旅游化中的动力因素要通过动力机制才能发挥作用。动力机制是指一个社会赖以生存、发展的不同推动力量，以及它们产生、传输并发生作用的机理和方式。① 传统村落乡村旅游化的发展动力机制，是指那些支持传统村落乡村旅游发展，推动传统村落乡村要素由传统属性向旅游属性转化的动力因素，及其作用的机理和方式。传统村落乡村旅游化过程中，不同的动力要素根据自身特点通过不同的动力机制发挥作用，而这些动力机制之间是一种相互博弈、妥协作用、协作融合的关系。发展动力和动力机制是协调共生的关系，没有动力机制，发展动力就不能被称为动力要素，只是一种静态的客观存在；没有发展动力，动力机制也就没有物质载体，只是一种虚幻的空中楼阁。

（三）平衡治理

平衡，即两物齐平如衡，如《荀子·大略》所言，平衡曰拜。本书中平衡是指各要素之间的协作关系和共生状态。平衡治理是指一个社会的各个组成要素和部分之间如何协调相互关系，保持平衡，以有序、稳定状态运行的机理和方式。② 如果说动力机制最终表现为活力，那么平衡治理最终表现为和谐。一个理想的社会系统，既需要活力十足的动力机制，也需要稳定和谐的平衡治理，两者统一存在，不可分离。这也是从系统发展理论研究考量某一地区社会发展的重要标准。

平衡治理是促进公共治理有效的必要手段。传统村落乡村旅游化中的平衡治理，是指平衡那些推动传统村落乡村旅游化的动力要素，以实现旅游化有序、稳定运行的机理和方式。平衡治理的最终目的是推动以乡村旅游为特色的传统村落的整体可持续发展。

总体而言，传统村落乡村旅游化过程中，乡村居民的可持续生计需求、主动参与式发展是核心动力，乡村精英的引领、示范是催化动力，乡村组织的整合、协调是协调动力，传统文化的内聚、强化是渗透动力，

---

① 李忠杰：《论社会发展的动力与平衡机制》，《中国社会科学》2007年第1期。
② 李忠杰：《论社会发展的动力与平衡机制》，《中国社会科学》2007年第1期。

外来资本的引入、价值提升是触发动力，政府干预和制度变迁是管理动力。各种动力要素通过自身的动力机制储备生命力，提高活力，而平衡治理正是对上述动力因素和动力机制进行干预，通过协调它们之间的关系，促进以乡村旅游为特色的传统村落有效治理和全面发展。

二 研究目标

本书以重庆市黔江区小南海镇新建村为研究场域，以行动者网络和平衡治理理论框架为指导，对传统村落乡村旅游化中的发展动力、动力机制与平衡治理进行研究，以求达到以下目标。

第一，厘清客观场域。从动态演进的视角，厘清案例村从乡村旅游产业导入到乡村要素旅游化的实现过程。

第二，厘清系统动力。从系统发展的视角，厘清推动案例村乡村旅游化的发展动力与动力机制，包括各个发展动力的目标缘起、作用过程与可能产生的后果。

第三，提出公共治理框架。以平衡治理理论为指导，厘清传统村落乡村旅游化给公共治理带来的挑战，审视这一过程中公共治理存在的问题，提出以推动传统村落乡村旅游化可持续发展这一公共价值为目标的公共治理框架。

三 研究内容

本书主要通过对重庆市黔江区小南海镇新建村的系统考察，梳理新建村乡村要素的旅游化转化过程，探讨这一过程中乡村居民、乡村精英、乡村组织、传统文化、外来资本、政府干预、制度变迁发挥的动力作用和动力机制，总结乡村要素旅游化转变及背后的发展动力、动力机制对乡村公共治理的挑战和要求，进而通过建立对应动力机制的平衡治理，实现有效治理和可持续发展。具体研究内容主要有以下六个方面。

（一）乡村要素由原有属性向旅游属性转化的动态过程

主要研究新建村的乡村要素属性转化过程。新建村乡村要素丰富，既有普通乡村共有的要素，也有传统村落独有的要素。按照村民家庭所有、村庄集体所有对新建村乡村要素进行分类，村民家庭所有的要素主要包括人力、房屋、社会网络关系、资金、农田林地水塘使用权和经营权等,村庄集体所有的要素主要包括空气、水、土地所有权、公共建设、公共场地、道路、村规民约、传统文化等。在旅游产业发展过程中,上述要素的功能属性、权责属性、归属属性、价值属性等均发生着明显的变化,这一动态变化的趋向主要是旅游属性的增强、传统属性的弱化。

(二) 乡村居民生计需求、参与式发展与乡村旅游化

主要研究乡村旅游化中乡村居民的地位、作用,是不是乡村旅游化的参与主体和利益主体。在传统村落乡村旅游化过程中,乡村居民的主体地位是否存在,这种主体地位是如何获取,或如何丧失的。重点研究传统村落乡村旅游化过程中,传统村落乡村居民的生计问题,他们的生计资本是否得到明显提升,可持续生计如何维系。基于生计资本的量化分析,研究乡村居民对旅游化的积极性和创造性应该如何发挥。另外,研究在旅游化过程中,农户对外来资本、政府干预、制度变迁的态度如何,又是如何借助乡村精英、传统文化、乡村组织的力量,在旅游化过程中找到自身定位的。

(三) 乡村精英社会地位、引导作用与乡村旅游化

主要研究传统村落乡村经济精英、基层干部、宗族精英在乡村旅游化中的角色定位、功能作用。传统村落乡村的精英思想活跃、信息充沛、敢为人先,且在乡村百姓中有一定的威信。他们有的是发展迅速的普通百姓,有的是具备社会网络资源的关系强人,有的是在传统文化传承与辐射中有较强代表性的精神领袖。传统村落乡村精英是乡村居民和外部信息资源的重要纽带,有重要的信息传播和示范引导作用。在此基础上,研究传统村落乡村旅游化中,乡村精英是如何借助内外部要素优先发展起来的,又是如何发挥示范作用,取得百姓信任,带领其融入旅游化进程中的。传统村落乡村组织结构,既包括传统的基层群众性自治组织,也包括传统村落乡村特有的组织管理体系,例如,新建村初期乡村旅游化时期的宗族制度等,主要由乡村宗族精英组成。重点研究传统村落乡村多种组织结构之间的关系,以及在乡村旅游化中发挥的功能和作用。关注乡村多种组织结构是如何贯彻落实或自发组织各种类型乡村旅游发展的,是如何应对乡村旅游化对组织管理的挑战和需求的。另

外，还对乡村旅游化中传统文化在乡村精英影响下的存在形态、功能作用进行研究。传统文化来源于传统村落乡村百姓的生产生活，对乡村的经济社会发展发挥重要的精神导向和力量凝聚的作用。传统文化既是传统村落乡村旅游产业发展的特色优势要素，又影响着乡村旅游产业发展的整体发展方向，还渗透到乡村要素之中，影响着乡村旅游化的系统进程。重点研究传统村落传统文化对乡村要素的影响，以及在乡村旅游化中的功能和作用。分析传统文化是以何种方式渗透到乡村旅游化过程中，以规范整合相关要素力量，推动乡村整体发展的。

（四）外来资本、政府干预、制度变化、游客等外部因素与乡村旅游化

主要研究外来资本的介入过程、政府干预过程、制度变化过程、游客旅游消费倾向及其对乡村旅游化的影响。传统村落乡村旅游化是一个系统过程，涉及乡村发展的全部要素，而这一过程的推动力不但与乡村内部要素有关，还与融入乡村的众多外部因素有关，其中最主要的是外来资本、政府管理手段、政策作用条款、游客消费欲望。重点研究外来资本进入乡村的动因，以及对乡村旅游化中利益相关者的影响；乡村旅游化中，政府管理方式、手段、重点的变化，以及对乡村治理结构的影响；旅游消费者对乡村旅游化的作用，以及在乡村旅游化的不同阶段（程度），游客消费欲望的变迁过程及其对利益相关者的影响。

（五）乡村旅游化中各发展动力的摩擦与失衡及其对乡村公共治理的挑战和要求

在系统分析了传统村落乡村旅游化中乡村要素属性转化及其背后的发展动力之后，通过参与式观察，透视乡村旅游化中各发展动力的矛盾与摩擦。传统村落的乡村经济社会发展较为传统，公共治理体系要素众多，且较为稳定，在旅游经济进入乡村之后，改变了原有的经济社会结构和公共治理体系，对乡村治理产生直接影响。相对于其他地区乡村而言，旅游化对传统村落乡村治理体系的冲击更加剧烈。重点分析发展动力失衡状态下的过度旅游现象。研究面对旅游化这一客观过程，传统村落乡村治理如何积极应对，如何通过对原有治理要素、结构、机制的调整，以提高对乡村旅游化的调控，满足乡村全面可持续发展的要求。

（六）传统村落乡村旅游化中发展动力的平衡治理

任何理想的社会系统都应是动力机制与平衡治理的统一体，社会动力要素应充满活力和蓬勃生机，这背后当然有某种机制发挥重要的作用。另外，还需要协调有序、稳定持续的平衡治理，才能保障社会动力要素之间的协同共生，以动力要素的最大合力，实现社会系统全面可持续发展。传统村落乡村旅游化的动力要素众多，背后的动力机制也有不同的逻辑结构，在系统研究动力要素和动力机制的基础上，通过参与式研究方法，匹配对应的平衡治理，可以协调各动力要素之间的关系，形成乡村旅游化动力要素的合力。本书中平衡治理的构建是为了乡村有效治理和全面可持续发展，所以，平衡治理在协调乡村旅游化的动力要素和动力机制时，还需要考虑乡村系统要素和整体格局。

第四节　研究设计

一　研究范式

本书按照研究范式所涉及的本体论、认识论和方法论三个核心问题，[①] 根据传统村落乡村旅游化的研究需要，运用"行动者网络理论＋平衡治理理论"进行传统村落乡村旅游化中发展动力与平衡治理的研究。法国科学知识社会学家卡隆和拉图尔等提出的行动者网络理论为利益相关者联盟网络的发展研究提供了新的视角。行动者之间网络化关系、异质性网络构建、各行动者利益的转译适应传统村落乡村旅游化这一动态发展过程中各利益相关者之间的网络关系与动态转变。从公共管理视角，平衡治理是通过公共政策或公共行为的中立性和高质量，发挥其平衡功能，协调各利益主体之间的利益关系，缓解各利益主体之间的矛盾和摩擦。平衡治理更体现为责任主体对公共事务或公共场域的平衡和控制。

---

① 虽然有学者认为，公共管理领域研究范式的多样化运用，可促进学科未来的发展，并可以提高其研究的贡献度，但从研究的系统性而言，根据研究对象和研究需要，进行研究范式的"约束"是十分必要的。而区分研究范式的关键点在于本体论、认识论和方法论。本体论是指客观事物及其存在的本质是什么；认识论是指研究者与研究对象之间的本质关系是什么；方法论是研究方法的上维概念，指如何开展研究；也有学者从公共性—认知方法—研究领域三个维度进行公共管理研究范式的划分。

平衡治理的内涵适应传统村落乡村旅游化过程中发展动力失衡常态，并起到平衡各发展动力、实现和谐控制的目的。

第一，本体论。传统村落乡村旅游化中的发展动力与平衡治理本质上是乡村公共事务认识与公共治理应对问题，也是一个可持续发展问题，是各行动者之间的网络关系变异的过程。在公共管理学的视角，乡村公共治理是发展动力系统与平衡治理系统之间的相互妥协、相互制衡的过程。发展动力是某动力个体在自身内在因素和社会外在因素共同刺激下，形成的客观的、积极的、原生的推动力。单个发展动力是低维概念，就像一个元素，必然归属于系统动力和事物发展这个高维概念。单个发展动力对动力个体本身是系统可持续的，但对事物系统发展而言，存在片面性、短期性、不可持续性的特点，所以需要行动者网络系统格局。平衡治理是从行动者网络的角度对单个发展动力的审视，致力发展动力集合的稳定可持续。平衡治理是伴随发展动力而产生的，是公共管理的重要内容和目标。

第二，认识论。一是行动者网络中各行动者都具有同样的行动能力，同时也有核心行动者或者代言人的存在。针对不同事物以及不同发展阶段，政府、市场、社会均有可能承担核心行动者角色。传统村落乡村旅游化过程中，政府除通过规则指导村民行为，更应该充当乡村旅游化过程事务引导者的角色，积极进行政策导入，提供各种公共设施和公共服务，并寻找"参与者"，而不是寻求对这一过程的垄断权。二是行动者网络和平衡治理的目标是公共利益，同时满足相关主体利益最大化和差异性需求。传统村落乡村旅游化这一过程中的公共利益是村庄的全面振兴，符合党的十九大提出的乡村振兴战略的核心要义。这应该成为公共管理主体，尤其是政府部门的核心目标，而不应是单个主体目标的附带产品。这要求公共管理主体的政策制定和行政方案应当充分考虑到这一公共利益。三是行动者网络中各行动者和平衡治理中责任主体在思想上的战略性和行动上的民主性。传统村落乡村旅游化过程中，公共管理者主体，尤其是地方政府应该通过集体周密的思考，制定满足传统村落乡村旅游化可持续发展的政策和项目，以保证公共管理的效率性、管理主体的责任性。在行动上，公共管理主体要积极组织村民共同构建乡村旅游化的框架体系，努力把自己形塑为开放的、可接近的组织服务者。四是行动者网络和平衡治理的公共责任是一个涉及要素众多的、复杂的过程。传统村落乡村旅游化过程中,公共管理主体的责任既涉及村庄乡村旅游产业发展、乡村旅游化可持续进行,还涉及村民生计的可持续提升等,所以不但要关注市场、政绩,更应关注传统村落的传统文化、价值观念、行为准则和村民利益。五是行动者网络和平衡治理服务的对象是行动者利益,以及系统的可持续。传统村落乡村旅游化,不是简单的乡村旅游产业发展,涉及传统村落各种要素,而与这些要素关系最紧密的是村民本身,所以,公共管理主体服务传统村落乡村旅游化过程中,要尊重村民感知,通过与村民合作和共同领导的方式进行。六是行动者网络与平衡治理超越单中心格局与单一主体治理,通过网络构建提高公共服务效率。传统村落乡村旅游化过程中,公共管理主体要通过担当传统村落公共旅游资源的管理者、乡村旅游化秩序的监督者、村民权责关系与民主对话的推动者,以服务传统村落居民。

第三,方法论。与研究方法不同,方法论是开展研究的一套指导原则,属于哲学范畴。指导本书的方法论是唯物辩证法,具体来讲是系统方法论,后者是对前者的补充和深化[①]。系统方法论强调整体性、关联性、稳定性和动态性。对传统村落乡村旅游化过程中发展动力的研究应该从系统整体、多元网络的角度出发,发掘动力要素,并探索它们之间的关联性,以相对静止绝对运动的动态性为基础,通过平衡治理的构建,力求这一过程的稳定性。

二 研究框架

本书将传统村落乡村旅游化过程作为研究对象,将传统村落作为研究场域,重点研究传统村落乡村旅游化过程中乡村要素由传统属性向旅游属性转化的动态过程、推动力和运行机制,进而分析这一动态转化对乡村传统公共治理带来的新挑战,然后通过平衡治理的构建,使发展动力机制与平衡治理形成具备内在逻辑的统一整体,从而促进传统村落乡村旅游化过程中乡村旅游村庄的有效治理和全面发展。本书的技术路线

[①] 彭大均、凌云:《系统方法论和唯物辩证法》,《上海大学学报》(社会科学版)1995年第5期。

如图 1-1 所示。

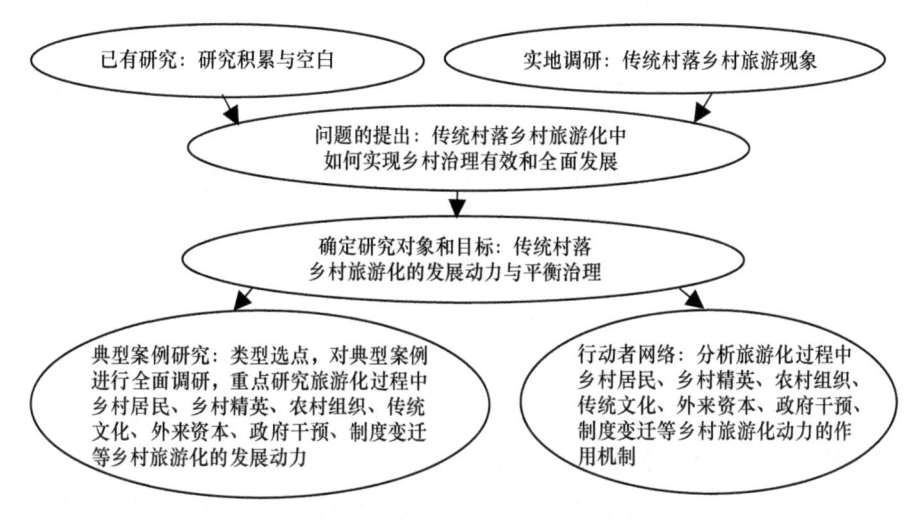

图 1-1 技术路线图

首先，分析国内外关于传统村落乡村旅游化的已有研究成果、不足和空白，结合以乡村旅游为特色的传统村落的实地调研，采用历史学和类型学的分析方法，根据传统村落乡村旅游化的程度，将以乡村旅游为特色的传统村落划分为潜在乡村旅游化阶段、初始乡村旅游化阶段、成熟乡村旅游化阶段。在此基础上，采用拓展个案分析法，选取典型个案，系统考察个案中各要素的旅游化转变过程，并采用比较研究和参与式研究方法，深入分析其内外部动力要素和动力机制。进而，总结这一转化为乡村公共治理带来的新挑战，透视传统公共治理存在的不足和问题。其次，采用系统发展理论框架，建立与乡村旅游化中各动力要素、动力机制相匹配的平衡治理，以实现传统村落乡村旅游化过程中乡村旅游村庄的有效治理，促进乡村旅游村庄整体可持续发展。

三 研究对象的选择

相对于其他地区，传统村落乡村资源的差异化、历史性、系统性，决定了其更具备乡村旅游化的要素条件和场域环境。传统村落乡村呈现出以传统乡村公共要素为基础，以村民传统式生产生活要素为主体，层级有序、关联紧密的组织系统。在乡村旅游产业发展过程中，传统村落乡村难以从单一要素获得乡村旅游的"局部发展"，更容易出现乡村系统要素的旅游化转型，从而促成乡村整体旅游化的发展格局。

  本书把传统村落乡村旅游化这一动态过程作为研究对象，主要是传统村落乡村旅游化中乡村要素的属性变化过程，通过研究乡村要素属性变化的发展动力、动力机制和对乡村公共治理的挑战，进一步分析推动以乡村旅游为特色的传统村落有效治理和全面发展。本书中研究对象的选定不是基于文献、理论的推论、臆想或假设，而是基于长时间在传统村落乡村旅游发展过程中的实地考察研究的现实思考。在对传统村落乡村旅游发展进行长期观察过程中，发现乡村旅游对乡村要素的多方位影响，在总结传统村落乡村旅游发展的已有研究成果的基础上，确定了研究场域、研究对象、研究主题。本书将传统村落乡村旅游化中的乡村分为潜在乡村旅游化、初始乡村旅游化、成熟乡村旅游化三个阶段，对其进行典型个案的比较研究。本书在研究对象的选择上，是根据传统村落乡村旅游发展过程中乡村有效治理和全面发展的需求而确定的，不是根据相关研究假设寻找研究对象。为了体现传统村落乡村旅游化的动态过程，本书对乡村旅游化进行了阶段性划分，为了体现研究对象的典型性和代表性，结合田野调查的众多乡村，把重庆市黔江区小南海镇新建村作为典型代表，并将其发展历程划分为潜在乡村旅游化、初始乡村旅游化、成熟乡村旅游化三个阶段。通过对新建村三个乡村旅游化阶段中各乡村要素属性变化的动态分析，对背后的发展动力和动力机制进行参与式观察，总结旅游化过程中乡村面临的新挑战，寻求匹配动力机制的平衡治理策略。

  本书采取比较研究法对重庆市黔江区小南海镇新建村的乡村旅游化阶段进行比较分析，能更加清晰地展现传统村落乡村旅游化动态发展的全过程，避免静态分析的片面性。之所以这样选择研究对象和研究场域，原因有二，具体如下。其一，随着传统村落乡村旅游政策导向的强化，以乡村旅游为特色的传统村落越来越多，它们的旅游化过程千差万别，本书不可能面面俱到地涉猎传统村落所有的乡村旅游村庄的动态转化过程，所以必须通过对典型代表性案例的历史发展进程进行纵向剖析，展现传统村落乡村旅游化的过程全貌。典型代表性案例的选取要通过系统分析传统村落乡村旅游化的过程类型，以过程类型为框架更精准地锁定类型对象。把重庆市黔江区小南海镇的新建村当作典型对象，是因为通过前期田野调查发现，新建村的传统村落属性非常明显，是传统村落乡村旅游的典型代表。另外，从乡村旅游发展的缘起来看，新建村是通过内外部要素协同共助，挖掘本地旅游资源要素，形成优势特色，进而促进乡村旅游产业的发展。还有，从新建村乡村旅游化的进程来看，它是旅游化村庄从潜在期到初始期，再到基本成熟期的缩影，具有历史发展过程要素相对完备的特征。可见，新建村是传统村落乡村旅游化过程中普遍存在，具备对应旅游化阶段特征属性，并能很好代表不同旅游化阶段乡村发展实际的典型案例。其二，根据研究设计进行田野考察时，新建村具备较好的可进入性。可进入性既包括研究人员进入样本地的交通、信息等条件，还包括获得调研材料的客观准确性。新建村是笔者工作所在地的典型传统村落，基于工作的关系，多次深入新建村的核心乡村旅游区域土家十三寨，与其建立了密切的关系，并且其距离笔者工作单位较近，进行深度调研较便利。新建村也是笔者长期关注的传统村落，在前期调研中，已经积累了一定的传统文化资料，对其传统文化传承和乡村组织建设、公共治理等有一定的研究基础。总之，新建村既满足本书关注的传统村落乡村旅游化不同阶段的特征需求，又具备较好的可进入性，有利于本书的深度推进。

四 研究方法

本书主要采用质性研究中的拓展个案研究法，深入分析传统村落典型乡村旅游村庄的要素属性变化、发展动力和机制，以及对传统村落乡村公共治理的挑战，在文献查阅、资料收集的基础上，通过参与式研究，构建对应传统村落乡村旅游化发展动力和动力机制的平衡治理策略。

（一）质性研究中的拓展个案研究法

结合研究需要，本书主要采用质性研究方法。质性研究是人文社会科学研究中普遍使用的研究方法之一，是指"研究者本人作为研究工具，在自然情境下采取多种资料收集方法，对社会现象进行整体性探究，主要使用归纳法分析资料和形成理论，通过与研究对象进行互动，对其行为和意义建构获得解释性理解的一种活动"。① 具体而言，笔者深入传统村落典型乡村旅游村庄，在客观现实场景下，多渠道收集研究所需资料，对典型乡村案例的旅游化过程进行系统分析、整体把控，以此建立本书的分析框架和概念、理论。

本书采取的拓展个案研究法源于个案研究法，同时是对个案研究法的修正，与个案研究法有诸多相似处，所以先从个案研究说起。个案研究是从一个或几个案例、事件的叙事中，分析概括个案静态特征和动态演变过程，以形成详尽的个案总结。学界对个案研究的评价褒贬不一，认同个案研究的学者认为个案研究可以充分剖析个案，系统展现案例全部要素，也有学者认为个案研究片面局限，不能反映普遍现象和规律问题。个案研究的目的是达到对某一类问题的认识，而不是对总体问题的认识。那么，对于如何以个案研究的典型性、微观性为基础，通过拓展个案，使其兼顾代表性、宏观性，美国社会学家麦克·布洛维提出了拓展个案研究法。

拓展个案研究，顾名思义是对个案研究的拓展，研究视野关注个案固定场域的整体要素的详细研究，但又不拘泥于个案的狭窄场域，通过拓展田野考察，构架微观个案内部系统与宏观环境外部要素的关系，以包括国家政治、经济、法律、政策在内的宏观环境解释微观个案，描述微观个案是如何被宏观场域形塑的。

本书根据乡村旅游化发展阶段、发展程度，将传统村落乡村旅游化过程分为三个阶段，为了确保比较的科学性、合理性，只对新建村一个案例的乡村旅游化不同发展阶段进行系统研究。所选案例具备相应乡村旅游化阶段的一般特征，具有一定的典型性。同时，根据研究需要，为达到系统研究乡村旅游化内外部动力因素、时间维度动态变化过程，以及构建动力平衡治理的目的，本书的研究视野不局限于个案发展系统内部要素，而是对所选个案进行充分拓展，即从案例外围立体宏观环境下解释个案的乡村旅游化现象。

（二）资料收集与分析方法

第一，文献研究法。以传统村落乡村旅游化为查阅文献的源点，对

---

① 陈向明：《质的研究方法与社会科学研究》，教育科学出版社2000年版，第8—9页。

国内外相关文献进行研究梳理，但目前关于传统村落乡村旅游化的相关研究成果较少，按照研究问题的学科领域归属，对传统村落乡村旅游化的上位概念和理论框架相关文献进行系统研究，以更牢固地把握相关理论基础、研究不足或空白。在历史文献方面，本书主要查阅了光绪《黔江县志》和《黔江年鉴》（2003—2018）。

第二，参与式观察法。在传统村落乡村旅游化典型乡村的田野调研过程中，深入旅游化相关具体工作中，对传统村落乡村旅游发展引起的乡村要素属性变化进行动态把握，并通过角色参与，深刻透视背后的动力要素和动力机制，以及对乡村公共治理的挑战。在研究过程中，选择整体旅游事件进行过程参与，例如，通过对大型乡村文化节目策划流程的参与式观察，能全面把握乡村内外部相关要素积极性的调动过程，以及动力源泉，且能深刻体会乡村公共治理在这一工作中的作用和面临的新挑战。笔者分别参加了新建村2018年土家十三寨寨主节、2018年土家摸秋节、2019年山地马拉松三个大型节庆活动，共持续26天，深入观察了活动缘起、动力、策划、组织、安保、利益分配等各个环节。笔者深入土家十三寨，以志愿者的身份进行了两周的旅游服务工作，对新建村这一核心旅游产品的日常经营活动进行观察，对游客来源、利益分配、产品供给等环节进行了解。

第三，问卷调查法。对新建村村民和土家十三寨游客进行问卷调查。2017年9月到2018年6月，通过两次规模性的问卷调查，即对新建村村民的生计情况、乡村旅游意愿、影响等进行问卷调查，对土家十三寨游客的旅游动机、体验等进行问卷调查。共向新建村村民发放调查问卷204份，回收有效问卷197份。共向游客发放调查问卷411份，回收有效问卷377份。通过调查人数较多的两个群体，即对村民和游客进行调研，验证本书提出的乡村旅游化是否有普遍的社会根基。问卷数据显示，从游客旅游需求、新建村村民生产生活要素供给和村民生计需求的角度，新建村乡村旅游化具有鲜明的网络基础，并显示出典型的旅游化倾向。

第四，访谈法。对传统村落乡村旅游化过程中相关参与主体和利益相关者进行访谈，是本书重要的调研内容，也是资料收集的重要环节。2018年6—7月，2019年6—9月，在新建村旅游旺季，对村民、村干部、宗族代表、经济精英、外来资本主体、区文旅部门干部、游客等进行访谈，获得乡村旅游化要素功能变化、动力作用过程等一手资料。笔者共进行了6组村民的访谈，总时长约12小时，其中有4组是高山移民后集中在土家十三寨居住的农民，另外两组是在土家十三寨周围居住的村民，主要了解他们的生计变化情况、生计要素的旅游功能拓展情况；对新建村村委会主任、党支部书记分别进行专门访谈，总时长5小时，主要了解新建村的基本情况、历史发展过程、乡村治理、土家十三寨建设、村庄公共设施建设等方面的内容；对龙家寨、张家寨宗族代表进行专门访谈，主要了解他们的宗族文化在乡村旅游发展中的旅游化过程，以及宗族势力在新建村公共治理中的作用情况；对新建村两位从事农家乐经营的新生经济精英进行访谈，主要了解他们的投资转变过程、经营范围、经营过程、瓶颈与阻碍、未来畅想；对从小南海迁移过来的两位农家乐老板、黔江区旅投集团土家十三寨负责人进行专门访谈，了解他们加入新建村乡村旅游的过程、在经营中的权利和责任问题、经营阻力、盈利情况等；对黔江区文旅委副主任进行了专门访谈，了解新建村乡村旅游政策导入的缘起、过程、未来规划，地方政府在新建村乡村旅游发展中的作用、阻力，以及与新建村的关系问题；在不同的时间分别对9位游客进行深度访谈，主要了解他们到土家十三寨旅游的动机、体验等问题。

第五，类型比较分析法。本书之所以把传统村落乡村旅游化过程分为潜在旅游化、初始旅游化、成熟旅游化三个阶段，就是要比较新建村三个不同发展时期的乡村要素属性变化情况、相关动力介入情况，以及乡村公共治理应对情况。但鉴于新建村乡村旅游发展依然处于成长期，乡村旅游化程度也相对较低，所以本书在必要的情形下，将乡村旅游发展成熟、旅游化程度较高的千户苗寨作为参照进行横向比较研究。通过类型比较分析，能对传统村落乡村旅游化的发展时序和相对发展水平进行动态分析，以达到立体呈现的目的，使研究更具科学性。

五 研究的创新和不足之处

本书的创新主要有以下两点。

其一，研究视角上的创新。学界对传统村落乡村旅游的研究大多基于产业经济、社会系统、文化传承、生态环境的单一视角进行研究。本书从"旅游化"这一客观动态立体视角对传统村落乡村旅游进行系统把握,全面剖析。这一研究视角的创新,能更全面地把握传统村落乡村旅游化中乡村要素属性的变化过程,更清晰地探索背后的发展动力和动力机制,更科学地构建对应的平衡治理。

其二,研究理论上的创新。为全面把握传统村落乡村旅游发展对乡村公共治理的影响,提出了"乡村旅游化"的概念。"乡村旅游化"既是一个概念和理论分析框架,还是一个客观发展过程。本书构建了"要素变化—发展动力—动力机制—平衡治理"的理论分析框架,这既全面展现了事物发展变化的过程,也逻辑推导了公共治理的构建过程。这使公共治理方案更贴近事物发展本身,更具科学性和逻辑性。

本书存在的不足可能在于个案研究不能全面展现传统村落乡村旅游化的过程。中国幅员辽阔,传统村落分布广泛,虽然按照乡村旅游化的不同阶段选取一个典型案例对其三个发展阶段进行个案研究,并对个案进行了拓展分析,但是相对于中国传统村落分布的客观情况,本书在展现全国传统村落乡村旅游化方面,还存在欠缺。在以后的研究中,尽可能通过多区域选点,全方面展示中国乡村旅游化的全貌。

第 二 章

从乡村旅游到乡村旅游化：个案的发展概况

中国传统村落分布广泛，且数量众多，乡村要素各式各样，发展水平千差万别。在乡村产业多样化发展以及乡村要素多功能转型过程中，部分传统村落乡村在政策导向下，依托地域、生态、文化等优势走上乡村旅游的发展道路。传统村落乡村因其独特的自然资源和文化生态，在乡村旅游发展过程中，形成了以公共要素为基础，以村民传统的生产生活要素为主体，层级有序、关联紧密的旅游组织系统，这使其更存在乡村旅游化的可能性、正式性和合理性。重庆市新建村是典型的土家族村庄，也是重庆市级休闲农业与乡村旅游示范村和重庆市级乡村振兴示范村。该村旅游产业发展与旅游化进程在以乡村旅游为特色的传统村落中具有一定的普遍性，可以较好地满足本书的核心需求。本章对新建村基本情况和发展历程进行梳理，借用行动者网络理论，采取类型比较法，按照潜在旅游化、初始旅游化、成熟旅游化三个阶段对其乡村旅游化进程和乡村要素旅游化转型进行研究。

第一节 新建村发展的历史沿革和基本情况

一 新建村历史沿革

清代，县以下设置里、乡、保、甲。根据《黔江县志》的记载，新建村所在的黔江县（现为黔江区）下设两个里，分别为栅里和洛里，新建村位于洛里的后坝乡。民国时期推行联保制，对黔江县行政区域进行重新划分，共划分为3个指导区、18个乡镇，在这一时期，后坝乡改为新建乡。中华人民共和国成立之后，废除保甲制，黔江县下划分为区、乡、村、闾，这一时期，新建乡隶属册山区。公社建设时期，新建乡改为新建公社。1981年行政区划调整，新建公社又改回为后坝乡。重庆直辖之后，黔江县改为黔江区，南海乡和后坝乡合并为小南海镇，自此，新建村成为小南海镇的行政村，延续至今。

在调研中走访小南海镇政府与乡村百姓得知，新建村正在致力改名为十三寨村。原因在于，黔江区在落实脱贫攻坚、产业扶贫、乡村旅游、传统文化传承、乡村振兴等工作过程中，对十三寨的声誉宣传、基础设施建设、文化核心塑造进行了集中攻坚突破，培养了十三寨较为扎实的社会基础和明显的认知度。从长远发展来看，新建村到十三寨村的更名，也是为了更好地推动乡村旅游产业的发展。

从新建村内部结构组成来看，十三个主要的组成部分包括学堂湾、熊家坝、瓦房坝、台子上、走马坝、何家院子、老熊坝、石嘴坝、龙家沟、周家院子、大湾院子、向家坝、谈家院子。在对新建村进行乡村旅游和传统文化打造过程中，这十三个片区的名称也进行了相应的变更，形成了学堂寨、熊家寨、瓦房寨、女儿寨、摆手寨、何家寨、老熊寨、张家寨、龙须寨、周家寨、大湾寨、向家寨、谈家寨，统称土家十三寨。

二　新建村基本情况

（一）自然状况与人口结构

新建村入选中国传统村落（第三批）名录，是重庆市黔江区的一个典型的传统村落。黔江区位于重庆市的东南部，在重庆市主城区的正东方，距离重庆主城近300千米，车程约4小时，是重庆渝东南地区（包括黔江区、武隆区、石柱土家族自治县、秀山土家族苗族自治县、酉阳土家族苗族自治县、彭水苗族土家族自治县六区县）的中心城市，该地区为武陵山脉、乌江水系。2023年末，黔江区户籍人口55.38万人，其中约76%的人口为土家族和苗族，是典型的少数民族聚集区。黔江区地形以山地为主，海拔多在500米到1000米之间，最高峰是海拔为1938.5米的灰千梁子主峰，最低点是海拔为320米的黑溪河谷马斯口，两者相对高差达1618.5米。黔江区自然生态良好，人文生态淳朴，夏季相对重庆其他区县凉爽，冬季相对重庆主城更加湿冷。黔江区将旅游业作为经济社会发展的重要支柱，在自然生态、传统文化旅游开发方面进行了探索与实践，依托"中国清新清凉峡谷城"的地域特色，围绕"神秘芭拉胡·魅力阿蓬江"打造了一系列旅游景点。

新建村位于重庆市黔江区的小南海镇，是一个典型的少数民族村庄，曾经的国家级贫困村，本书以土家十三寨为核心研究场域进行田野调查。新建村距离黔江城区30千米左右，是重庆与湖北的交界地带。北邻庄鹿沟，南邻八嘎洞，西邻土地槽，东临猪嘴石。该村27.49平方千米，耕地面积1170余亩，公共用地230余亩，河流水塘70余亩，农村硬化道路30余千米，实现了硬化到户的建设目标，森林覆盖率达91%。新建村全村共有6个小组，第一组、第三组、第四组、第五组集中居住在土家十三寨，第二组、第六组则分散在土家十三寨周围，该村共有纯汉族家庭居民1800余人，土家族、苗族等少数民族人口占总人口的91%左右，其中，土家族人口占总人口的82%以上，是典型的土家族苗族乡村（如表2-1所示）。受教育程度中，87%的村民是初中及以下文化水平，高中及以上文化水平的村民占13%。常住人口中，年龄结构以16岁以下的青少年和55岁以上的中老年为主。常住居民的工作以务农为主，兼顾乡村旅游农家乐等其他生计渠道。新建村虽然距离城区较远，但是基于土家十三寨景区，以及相对便捷的交通和相对较多的人口基数，在黔江区行政村中处于上等发展水平，曾获得"重庆市生态文化村""中国少数民族特色村寨""全国宜居村庄"等称号，2018年11月，又获得中国生态文化协会"2018年全国生态文化村"荣誉称号，2019年，被列入重庆市乡村振兴示范村。

表2-1　　　　新建村土家十三寨主要姓氏、户数与所属民族　　　　单位：户

寨名	主要姓氏	户数	所属民族
学堂寨	王姓	14	土家族
熊家寨	罗姓	10	土家族
瓦房寨	任姓	9	土家族
摆手寨	庞姓和吕姓	35	土家族和苗族
女儿寨	罗姓和陈姓	12	土家族
何家寨	何姓	16	土家族

续表

寨名	主要姓氏	户数	所属民族
老熊寨	张姓	12	土家族和汉族
张家寨	张姓	18	土家族和汉族
龙须寨	龚姓和张姓	9	土家族和汉族
周家寨	周姓	11	土家族
大湾寨	李姓	8	土家族和苗族
向家寨	向姓和李姓	16	土家族和苗族
谈家寨	谈姓、黄姓等	21	土家族和苗族

(二) 经济发展状况

2014年新建村被确定为国家级贫困村，2019年新建村所剩4户7人全部脱贫，意味着正式完成脱贫攻坚任务。当前，新建村的经济产业依然以农业为主。黔江区小南海镇在落实产业脱贫攻坚工作的过程中，形成了"村党支部+专业合作社+基地+农户"的发展模式，新建村在进行模式实践与推广的过程中，培育了茶叶种植、烟草种植、蜜蜂养殖等农业发展新业态。其中，茶叶种植主要依托黔江区的珍珠兰茶叶公司，烟草种植主要满足黔江烟厂的原材料需求，蜜蜂养殖以村民线上线下相结合的方式进行立体营销。除此之外，新建村在传统水稻、玉米等粮食作物种植的基础上，借助生态农业的基础优势，发展生态蔬菜种植、特色水产养殖，满足渝东南区县的日常需求。

因长年交通闭塞，新建村第二产业发展相对滞后，村民中外出务工的人数较多。在省道修建完善以后，新建村交通得到极大改善，但在黔江区"渝东南生态保护发展区""生态乡村建设"的定位下，粗放型的第二产业没有形成规模发展的势头，仅以木材加工等传统加工作坊零星分布。但在精准扶贫、民族乡村旅游、传统文化旅游等政策的带动下，新建村依托原小南海景区、土家十三寨等大力发展乡村旅游产业，形成了以农家乐为主，生态采摘、乡村民宿、山地运动、传统手工艺制作等点状分布的乡村旅游发展格局。部分村民积极参与乡村旅游产业发展，十余户的村民完成由传统外出务工向农家乐经营的生计方式转变。

(三) 村庄设施与服务

国发〔2009〕3号文件《国务院关于推进重庆市统筹城乡改革和发

展的若干意见》，通过多种政策导向，促进重庆城乡统筹协调发展，对加快乡村基础设施建设，提高乡村公共服务水平起到积极的推动作用。党的十九大乡村振兴战略的提出，使处于改革前沿的重庆再次获得宏观布局和精准导向，基于此，重庆市出台了一系列乡村建设政策措施，加速推动了乡村全面建设。

新建村基本实现村庄户户道路全硬化，田间作业道路部分为土路结构。新建村村民住宅基本实现户户砖瓦结构或混凝土结构，村里现存的木质结构房屋成为土家十三寨重要的旅游吸引物。新建村按照"统一规划，分期实施"的原则，在2010年前已经完成了村寨自然生态区的院落改造、环境整治和连户道路修建等基础设施建设工作。新建村完成了人行桥、生态河堤、停车场、公共厕所、卫生院等乡村旅游基础设施建设。村民自来水全覆盖，还建立了两座污水处理站及3千米配套管网。

第二节　新建村乡村旅游化的资源基础与发展阶段

一　新建村乡村旅游化的资源基础

新建村是典型的土家族人民聚集的村落，土家文化浓郁，土家语言、土家歌舞、土家建筑、土家服饰、土家医药等保存良好，沿用至今。新建村也是典型的寨组文化村落，从村头到村尾由十三个传统原始的寨组组成，寨子少则十几人，多则上百人，是村落组成的基本单元。

土家语。土家语分为毕基语（北部土家语）和孟兹语（南部土家语），均属汉藏语系藏缅语族土家语支。现有土家语的文字记载材料已经很少了，并且土家语的使用规模也在急剧缩小。新建村位于武陵山区，该地区是土家语的重要使用区域，但是当前，该地区只有少数中老年人还在偶尔沿用土家语交流，大部分村民则使用汉语交流。但是新建村的文化娱乐中依然可以看到土家语的存在，也成为其在乡村旅游初创期的特色内容。

土家医学养生。土家医学是中国医学的重要分支，有完整系统的医学体系。因土家族没有自己的文字，所以土家医学只能通过口口相传的方式进行传承，这使大量的土家医学精髓消失在历史长河中。随着国家扶持民族医药政策的颁布和实施，土家医学逐渐被认识、研究、推广。

当今，土家医学在武陵山区部分医院依然存在，但是范围不大，受众不广。相对于土家医学疾病治疗的功能而言，旅游康养功能则有广泛的施展空间。新建村土家医学旅游康养也将成为重要的旅游业态。

土家歌舞。土家歌舞题材广泛，从历史、自然到生活、生产、伦理观念等，都是土家歌舞的重要内容。重庆市黔江区土家族聚集区打造的《云上太阳》《银色山脊》两首土家歌曲，成为土家歌曲的重要代表，在国内外重要场合进行多次演出。该地区的土家舞蹈主要有《摆手舞》《跳丧舞》《社粑粑舞》《八宝铜铃舞》《花鼓子》。新建村依托土家十三寨、土家民族博物馆着手发展乡村旅游，《后坝山歌》《莲萧舞》《薅草锣鼓》等土家歌舞将起到重要的带动作用。

土家手工艺。土家族有浓郁的手工艺文化，在重庆市黔江区主要以西兰卡普为代表。西兰卡普是土家语，意思是一种土家织锦，"西兰"是铺盖的意思，"卡普"是花的意思，"西兰卡普"即土家族人的花铺盖。当前，西兰卡普的使用范围不限于铺盖，还用于服饰、装饰品等方面，因其纹理独特，朴素耐看，成为土家手工艺品的重要代表。在新建村西兰卡普的使用范围广泛，部分村民也成为西兰卡普旅游商品的供给者。

土家十三寨。作为乡村旅游发展初期的村庄，新建村以土家十三寨为重要引导。土家十三寨，位于深山明珠小南海旁，分布在蜿蜒潺潺的板夹溪两岸，寨子有半包围品字形、全包围四合院、吊脚楼多种样式。原始的土家吊脚楼民居屋顶花脊和翘角，四周栏杆走廊，雕栏花窗，特色明显。这里原生态的生产生活方式、原味的土家民俗风情、美丽的山水风光，形成重要的旅游吸引物。

小南海旅游景区。小南海旅游景区是国家 AAAA 级风景区（2005 年评定）、国家地震遗址公园。1856 年 6 月 10 日，小南海旅游景区因一场 6 级地震而产生，因其地震遗迹保留完整，山水环绕，水面广阔，每年都能吸引大量游客到此休闲旅游。新建村距离小南海旅游景区西侧仅 6 千米，新建村的土家文化与小南海的自然风光协同搭配，在小南海旅游景区的带动下，新建村虽处于乡村旅游发展的初期阶段，但是游客数量已有一定规模。

二 新建村乡村旅游化的发展阶段

作为黔江区典型的传统村落，新建村乡村旅游发展完全融汇在黔江区旅游产业发展母体之中。黔江区旅游产业发展的资源禀赋良好，具备自然生态与传统文化的比较优势。值得注意的是，旅游产业的外部性与可进入性决定了黔江区旅游产业发展还应具备良好的内外互通、资源互动的条件，才可维持旅游产业的可持续发展，而这与两大要素息息相关，其一是交通，其二是政策。

黔江区地处武陵山区腹地，大山大水的地理风貌成为该地交通发展的"天然屏障"，所以，黔江区交通发展相对滞后。2007 年，渝怀铁路客运通车标志着黔江正式扭转了无铁路客运的尴尬局面，但是渝怀铁路的单线运行，依然没有根本性地扭转黔江铁路客运低端运营的局面，尤其是在全国高铁大发展的格局中，黔江铁路客运并没有成为黔江旅游发展的重要推动力。2020 年 1 月，黔张常铁路正式将黔江拉入高铁布局图，形成了黔江向东，经湖北部分县城、湖南湘西地区，到常德的区域性高铁格局。而对黔江旅游产业发展而言，该高铁难对其产生革命性的带动作用，因为相对于黔江旅游发展现状，该高铁沿线的恩施大峡谷、张家界景区均具备明显的比较优势。相对于铁路客运，黔江空运、高速公路对旅游发展的影响较为明显。2010 年，黔江武陵山机场建成并正式运营，现已开通往返北京、上海、广州、重庆、海口、青岛、日照、郑州、成都、杭州、贵阳、西安等的航班，这成为黔江旅游发展交通方面的比较优势。2009 年，渝湘高速公路重庆武隆至黔江段正式通车，2015 年，恩黔高速湖北咸丰至重庆黔江区段通车，黔江进入全国高速公路网络图，这为黔江旅游的省际拓展提供了最现实可行的交通条件。

相对于黔江交通对旅游产业发展的现实带动作用，政策文本对黔江旅游发展的方向性引导作用更加明显。黔江旅游发展的政策动力主要来自少数民族发展、乡村振兴战略、文化传承、脱贫攻坚、生态保护五个方面，而政策动力的作用点主要集中在旅游产业的供给端。可以通过新建村的发展阶段进行完整演示。

2002 年开始，国家统筹城乡经济社会发展，建设现代农业，发展农村经济，增加农民收入，将全面建设小康社会作为国家经济社会发展的重大任务。从那时起，小南海镇对新建村就开始了零星的改革创新发展规划，但是限于区位边缘、山地峡谷阻隔、交通条件的滞后，新建村的现代农业改革没有产生明显的经济社会效益，但似乎也得益于这相对较差的可进入性，使新建村的少数传统文化、传统乡村风貌、居民生活习俗被完整保留了下来。2008年黔江区政府就统筹完成了《重庆市黔江区后坝土家分布式博物馆保护性详细规划》。该规划对新建村土家十三寨进行了总体规划，主要包括总体蓝图与分寨设计。

新建村乡村旅游的正式起步得益于，2009年10月，国家财政部、国家民委联合公布的全国第一批100个少数民族特色村寨的保护和发展建设项目。该项目把新建村列入其中。主要内容是下拨专项财政资金对方圆6.5千米范围内的13个民族村寨和院落进行保护和开发。新建村之所以被黔江区政府重点推选出来，有两方面的原因：其一是新建村土家十三寨的传统乡村民族风貌和少数传统文化积淀；其二是新建村临近中国现存最完整的古地震遗址、国家AAAA级旅游景区小南海旅游景区，两者可以形成自然风光与传统文化相结合的旅游发展模式，以抗衡周边酉阳桃花源、武隆喀斯特旅游区这两个国家AAAAA级旅游景区。但是2009年至2013年期间，小南海镇并没有对新建村进行规模性旅游开发，因为此时由黔江城区到小南海镇的黔小二级公路还没有建设完成，简陋的交通基础条件，不足以支撑小南海旅游景区与新建村联合进行规模性旅游产业发展。这一阶段，小南海镇完成了对新建村的旅游价值评估工作、土家十三寨的整治和保护工作。其间，有少量游客会在游览小南海旅游景区的同时前往新建村土家十三寨休闲。在政策红利、景区正外部性影响下，新建村的村容村貌得到规整，基础设施得到一定程度的提升，但是乡村百姓对这一变化的感知度较低，更没有产生对乡村旅游的认知，乡村要素也依然保持传统的功能归属，没有进行旅游功能转化。但时至今日，值得肯定的是，这一时期是新建村乡村旅游化的"前夕"，就像即将复苏万物的第一缕春风。

到了2013年，随着黔江到小南海镇黔小二级公路的通车，小南海旅游景区的旅游需求逐渐增多，新建村土家十三寨的旅游开发也开始加速跟进。2013年到2017年，是新建村民族乡村旅游大开发的时期。其间，小南海镇在黔江区、重庆市、国家相关部委的政策红利和财政支持下，通过招商引资，跟旅游公司合作，在新建村修建了民俗博物馆、民族体育竞技场、山歌传习室，规模化种植了花卉、茶树等经济作物，配备了停车场、公共厕所、游客集散中心等旅游基础设施，还完成了对各个村寨的特色打造。2015年黔江区政府统筹完成了《重庆市黔江区小南海板夹溪十三寨民族特色村寨保护规划》，主要对新建村做出"四个新村"（宜居新村、文化新村、生态新村和旅游新村）的定位，对土家十三寨做出三大板块的划分（南部综合服务区、中部土家民俗体验区、北部土家原生态展示区）。2016年土家十三寨开始按照国家AAAA级旅游景区进行打造，凸显土家族民族传统技艺、歌舞、建筑、习俗等。2017年8月，新建村土家十三寨成功申报国家AAAA级旅游景区。这标志着新建村在政策带动下，正式进入以乡村旅游产业带动村庄经济社会整体发展的格局。值得注意的是，新建村土家十三寨国家AAAA级旅游景区的申报成功，并不代表着该村乡村要素完成了乡村旅游化转型，恰恰是在国家AAAA级旅游景区的带动下，新建村乡村要素开始了旅游化转型，可以将其称为初始旅游化阶段。

乡村旅游是地方经济社会发展的一部分，也是乡村整体发展的组成部分，受相关政策导向、母体发展方向的影响明显。党的十九大提出乡村振兴战略，新建村如何实现乡村五大振兴，协调生态环境与产业经济之间的关系，成为该村乡村旅游产业发展必须解决的核心问题。2018年，土家十三寨所依靠的小南海旅游景区全面停止旅游开发和旅游经营活动，原因是小南海的湖水是黔江重要的水源地，要充分保障人们的饮水安全和质量。这一决定当然不是黔江区政府的主动作为，而是对上级政府相关政策的正面回应与积极践行。这一变化，对小南海旅游景区和土家十三寨景区的游客数量影响并不是致命的，相反，旅游者节省了小南海景区门票支出，一定程度上增加了自由行旅游者的数量。相对于此，对小南海镇的旅游发展布局的调整，尤其是黔江区整体旅游产业发展的调整更加考验着黔江区政府部门的执政能力和引领地方经济社会可持续发展的执政水平。在此之后，游客依然可以到小南海旅游景区进行休闲观光，但是不能进行游船、垂钓、野炊、餐饮等方面的旅游消费，当然，游客也不用支付小南海旅游景区的门票（原门票定价68元），这对部分散客而言，反而是一种旅游刺激，但跟团游的游客数量降为零。这一变化打击了地方政府对小南海镇旅游开发的积极性，短期内新建村土家十三寨的乡村旅游开发也受到一定程度的影响。从此，新建村乡村旅游产业原有的发展模式开始了新的变更。

2018年小南海旅游经营活动叫停之后，新建村土家十三寨由原有"依附式发展"思路逐渐向"自主迭代更新"思路转变。这使新建村土家十三寨乡村旅游在另一个轨道上快速发展。为了深入落实中央一号文件，文化和旅游部、国家民委、国务院扶贫办（现为国家乡村振兴局），以及重庆市相关政策，加快推动乡村发展，黔江区向新建村进行了更明显的政策倾斜。中共黔江区委书记亲自宣传推介新建村土家十三寨、黔江区国有企业介入管理、中信集团资源导入使新建村乡村要素的旅游功能拓展更加迅速，并逐渐进入成熟旅游化阶段。

截至2019年年底，新建村土家十三寨景区基本搭建完成发展架构。其一，景区由黔江区旅投集团（黔江区国有独资重点企业）统一管理，统一运营。其二，景区完成"一寨一品"的发展定位，继续深入开发南部综合服务区、中部土家民俗体验区、北部土家生态体验区三大片区。其三，旅游基础设施与配套基本成型，修建了新街、熊家坝、何家院子、博物馆等公共广场，建成十座景观廊桥，修建了约一万平方米的公共停车场，建成3座A级公共厕所，安装100余盏路灯，建成超过十千米的污水管网与两个污水处理站，并沿板夹溪修建了十余千米的生态河堤。其四，进行村寨内外部旅游要素的结合，并形成一定的区域影响。通过"中国跑客节""山地马拉松""歌王争霸""十三寨女寨主""土家美食节"等节庆活动，定期吸引了一定数量的游客（如表2-2所示）。

表2-2　　　　　　　　　　土家十三寨旅游发展定位

寨名	板夹溪老街	新街	学堂寨	熊家寨	瓦房寨	女儿寨	摆手寨	何家寨	老熊寨	张家寨	龙须寨	周家寨	大湾寨	向家寨	谈家寨
三大片区	南部综合服务区		中部土家民俗体验区						北部土家生态体验区						
旅游定位	商业与休闲		土家民俗展示	土家体育体验	土家农耕文化体验		土家传统歌舞体验		土家建筑观赏	土家宗族祭祀	土家婚恋文化	土家饮食文化	土家农耕文化	土家跳丧文化	土家生活场景

第三节 从乡村旅游到乡村旅游化：
乡村要素属性的渐变过程

乡村是农户聚集区，乡村要素的组成理应要围绕农户生计进行系统分析。按照可持续生计的分析框架，乡村要素包括劳动力、土地、金融、文化、社会网络、空气、水、房屋等要素。在乡村旅游产业发展过程中，乡村要素的原有属性逐渐向旅游化转变。这一转变是一种内向属性向外向属性的变化，是单功能向多功能的变化，也是一种相互的市场化变化。在乡村旅游介入之前，相对于其他地区，传统村落乡村要素属性更偏向内向、单一功能，也更缺乏市场属性，相反，在乡村旅游介入之后，相对于其他地区，传统村落乡村要素的外向属性、多功能和市场化属性更加明显。

一 土地

自秦而汉，中国率先建立了农业文明的集权官僚制，小农经济延续两千多年，土地问题一直是农民的核心问题，也是国家干预农村的关键所在，而土地问题的框架主要指土地的权利和义务的辩证问题，即土地制度。两千多年来，土地制度一直是以农业为主要生产方式的中国经济的基本制度，但是在封建社会的历史长河中，关于土地的法律规定是缺失的，取而代之的是"礼"制的秩序，"普天之下，莫非王土"。在这一秩序框架下，出现了"封建""公田""私田""均田"等土地权利关系，以及贡、赋、税、租等义务关系，[①] 所以，不同于同时期西方的法理、物权法原则，在中国封建社会，土地所有权没有转让的制度空间，不存在实质性的土地买卖。中国奴隶制社会时期，土地权利没有进行次级划分，到了封建社会，土地的占有权和使用权得到界定。

革命夺取政权后，新中国土地改革进行土地占有权的全面均分。这与孙文提出的"平均地权""耕者有其田"的主张相似，但是实质性的不

---

① 刘永佶：《农民权利论》，中国经济出版社2007年版，第25页。

同在于，其欲通过政府购买的方式从地主手中回收土地，这既是一种空谈，也体现了对官僚地主的妥协，以及对农民主体的边缘化倾向。正是这一彻底的土地革命，赢得了中国革命的成功。早在1927年11月28日，中共中央发布的《中国共产党土地问题党纲草案》就体现出明显的"土地国有"的改革思路，虽然当时没有提出土地所有权的概念，但是"一切私有土地完全归组织或苏维埃国家的劳动平民所公有"和"一切没收的土地之实际使用权归之于农民"，实则体现了土地国家所有、农民均分使用的改革思路。中华人民共和国成立前夕的《中国土地法大纲》和中华人民共和国成立之初的《中华人民共和国土地改革法》分别根据革命的要求和社会稳定发展的需求，对土地权利细节、特殊土地等进行了明确的规定。

中华人民共和国成立初期的农业合作化、人民公社的改革，说明中华人民共和国成立前后的土地改革是农村制度变革的前提和铺垫。毛泽东对小农经济的社会主义改造，主要体现在当时规模宏大的农业合作化运动。合作制体现了两层内容：其一是"合"，农民土地集体所有，合而用之；其二是"作"，农民劳动力依附于土地，共同劳作。农业合作化运动是对西方资本主义私有制、雇佣劳动，以及追求剩余价值的否定，通过自上而下的改革实践，推动社会主义公有制的跨越式发展，但是这种合理性与必然性之间存在较大的差距。历史实践证明，合作制的宏观改革框架与长达两千多年的农村经济社会关系所固化的集权意识、小农意识、官本位文化等格格不入，难免出现众多改革缺陷。

到20世纪70年代末，农业合作化所搭建的农村经济社会关系已经不能维系农村基本的生产生活需要。在政治条件改变的基础上，"家庭联产承包责任制"被提出。有学者认为这是另一种形式的集体合作制，但是正是因为土地使用权的家庭所有化，使农业生产得到迅速发展。土地所有权归集体所有，土地使用权归家庭所有，其他生产资料部分归集体所有，部分归家庭所有。土地的所有权、占有权、使用权，与国家、集体、家庭主体形成的"交够国家的、留足集体的，剩下都是自己的"这一基本生产关系，说明家庭联产承包责任制依然是以国家、集体为主优先，农民权利只能在保障国家和集体权利之后才能得到保障。2006年取消农业税，再加上城乡统筹发展的宏观设计，在农村土地权责关系没有改变的情况下，农民从土地中得到的权利得到有效保障和提升，国家对土地的义务也得以彰显。

党的十九大提出乡村振兴战略宏观规划以来，农村改革依然没有脱离土地的权利和义务的辩证关系。第十三届全国人民代表大会常务委员会第七次会议表决通过了修改农村土地承包法的决定，农村土地按照所有权、承包权和经营权，分别归属村集体、农户和实际经营者。这是中国农村经济社会、城乡关系发展到一定阶段的重大改革设计。这一改革既保障了农村土地的基本归属，也为新加入农村的经营主体提供了发展空间和法律保障，更是为农民劳动力流动、户籍城镇转移提供了法律支撑。土地经营权的出现，也为土地的多功能性潜力的挖掘提供了重要前提。另外，农户宅基地的改革也是农村土地改革的重要组成部分，2018年中央一号文件提出农村宅基地的所有权、资格权、使用权，分别归集体、农户和使用者，目的在于保障农户资格权和农民房屋财产权，适度放活宅基地和农民房屋使用权。2019年8月26日，第十三届全国人民代表大会常务委员会第十二次会议表决通过了关于修改《土地管理法》的决定，这标志着经过四年试点的集体经营性建设用地入市方案全面铺开，为农村集体土地直接进入市场环节扫除障碍，将实质性地推动城乡一体化建设。党的二十大报告强调，深化农村土地制度改革，保障进城落户农民合法土地权益。

对于传统村落发展乡村旅游产业的村庄，农村土地属性的变化在国家宏观土地制度设计框架下进行了重要实践，主要体现在使用权范围下的多功能性、非农化两方面。新建村的土地所有权、承包权和经营权符合国家顶层设计，其中经营权进行了多样化创新实践。对新建村农户和村委会的调研发现，2013年之前的新建村的大部分土地依然是农业用地，延续着传统农村土地的农用属性，在此基础上形成的生产关系依然是农户承包、农户经营，但在乡村旅游的带动下，已有不同比例的土地开始由传统的农用属性向非农属性转变。2013年之后的新建村，已经依托土家十三寨和附近的小南海旅游景区发展了大量的白茶种植，新建村的白茶种植户全部都是本村居民，没有外来资本的介入，土地单位面积的经济作物种植价值远高于传统单纯粮食作物种植价值，土地的旅游收入占比远高于农用收入。2018年之后，脱离小南海旅游景区带动之后的新建村，在更大的政策倾斜和政府干预之下，土地的旅游化功能转型更加迅速。2018年至2019年，开拓了新的土地用于修建祠堂、名人故居、荷花池塘、步行栈道、石桥等旅游设施，并拓建了土家族博物馆等原有旅游建筑。新建村依托乡村旅游特色农业，开辟了一些荒废山坡并流转了部分土地进行特色农产品种植，其中，地牯牛2000余亩、油菜5000余亩、苗圃基地800余亩、羊肚菌120余亩、百合花500余亩。在这些土地中，属于村民原有土地的，政府会通过一次性土地补偿款兑现支付。除此之外，大部分发展乡村旅游的传统村落的土地功能均得到拓展。例如贵州的高增村，已有1000余亩土地（包括田地和荒山）的经营权转让给外来资本主体，种植中草药、猕猴桃等经济作物，在充分利用土地种植功能的同时，还为后续乡村旅游农家乐、采摘、观赏奠定了基础。与新建村相似，发展民族乡村旅游的村庄基本都经历了土地旅游功能拓展的过程。例如，乡村旅游已经非常成熟的西江千户苗寨，借助西江千户苗寨充足的游客数量，周边的农用土地已经实现了高比例非农化转化，旅游功能凸显，单位面积旅游收入占据绝对比例。西江千户苗寨周边的农用土地已经超出了农业种植的范围，农家乐、体验园等成为西江千户苗寨乡村旅游的重要配套和乡村旅游产业链的重要组成部分。西江千户苗寨周边旅游属性土地的经营者以本村寨为主，少数则来自雷山县其他乡镇的资本主体。

可见，传统村落的土地功能和属性变化的轨迹是，农用种植属性—非农属性（旅游种植属性）—旅游多功能属性。乡村土地旅游属性变化的参与主体，则根据不同乡村的客观发展实际，存在较大的差异。

二 金融

金融是嵌入某种社会关系中，受制于社会个体之间的相互关系的经济活动。它反映的不是物与物之间的关系，也不是人与物之间的关系，而是人与人之间的关系。金融改变着人与人之间的连接方式，进而改变着生产资料的调配方式。农村金融是农村经济的重要组成部分，中国农村两千多年的历史发展轨迹，一直伴随着金融的存在，从传统金融到现代金融，从域内金融到域外金融，深刻影响着农户的生产、生活、生计，进而影响着乡村经济和乡村政治的发展。

中国古代农村金融基本由民间高利贷和官办金融组成。从西周开始，奴隶变身农奴，农村社会基本形成土地、生产工具、收获物家庭所有的生产关系，这为农村贷款和偿贷提供了前提条件。西周开始农村"疾病相忧，患难相救，有无相贷"，农奴之间开始出现原始的信贷活动，但是这时的信贷是局部的和有限的。春秋末年，战国初年，有了金属铸币，并开始大量流通，这为农村信贷提供了重要的货币媒介。在政策的刺激下，东周人口急剧增长，人地关系逐渐紧张，地主和佃农矛盾对立，贫困农民只能通过借贷维持生产生活，地主阶级则趁机积累财物。东周时期，农村借贷"就其性质而言，分为赈济、赊购、盘剥三类，就其形式，分为实物粟贷、货币泉贷"，[1] 但由于农民难以向泉府借贷，封建主的高利贷依然盛行。西汉的代田法，需要大量的增播种子和生产工具，农民无力承担，借贷需求随之高涨。西汉的统一安定和宽松的政策也为高利贷和商业资本提供了生存空间，但是农村金融仍以政府赈济性的扶贫贷款为主。从魏晋到隋朝，社会动乱，农村凋敝，政府通过常平、义仓弥补农村金融需求，但是难以满足农户的持续生产生活，而民间寺院慈善、邻里互帮、典当活动等为当时的农村金融增添了色彩。唐代徭役大为减轻，但依然有贫苦农户因徭役而被迫贷款，那时农户因无力偿还高利贷而出卖子女的现象时有发生。唐朝农村商品生产得到进一步发展，为城乡融合金融提供了条件。五代十国时期，政权短暂，没有系统的政府贷款赈济行为。宋代农商并重的政策促进商业繁荣，赊贷行为活跃了农村社会。北宋官方主导的"青苗法"，使农村借贷从分散、个别、一次性的活动，转为集中、统一的制度，是典型的系统化农村金融体系，但是操作过程中措施不当，事与愿违，加重了农民的信贷负担。元代由官方提供不同形式的信贷，如水车、种子等，但是贵族兼并土地，农民流亡，迫于生计，转向高利贷。明朝随着商业经济的发展，农村商品化现象明显，白银的货币功能明显提升，商业信用成为农村信贷的重要组成。明代出现了金融媒介、典押融资，各类农村金融在政府的把控下得到发展。清朝尽管由封建自然经济开始向资本主义经济转化，但是农村金融依然发展缓慢。

---

[1] 徐唐龄：《中国农村金融史略》，中国金融出版社1996年版，第12页。

近代中国农村开始进行银行业的探索与实践，但是收效甚微。清朝后期，押租盛行，为了防止佃农抗租或短租，地主要求佃农向其交付押金才能获得耕种权，而地主则依仗押金随意提高租金。部分农户因交不起租金，又被迫转向高利贷。这一时期钱庄、票号得到迅速发展，但在农村金融中生存空间有限。资本主义国家入侵，增加了对农村经济作物的需求，农村经济作物商品化、贸易化程度提高，农村发展逐渐融入日渐兴起的城市金融中。民国初年，连年动乱，军阀官僚兼并土地，农民被迫于高利贷、商人和新兴资本家的压榨，例如当时盛行于世的预购贷款制度。农工银行和农村信用社有所萌芽，但是对农村作用甚微，并且在政府干预下经营不善，关门倒闭。土地革命时期的农村金融，虽然有国统区的地方性农民银行、前期的中国农民银行，以及兼营农贷的各类商业银行，但是社会格局极其复杂，农村金融犬牙交错。抗日战争时期，城市经济凋敝，原有的银行信贷业务只能转向农村地区，农村放贷成为商业银行的主体业务，并且得到政府的积极推行。在这一时期，农村金融的关注点集中在农田水利等基础设施建设方面，且逐渐延伸到中国中部地区和西南地区。解放战争时期，国统区农村金融逐渐崩溃，农民受到高利贷和通货膨胀的双重压迫，解放区国家银行和信用社持续发展，为中华人民共和国成立之后的农村金融发展奠定了基础。

中华人民共和国成立初期，人民银行提出"深入农村，帮助农民，解决困难，发展生产"的方针，但是由于城市优先的发展方向，农村金融落实不到位。1951年5月人民银行召开了第一届农村金融工作会议，对农村金融提出要求，从单纯的农贷向存、放、储、汇、保险、信用合作等综合业务转变。[①] 1953年12月16日，《中共中央关于发展农业生产合作社的决议》提出，要使农村生产合作、供销合作、信用合作相互分工、相互促进。1955年中国农业银行的成立，使农村金融体系得以形成。在"文革"前经济建设曲折发展的十年里，国家重视农业生产，通过巩固农村信用合作社，开展农村信贷和储蓄业务，帮助合作社和农民解决短期资金困难。"文革"期间，农村金融在"农业学大寨""农业机械化"等自上而下的农村政策发展中挫折前行，由于农业银行、信用社的

---

① 徐唐龄：《中国农村金融史略》，中国金融出版社1996年版，第279页。

发展受挫，农村高利贷重新浮起。改革开放之后，农村经济体制得到深度改革，在农村经济改革的背景下，农村金融需求得到空前增加，中国农业银行、农村信用社得以改革发展，同时农村多种融资活动逐渐兴起，例如乡镇企业集资等。在农村金融信贷结构的调整之下，农民的市场活动迅速增加。党的十四大明确提出建立社会主义市场经济体制，农村的市场化发展速度加快，农村信用社在农村金融中的地位迅速上升，成为垄断农村信贷业务的重要力量。党的十八大以来，农村金融的服务功能得到进一步提升，在农村金融创新、农村普惠金融、农村金融扶贫等方面发挥重要作用。

传统村落乡村金融的发展与农业多功能、产业多样化息息相关。在民族乡村地区，乡村百姓很少因为生活生计而求助于金融借贷。在乡村百姓的心理情感认知中，金融借贷依然是一种"不光彩"的负债和压力，所以他们宁愿采取邻里、亲戚、朋友之间的相互借还，也不愿求助于银行的金融贷款。随着传统村落乡村产业多样化发展，农户生计渠道和方式逐渐多元，农民金融意识逐渐成熟，农村金融属性发生了显著的变化。在传统村落乡村旅游产业发展的乡村，因产业发展中的资金进出、金融需求和供给明显增加，金融服务乡村旅游产业发展的作用彰显，政府在金融服务与产业发展之间的政策推动作用、引导作用不容忽视。金融需求根据不同的发展主体，有明显的区别。对新建村村民的调研发现，2013年新建村乡村旅游起步之后，主要有两部分经营主体——本地居民和外来资本主体（黔江区旅投集团），其中本地居民主要通过自有资金和政策金融修建装饰自家房屋，开展农家乐经营，外来资本主体（黔江区旅投集团）则更加充分利用政策金融和银行信贷，为大额乡村旅游投资提供资金支持。新建村农家乐是在村民自有住房的基础上修建的，已经形成一定的规模，且是村民自营，政府通过政策金融给予支持，不足之处农户通过自有资金和银行借贷进行弥补。当前，虽然新建村乡村旅游框架已基本成熟，但是相对于其他乡村旅游化成熟的村庄，旅游经营者类型依然是本村居民和黔江区旅投集团，除此之外的外来资本相对较少。一般而言，随着乡村旅游产业的发展和旅游化程度的提升，旅游经营者的多样性更加明显，例如，西江千户苗寨的乡村旅游经营主体有本地居民、外来资本主体，还有周边居民，本地居民在自有房屋建筑的基础上，借助政策金融经营农家乐、银器加工销售等乡村旅游业务，业态成熟，对金融需求较少；外来资本主体在有大额度投资方面依然借助政策金融和银行信贷业务；周边居民则补充乡村旅游业的空缺，多利用自有资金和银行信贷。另外，各乡村为了促进村庄整体提升，吸引游客，依托国家乡村改革系列政策措施，农村政策金融积极服务于农户生活、农村公共设施建设等领域。

在乡村旅游化过程中，新建村金融属性发生明显变化。其一，金融服务的功能从服务生计到服务生产。新建村金融存贷主要来源于乡村旅游产业链。其二，金融服务的面向从针对本地居民到覆盖所有经营主体。新建村无论是政策金融还是银行金融都以全部乡村旅游经营主体为服务对象。其三，金融服务的种类从单一形式到多样发展。针对新建村的金融服务除一般通用的金融服务，还有专门针对乡村旅游产业的个性化金融服务，有效满足乡村旅游经营主体的金融需求。

三 劳动力

农村的劳动力主体是广大农民，虽然在农业多功能、产业多样化背景下，农民不一定继续从事农业劳动，但是"农民"作为一个内涵丰富的概念，依然是广大农村户籍人口的统一代名词。农民作为一个最具历史纵深的身份象征，经历了两千多年的权责转变，但从未离开赖以生存的土地而独立存在。要明确农民在经济社会中的地位属性，就要从历史的维度研究其权利的客观存在及社会网络关系。

自秦而汉，到革命夺取政权前，相对于同期西方国家奴隶制下的奴隶和农奴，农民处于集权官僚制的政治框架下，有较多的自由和生产积极性，但这也固化了小农经济的小农权利，使两千多年的封建王朝农民思想、技能提升受到严重束缚。农民与土地融为一体，形成经久不衰、不可分割的人与自然"生命共同体"。在这一漫长时期，农民主要的权利在于耕种土地，获得生活资料，农民主要的义务也在于耕作土地，交纳地租税赋。这一时期，农民社会网络关系主要是保甲制和家族制，前者是集权官僚的政治形式，后者是家族血缘的关系纽带，显而易见，后者社会网络关系的出现早于前者。在保甲制之前，自上而下的官僚政治统治中存在着乡、亭、里、伍等关系制度，遵循着"以县统乡，以乡统亭，以亭统里"的管理体系。王安石变法,推行保甲法,目的是提高中央权威,增强集权政治,削弱世祖地主权势。保甲制不仅是对农村行政管理体制的改革,还涉及财政、经济、科举、军事等诸多方面,但无疑都在深刻影响着农民的权责关系和社会网络结构。保甲制明晰了人口,并有利于维持治安,为农民的兵役义务和纳税义务改革奠定了重要基础,增强了国家对农户的控制。从社会网络结构的角度来看,保甲制是通过行政干预的方式把极其分散的小农经济统一在一个巨大的集权政治网络中,并成为主要的社会关系。家族制主要是以血缘为纽带的社会网络结构,经历了家族—氏族—氏族联合体—部落—部落联盟—民族的过程,而这一过程中结构要素关系根据劳动能力和生产力水平进行动态变化调整。自秦而汉,家族成为集权官僚制的基层社会组织形式,与里亭、保甲相互结合并相互制约。东汉时期,大家族势力逐渐增大,部分已经凌驾于地方政府之上。王安石变法在于削弱大家族势力,但是小农经济的特点决定了农民不可能完全脱离家族关系。宋朝及之后的历代封建王朝主要是聚族而居的家族组织,[①] 包括族长、族规、族谱等核心要素,这把若干小家庭统一联合在一起了。

从清末到革命夺取政权,长达百年的中国革命,都是围绕着农民自我革命与农民对生产生活方式的改造进行的,在对土地占有权的基础上,通过革命确立了农民的公民权、政治权。中华人民共和国成立之后,农业合作化的主体是劳动者,他们之间权利平等,以劳动所有权为基础,通过合作进行生产资料的创造和积累。由于两千多年集权统治和小农经济的制约,农业合作化在强制作用下,演变为集体制。集体制是合作制的异化,虽然在特殊时期能短时间内动员劳动力进行集体劳动,但是其限制甚至剥夺个体权利的本质,既限制了个人劳动的积极性和主动性,也阻碍了生产力的进步。人民公社时期,劳动力所有权不归自身所有,实行"三级所有,队为基础"劳动力所有制。家庭联产承包责任制保证了农民自身的劳动使用权,但是劳动力所有权并没有得到具体而明确的规定,并且此时农民的公民权依然不能得到有效保障。进入20世纪80年代,"农民工"作为农民中一个新的群体,成为支撑中国城市经济社会发

---

① 刘永佶:《农民权利论》,中国经济出版社2007年版,第64页。

展的重要力量。农民工的出现,是马克思《资本论》、毛泽东社会阶级分析中对社会发展规律研究预料之外的社会现象,是在当时中国城乡经济社会发展背景下的特殊社会群体。中国两千多年的小农经济、中国特殊的户籍制度、城市生活压力对举家搬迁城市的束缚、家庭联产承包责任制对农民劳动力的解放和举家难迁的尴尬、私营企业和外资企业的就业机会等共同推动产生了农民工群体,也正是这些因素的时代结合使庞大的农民工群体没有催生任何城市的贫民窟现象,这与其他国家在进行农业生产向工业生产快速转化中的规律性、必然性的贫民窟伴生物相比,存在巨大的差异。农民工群体为城镇发展贡献大量的劳动力,成为城镇化、工业化的主力,但是没有得到相应的城镇居民的社会保障、工会组织、教育培训等权利。从另一视角看,时代背景下的农民工群体成为自下而上架通城镇与乡村的桥梁,促进了城乡生产生活资料的交互融通,一定程度削弱了城乡二元的强硬壁垒。另外,农民工群体在城镇工作,使他们获得远高于农村劳动的收入,体现了更丰富的劳动价值,为后续国家政策补位后的个人城镇落户、工作生活发展提供了重要的前提和铺垫。

进入 21 世纪,农村户籍制度改革、农村土地改革等为农村的权利义务关系重新设计了一个新的场景。农转非的农村户籍制度,为农民举家转移城镇进行生产生活打通了政策通道,并成为中国大部分城镇的政策导向。农村土地三权分置改革,将农民赖以生存的土地的承包权充分地分配到农民手中,解决了农民对土地权利的后顾之忧,一定程度上调动了农民农转非的积极性。另外,在农村行政体制改革、民主法治建设、村民自治建设、农村社会保障体系建设中,农民的公民权、民主权、平等权得到进一步保障。但是,进入城市的农民进行身份转变后,相应的职业转变和权利维系也面临一定的考验,而且,进入城镇完成身份转变的农民,往往是农村原有的精英群体,这一定程度上影响了农村持续发展中的人才需求和整体带动。值得注意的是,对农民权利的关注,不能脱离市民的参照,传统城乡二元的巨大障碍,也阻碍了市民进入农村发展的机会,在政策改革、协调发展过程中,市民才得以通过资本手段、政策手段、劳动力手段、社会网络手段等参与农村发展。党的十九大乡村战略明确提出乡村人才振兴,这也为农村劳动力权利维护以及社会网络关系构建提供了重要的政策前提。

相对于其他地区,传统村落农村中农民的权利维护和社会网络关系构建显得更加复杂。中国重视传统村落发展,而一系列政策的出台都是以传统村落居民生产生活水平的提升为核心要义。传统村落乡村自治与国家自上而下的行政治理的有效搭配是农民权利保障和社会网络关系构建的重要前提,而在传统村落乡村产业多样化和农业多功能的新的环境背景下,这一有效搭配面临着新的考验。传统村落乡村旅游产业发展为劳动力提供了双向进出的渠道,为城乡居民跨地域交互融通搭建了桥梁,在这一过程中农民的权利义务关系出现明显变化。案例乡村因旅游化程度的不同,劳动力权利地位和社会网络关系呈现出明显的差异。

对新建村村民的调研得知,2013年之前的新建村,村里的劳动力主要通过外出打工实现更多的价值,但部分乡村精英群体已经开始通过自身的社会网络资源在接触相关政策资源,并进行资金筹备,甚至开始动员网络关系内的乡村居民、乡亲邻里、族群成员,储备重要的话语权,形成足以抗衡其他群体的村庄内部社会网络。因新建村乡村旅游要素丰富、优势特色明显,又靠近小南海旅游景区,该村乡村旅游起步相对较快,而劳动力的权利属性和社会网络属性发生了明显变化。

2013年到2018年的新建村,是村民劳动力乡村旅游化的集中爆发阶段,尤其是在高山移民之后,大量村民在土家十三寨或者周边聚集,房屋样式开始统一,与乡村旅游一线的距离逐渐拉近,新建村部分村民,尤其是留守妇女、留守老人等逐渐加入了民族乡村旅游的队伍之中。2018年之后,在乡村旅游的影响下,该村劳动力已处于旅游化的初步稳定状态,从事乡村旅游的劳动力开始相对固定,其他村民依然通过外出务工获得劳动价值。新建村劳动力的旅游化使该村村民的权利义务关系和社会网络关系产生显著变化,一方面,从事乡村旅游的村民权利义务被放大,该村从事乡村旅游的村民大部分是原有精英和村干部,在农村多产业发展、农业多功能发展的背景下,他们获得包括土地经营权在内的更多权利,同时,因乡村旅游关乎整个村庄的发展,整个村庄的发展又深刻影响乡村旅游的持续性,他们自然承担了包括环境维护、形象塑造等方面的义务;另一方面,从事乡村旅游的村民与未从事乡村旅游的村民之间的关系发生变化,该村对游客的吸引力主要来自村庄的传统文化等公共资源，从事乡村旅游的同村居民只不过是借助这一平台，进行资本和劳动投入后获得了远高于资本和劳动价值本身的旅游价值，那么这一高出的旅游价值要不要参与村庄公共财产的分配，成为从事乡村旅游的村民和未从事乡村旅游的村民之间的核心关注。

相对于新建村，那些乡村旅游产业发展成熟、旅游化更加深入的乡村，它们的劳动力角色更加稳定。例如，在西江千户苗寨，乡村旅游已经成为该村的重要经济形式和社会发展状态，该村劳动力已处于旅游化的稳定阶段，本村从事乡村旅游的劳动力基本固定，周边居民和外来资本主体在该村从事乡村旅游的劳动力也基本固定。从初始旅游化到成熟旅游化，西江千户苗寨劳动力属性也经历了明显的旅游化转变。一方面，本村从事乡村旅游的劳动力群体与外来乡村旅游劳动力群体之间产生了新的权利义务关系，随着该村乡村旅游产业的发展，外来劳动和资本参与者占据一定的比例，这种常见的市场化行为所衍生的本村居民与外来群体之间的权利义务关系是该村遇到的新问题；另一方面，本村从事乡村旅游的劳动力群体与外来乡村旅游上下游市场主体、政府机构之间形成了新的社会网络关系，该村乡村旅游对村庄内外的资源、信息、文化、政策等产生了重要的融通作用，这也使本村从事乡村旅游的劳动者接触到更多的资源、政策、信息，从而建立了更加牢固、多元的社会网络关系。

四 传统文化、自然环境、公共建筑等公共资源

与土地、金融（资金）、劳动力（农民）相比，乡村其他公共资源和村民私有资源受到的关注程度相对较低，这不能满足当前农村产业多样化、农业多功能，以及乡村振兴战略对乡村研究的需求。在传统村落乡村旅游产业所引发的乡村要素旅游化转变中，乡村文化、乡村自然生态、乡村公共建筑场域、村民房屋等要素属性均发生了明显的旅游化转变，因此，本书在分析了传统村落乡村土地、资金、农民三大传统核心要素之外，继续对乡村旅游化中的文化等重要的旅游化转变进行研究。

传统文化与旅游产业之间的关系问题一直是学界关注的重要命题，本书不对此问题进行深入评价，而是针对传统文化在乡村旅游发展中的属性变化进行动态分析。按照从内在到外显的逻辑，文化可分为文化本

体、文化形态和文化产品,文化本体是包含文化特质、文化基因在内的核心部分,是区分文化间异同的根本标志,是无形的、灵魂的、恒久不变的;文化形态是包含文化载体、文化表现的外显部分,是动态的、变化的,是可以与其他文化形态融通的;文化产品是市场化背景下,文化与生产生活要素融合形成的文化商品,是文化本体与消费者欲望相互妥协的产物。民族乡村旅游地都是以传统文化为重要吸引物的乡村旅游地,在乡村旅游发展过程中,传统文化属性经历着明显的旅游化转变。新建村的土家文化与苗文化被部分保留下来,除土家十三寨,该村其他地方文化本体特色较不明显,文化形态虽然被较好地保留下来,但是文化形态的产品化、商品化色彩较为明显。新建村的传统文化已经在乡村旅游的影响下,尤其是在周边小南海旅游景区和村内土家十三寨的带动下,开始了以文化本体和文化形态带动文化产品发展的进程。在这一过程中,传统文化已经以消费者需求为导向不断妥协。在黔江区政府的资源导入过程中,新建村充分利用自身传统文化资源,在土家十三寨拍摄了电影《太阳花儿开》、电视专题片《乡土》、电视连续剧《侯天明的梦》。再如,贵州的高增村因侗族文化而小有名气,该村的侗族文化被保留传承至今,文化本体依然特色明显,虽然在市场化背景下,有的文化形态逐渐消失,但保留下来的文化形态依然较好地体现了侗族文化的色彩,并且高增村还没有明显市场化的侗族文化产品,即没有形成侗族文化本体向消费者欲望妥协的格局。相对于此,西江千户苗寨的苗族文化被完整地保留下来,该地苗族文化本体特色明显、文化形态灵动融合、文化产品丰富多样。与新建村不同的是,西江千户苗寨乡村旅游的发展在增强该地苗族文化产品化、商品化的同时,文化本体和文化形态依然没有缩减,反而体现得更加明显。对三个案例的比较可以发现,传统文化与乡村旅游之间不是"零和博弈",文化本体、文化形态不一定会因为文化产品化、商品化而淡化。那么,这与哪些因素有关?哪些因素成为乡村旅游化过程中推动传统文化属性转变的动力?哪些因素又发挥着重要的平衡作用?这是接下来本书要重点研究的问题。

"绿水青山就是金山银山"的理念和实践价值在中国乡村得到进一步验证。乡村振兴战略明确提出乡村生态振兴,其切入点是乡村环境综合整治,营造宜居的生活环境。乡村环境具有明显的公共属性,是乡村的公共责任，也是乡村发展的共用资源。在中国乡村振兴战略的指引下，乡村环境明显提升，尤其是乡村公共环境，而存在环境问题的乡村，其一是因为乡村产业对公共环境的破坏，其二是村民生活垃圾对公共环境的污染。乡村自然环境与乡村旅游产业之间的关系问题一直是学界关注的重点，在传统村落旅游化过程中，乡村环境的责任归属产生了明显的变化，一方面，乡村环境的行政责任归属得到进一步落实；另一方面，乡村居民对乡村环境的责任意识得到明显提升。自上而下的行政干预对案例乡村的环境整治是"硬治理"的内容和方式，是乡村基层干部对上级行政指令的妥协与回应。这种环境治理的干预方式是标准化的，容易呈现治理效果，但同时也容易脱离村庄环境的客观实际。乡村居民公共环境保护意识的提升是自下而上的乡村自治"软治理"的内容和方式，是乡村居民对环境问题的积极应对和主动回应。这种自我环境治理具有明显的地方性、特殊性，更能细致入微地进行符合村庄客观实际的环境维护和修复。2013年之前的新建村按照县乡统一安排，自上而下的有序开展乡村环境治理，主要是针对公共区域的环境标准化治理，而村民对公共环境治理的内生动力不明显，村民生产生活中对公共环境的负面影响依然严重，例如房屋建设的杂乱无序、生活垃圾的就地堆放等。2013年之后在新建村按照区（黔江区）镇统一安排自上而下的进行乡村环境治理的同时，乡村居民公共环境治理的内生动力开始凸显，调研发现，原因在于，村民已经意识到公共环境对乡村旅游发展的重要意义。那些乡村旅游产业发展繁荣、乡村旅游化深入的村庄，公共环境治理更加规范有序。2018年之后的新建村的乡村公共环境治理更是已经远远超过了县乡对乡村环境治理的一般要求。当前新建村乡村环境之所以能得到良好维护，其中一个重要原因在于，乡村旅游产业对乡村环境的行业标准化要求明显高于自上而下的政策文本对乡村环境的要求。对新建村三个阶段的比较发现，在传统村落乡村旅游产业发展过程中，乡村环境的旅游化属性转变主要体现为，由普遍性行政要求向市场性行业化要求转变、由自上而下行政干预向内生动力自我维护转变。并且，随着乡村旅游化程度的提升，市场性行业化、内生动力自我维护程度明显提升。

农村家庭联产承包责任制改革之后，尤其是社会主义市场经济体制的建立，以及新型城镇化发展道路的确定，使乡村市场化发展明显加速，农村资源也进行快速的城市化转移，在"小农经济"的历史影响下，乡村公共建筑、公共设施设备等在村民生产生活中的影响逐渐减小，甚至被村民忽略。最为明显的是乡村小学的历史性退潮，乡村小学的教育功能、治理功能、宣传功能等也随之消失。相对于其他乡村地区，传统村落村庄的公共建筑、公共设施设备等较为完备，在日常生产，尤其是宗族生活、节庆娱乐等方面发挥着重要的作用。追本溯源，民族乡村地区公共建筑、公共设备等产生的基础是村民（或寨组成员）"聚族而居"的生产与生活、共同信仰、首领威严与魅力，以及其他共同信仰与相似生产生活状态群落或村落的影响与带动。从存在形式上看，民族乡村地区公共建筑、公共设备等是村落公共文化与信仰的物质载体。另外，民族村落相对封闭，规避了因过度与快速市场化、城镇化对村落整体发展的负面影响，这也是传统村落乡村公共建筑、公共设备得以良好保留的原因。随着市场化、城镇化的推进，传统村落乡村公共建筑的独特性更加凸显，对外地人的吸引力逐渐增强，在外地人欣赏、游览、体验这些公共建筑的过程中，公共建筑的功能已经开始由服务村民（或寨组成员）生产生活功能向兼具满足外来人观赏体验的旅游需求转变。而这一转变有的是被动的，有的是主动的，但毋庸置疑，传统村落乡村公共建筑、公共设施的旅游化功能转变是农村多产业、多功能发展的必然趋势。

在新建村，最有代表性的公共建筑就是土家十三寨，而其归属与功能性质在乡村旅游发展过程中，正发生着明显的变化。土家十三寨虽然依然属于新建村所有，但是本村村民和外来投资者的出资也占了一定的比例，从经营收入而言，属于村庄、村民、外来投资者共有的公共资源。土家十三寨的功能也由满足寨组成员生产生活向满足外来游客观赏研究转变。与新建村相似，贵州的高增村，诸如鼓楼、花桥等公共建筑、公共设施种类众多，侗族特色鲜明，在村民生产生活中依然发挥着重要的作用。另外，从市场化与农村整体发展的视角来看，该村公共建筑等公共资源的功能相对单一，没有融入逐渐市场化、开放性的村庄整体发展中。2018年之后的新建村，更是拥有民族博物馆、风雨桥、名人故居等多样化的公共资源，这些公共资源大多是在乡村旅游发展过程中新建或重建的。从2013年之前潜在旅游化阶段，到2013年至2018年初始旅游化阶段，再到如今成熟旅游化阶段，新建村的公共建筑等公共资源进行了如下变化，从原始公共建筑服务寨组居民生产生活，向兼具旅游等多功能转化，再为了满足旅游扩张，而进行公共建筑的重建与新建，以完成以公共建筑市场化、商业化为主的功能转变。另外，随着公共资源旅游功能的提升，本地村民与外来资本主体参与公共资源的建设投资，公共资源的归属也由村庄、村民、外来资本主体三方共有。

除土地、资金、劳动力农村发展的三大要素，以及传统文化、生态环境、公共建筑等要素，村民的私有房屋、个人技能等要素在乡村旅游发展过程中也进行了明显的旅游化转变，但这些私有要素的旅游化属性转变往往是依附于上述主体要素的旅游化转变进行的。

第四节 新建村乡村旅游化中的行动者网络

借助行动者网络分析新建村乡村旅游化过程中的公共管理问题，可以使相关参与者及其关系更加明确。分析新建村的利益相关者、网络格局以及转译过程，可以清晰透视新建村乡村旅游化过程中的发展动力和动力机制。如前文所述，行动者网络主要包括行动者、异质性网络和转译三个核心要素。网络转译过程主要包括四个主要环节，其一是问题呈现，问题聚集于"强制通行点"，并被核心行动者占据；其二是利益共享，在角色定位中使每个行动者均可以预期到自身的利益获取情况；其三是征召，把行动者征集在一起，并形成系统的、紧密的联盟成员；其四是动员，核心行动者通过获取的权力对其他行动者进行管理，目的是维护网络的稳定性和共同利益的获取。

一 行动者网络构成

新建村乡村旅游化的参与者主要包括黔江区政府、小南海镇政府、新建村村委会、新建村村民（含精英）、黔江区旅投集团、游客等人类行动者，还有新建村的土家文化资源、武陵山区良好的自然生态资源、村民的房屋等私有财产、村庄的公共设施等非人类行动者。乡村旅游化过程可以解释为行动者网络转译的过程，在乡村旅游化之前，新建村每个行动者的问题聚集并形成强制通行点，即 OPP，并通过解决问题，以实现预期的行动者利益与乡村旅游化发展（如表 2-3 所示）。

黔江区政府面临落实上级政府乡村旅游政策、偏远乡村发展滞后的问题，希望通过政策倾斜、财政支持等促进偏远乡村发展，提高农户的获得感。小南海镇具有良好的自然生态资源和土家文化资源，但缺乏规模性乡村旅游发展资金，缺乏乡村旅游规划与技术，期望通过导入黔江区的乡村旅游发展政策和资金，推动资源挖掘与整合，在乡村旅游方面有所突破。新建村面临土家文化旅游资源丰富、自然生态良好，但位置偏远、基础落后，对资源挖掘与产品打造力不从心、村庄经济发展整体较为落后的问题，新建村村委会希望通过乡村旅游发展实现村庄的整体提升。在新建村，大部分村民依靠务农和外出务工维持生计，少部分精英通过建筑、餐饮、加工等保持相对富裕的生活，但对乡村旅游产业发展充满期待，希望通过乡村旅游提高生活质量。在新建村乡村旅游化之前，就有少量游客去新建村体验初级乡村旅游产品，例如农家乐等，他们希望通过乡村旅游开发，提高新建村对土家文化和自然生态的呈现度。黔江区旅投集团，作为黔江区国有独资重点企业，致力于黔江区旅游开发、经营和管理，但面临乡村旅游开发中样板化村庄打造的困难，希望通过新建村乡村旅游开发实现黔江区乡村旅游质量提升。新建村非人类行动者通过乡村旅游化实现功能拓展与价值提升。综上所述，所有行动者问题的解决、意图的实现，都聚焦在一个共同的核心话题，那就是新建村乡村旅游化。

表2-3　　　　新建村乡村旅游化的行动者与强制通行点

主体	黔江区政府	小南海镇政府	新建村村委会	新建村村民（含精英）	游客	黔江区旅投集团	房屋等私人物品	文化、环境等公共物品
OPP/障碍和问题	偏远乡村发展落后	缺少资金、规划和技术	村庄经济发展整体薄弱	生产生活质量较差	旅游感知度与获得感较弱	乡村旅游样板化打造困境	功能单一价值不高	挖掘不够，利用率不高
目标	推动偏远乡村脱贫	以乡村旅游带动乡村发展	改善整体发展状况	提高生产生活质量	获得系统的旅游体验	打造乡村旅游样板村	拓展旅游功能提高价值	实现旅游价值

二 行动者转译

转译在推动行动者网络发展、促进各个行动者目标和利益实现中发挥重要作用。在行动者网络"问题化"呈现方面，黔江区政府发挥了重要的强引导作用。黔江区政府相关部门积极对接文化和旅游部（原国家旅游局）、重庆市政府、重庆市文旅委（原重庆市旅游发展委员会）、重庆市民宗委、重庆市扶贫办，通过对扶贫政策、旅游政策、传统文化传承与保护政策的统筹把握，结合当前黔江区渝东南生态保护发展区的定位，[1] 以及旅游支柱产业打造与乡村旅游样板化薄弱的客观现实，提出了如何在土家十三寨传统文化村落样板化发展的核心问题，并统领了各个行动者的利益问题和发展诉求。

在异质性网络构建过程中，黔江区政府积极引导，相关行动者形成多种征召与被征召方式。其一，行政方式征召。在新建村开始规模化、整体性乡村旅游开发时，小南海镇政府、新建村村委会在自上而下的行政力量支撑下，成为第一批加入行动者网络，并发挥重要基础作用、引导作用的行动者，并在行动者网络中承担重要责任。其二，相关部门协同方式征召。在新建村乡村旅游化过程中，涉及众多相关领域，如扶贫、旅游、民族、文化、环保、交通等多个方面。在黔江区政府的统筹下，黔江区相关政府组成部门协同合作，对新建村乡村旅游化进行结对帮扶，从整体上提升了新建村乡村旅游化的基础条件。相关政府部门的协同帮扶也使新建村获得了更多的发展红利，例如，重庆市级乡村振兴示范村等，这对其乡村旅游化的高质量推进作用重大。其三，精英带动征召。新建村乡村旅游化的推进阻碍主要来自村民对乡村旅游产业发展和乡村旅游化的认知度不够，以及相关的信息壁垒。党员、基层村干部、宗族精英在宣传乡村旅游产业发展政策、乡村旅游化未来预期，以及分析村

---

[1] 2013年9月13日至14日，中共重庆市委四届三次全会召开。会议决定将重庆划分为都市功能核心区、都市功能拓展区、城市发展新区、渝东北生态涵养发展区、渝东南生态保护发展区五个功能区域。《重庆市人民政府办公厅关于加快推进渝东北生态涵养发展区和渝东南生态保护发展区"大旅游经济"发展的实施意见》，为认真贯彻落实《国务院关于促进旅游业改革发展的若干意见》（国发〔2014〕31号）和五大功能区域发展战略部署，将加快推进渝东北生态涵养发展区、渝东南生态保护发展区"大旅游经济"发展。

民的权责风险等方面发挥了重要作用。他们协调处理各种障碍和矛盾摩擦，提高村民对乡村旅游化进程的配合度。其四，房屋风格整修等私人财产的征召。新建村乡村旅游化主要涉及村民房屋整修、房屋附近土地和部分农田等私有财产的征收。村民对这部分征召的配合度相对较高，因为这一过程未涉及村民房屋拆迁的事项。[①] 通过乡村旅游规划，主要是对房屋的外观进行整修，相关费用主要来自财政支持。

新建村乡村旅游化的行动者网络中，地方政府主体、相关政策实践发挥了强引导作用，并通过自上而下的方式，对其他异质性行动者进行征召。异质性行动者在新建村乡村旅游化过程中产生了错综复杂的网络关系（如图2-1所示）。其中，人类行动者主要是黔江区政府、黔江区文旅委、黔江区旅投集团、小南海镇政府、旅游发展办公室、新建村村委会、新建村村民（新建村党员、精英）、外来资本主体、消费者，非人类行动者主要有乡村旅游政策、房屋、土地、自然旅游资源、文化旅游资源。并且这一网络关系不是一成不变的，随着乡村旅游化的进程进行动态调整。

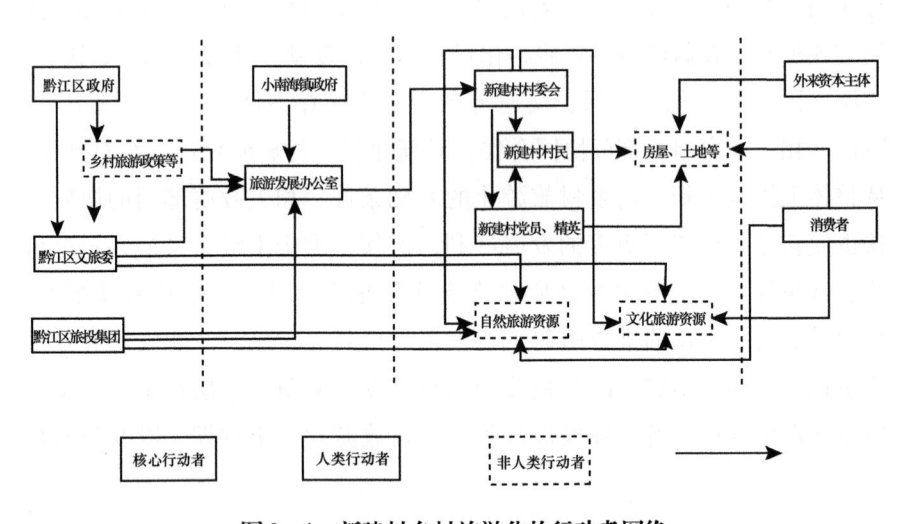

图2-1 新建村乡村旅游化的行动者网络

[①] 新建村在进行乡村旅游产业发展和乡村旅游化之前，已经通过高山移民搬迁，使大部分村民集中居住，所以，新建村村民的房屋分布不影响村庄乡村旅游化的整体推进。

运用行动者网络对新建村乡村旅游化的分析，可以看出这一进程中主要的动力来源于地方政府、村民、精英、外来资本主体、游客，按照乡村旅游化场域内外部动力划分，主要的内部动力是村民和村内精英，主要的外部动力是地方政府、外来资本主体和游客。这些行动者均是作为利益相关者而存在，并通过自身利益与乡村旅游化网络利益的对接形成网络动态关系。那么，新建村乡村旅游化中这些行动者的发展动力的缘起、作用机制是怎样的？这些发展动力是如何推动新建村乡村旅游化进程的？这些问题在第三章至第五章进行研究。

第 三 章

旅游生计:新建村乡村旅游化的内生动力

在农村发展中农民的主体和内因角色决定了其在乡村旅游化行动者网络动力格局中发挥基础性的内生动力。自古而今,任何政策、资源都要通过农民的有效应对才能发挥积极作用。无论是两千多年的封建体制,还是中华人民共和国成立后的中国特色社会主义初级阶段,农村的发展均在国家发展战略布局中发挥着重要作用,而国家把控农村发展的重要路径应是"以人为中心",即不断满足农民物质文化生活等方面的需求,以及农民全面发展的能力,而这都可以归纳为农户生计。邓小平曾提到,我们农村改革之所以见效,就是因为给农民更多的自主权,调动了农民的积极性。[①] 本章主要通过分析传统村落乡村旅游化各阶段的农户生计水平、生计需求,推导农户参与乡村旅游发展的主动性、积极性,以及对乡村旅游化的推动作用,探讨在传统村落乡村旅游发展背景下,农户生计的新逻辑,及其对乡村发展的功能作用。

第一节 乡村旅游化之前的农户生计

如前文所述,农民是农村发展的主体,农村的发展也是农民的发展,二者互为表里,不可分割,而农村发展的可持续,主要体现在农户生计的持续性。农户生计是激发农民提高自身能力,参与农村发展的根本动

[①] 《邓小平文选》(第三卷),人民出版社1993年版,第242页。

力，对农村产业发展与变革、社会秩序与管理具有重要的推动作用。

一　生计资本：衡量农户生产生活能力的重要标准

农户生计资本是支撑农户生产生活需要、维持正常生计能力的资源要素。在人类发展可持续性的背景下，生计资本也常常被政策文本和学术话语以"可持续生计资本"的方式提及。可持续生计分析框架包含了农户个人发展的主要要素，也是农村整体发展的重要要素组成。

（一）可持续生计框架

"可持续生计"一词最早见于1987年世界环境与发展委员会发布的《我们共同的未来》的报告中。目前，关于可持续生计的研究大多是基于英国国际发展部（the UK Department for International Development，DFID）2000年建立的可持续生计分析框架（the Sustainable Livelihoods Approach，SLA）而展开的。DFID将生计资本划分为人力资本、自然资本、物质资本、金融资本和社会资本五种类型，并把这五种生计资本作为项目开发的基本目标，以此来分析可持续发展的环境背景、基础资本、生计目标和生计策略。[①] 其中，自然资本主要包括人们用来维持生计的土地、水和生物资源；物质资本主要是指维持生产生活的房屋、灌溉系统、生产工具和机器等；金融资本主要包括自由现金、贷款和借款；人力资本主要包括谋生技能、健康状况、受教育程度以及年龄；社会资本指原住民的社会关系网和家族亲戚网。可持续生计的分析框架是基于当地的脆弱性背景，调查分析当地的五种生计资本，根据分析结果提出可持续的生计策略，生计策略产生的生计结果又反作用于当地的可持续生计资本，从而形成自我良性循环（如图3-1所示）。

（二）农户生计资本组成和表现

农户的自然资本主要包括来自乡村自然环境、农户用来维持生计的资源，例如，土地、水和生物资源等。农民最基本的生产生活资料均取自上述自然资源，支撑着农户基本的生产生活需求。当前，中国广大乡村地区，虽然部分村民选择外出发展，或选择在村内从事非农产业，但

[①]　[美]纳列什·辛格、乔纳森·吉尔曼：《让生计可持续》，《国际社会科学杂志》（中文版）2000年第4期。

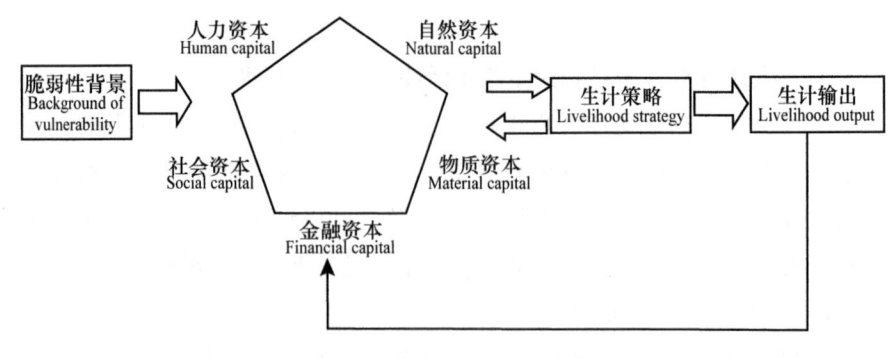

```
                人力资本              自然资本
                Human capital        Natural capital
  脆弱性背景
  Background of                                        生计策略         生计输出
  vulnerability                                        Livelihood     Livelihood
                                                       strategy       output
                社会资本              物质资本
                Social capital       Material capital
                         金融资本
                         Financial capital
```

图 3-1 可持续生计分析框架

说明：参考1998年DFID可持续生计分析框架。

是村庄的土地面积、质量，水资源状况，植被、动物资源状况，依然是衡量一个乡村发展实力的重要指标，尤其是农业发展情况，而农户个体拥有的土地、水域、植被、动物等也是衡量乡村大部分农户生计水平的基本指标。中国民族乡村分布广泛，自然环境、资源条件千差万别，但传统村落乡村居民依附于当地自然环境生存发展的客观历史、现实惯性在相对封闭的社会场域中体现得更加明显，换言之，中国传统村落乡村发展中自然资本的基础性作用更加牢固。

新建村距离小南海镇路途较远，2013年之前，农户主要依靠农田、水塘、植被等进行农业生产，并成为农户生计的主要方式，部分农户依托黔江区香烟产业的优势进行烟叶种植，也起到巩固农户生计水平的作用。即使是2018年之后进入乡村旅游较为成熟阶段，新建村农业生产也依然是在村农户生产的主要形式，是农户生活的基础保障。但这一阶段，依托乡村旅游产业的发展，农户的自然资本有了更多价值提升的空间。另外，国家发展也需要农户生计对乡村自然资源的依附作用，这样既可以保障农户自身基本生存，也是全国人民粮食供给的基本保障。与传统自然资本统计方面不同，根据传统村落农户生计的客观情况，以及传统文化在生计中的重要作用，在对新建村自然资本的研究过程中，除考量其农田、水域等要素，还对农户赖以生存的文化资源种类进行衡量。基于此，研究中把耕地、水域、文化资源的权重分别记为0.3、0.2、0.5。以表3-1对新建村村民自然资本进行测量。

表 3-1　　　　　　　　　　新建村自然资本指标

每人耕地亩数	赋值	每人水域亩数	赋值	每户可依存的文化资源种类	赋值
最大值 2	1.00	最大值 6	1.00	最大值 2	1.00
1.5	0.75	3	0.50	1	0.50
⋮	⋮	⋮	⋮	⋮	⋮
0.2	0.10	0.10	0.017	0	0.00
0	0.00	0	0.00	0	0.00

农户的物质资本主要是指维持农户生产生活的房屋、灌溉系统、道路、生产工具和机器等，这是农户开发自然资源，将自然要素取之我用的重要手段和媒介，也可以归纳为农户生产生活的硬件要素，包括自有"硬条件"和公共"硬基础"。在城镇化进程中，农村劳动力被抽离出农村，但是劳动力价值依然相当比例地应用在了农户农村的生产生活中，其中房屋就是一个典型要素。城乡二元、户籍壁垒，使农户在城市的劳动收入不足以或者不可以在城市获得生活的住房保障。在乡土观念根深蒂固的影响下，回乡建房成为众多在城市就业农民的主要选择。当前，农户住房质量、生产工具（乡村公有和农户私有）、基础设施依然是衡量农户生计水平的重要因素，也是国家自上而下干预乡村发展的重要着手点，例如农村扶贫、农村基建投资等。中国传统村落生产生活习惯多种多样，有定居的住房生活，也有游牧的帐篷生活，有的农业生产需要灌溉水利等公共基础设施，有的则更多依靠自然环境的馈赠，但在科技应用服务生产生活方面，有共同的需求和向往，例如网络技术等。

2013 年之前新建村村民住房主要是砖木混合结构，也有少量钢筋混凝土的多层住房，这与农户的生计水平息息相关。2017 年以来，通过对新建村土家十三寨的规划修整，村民住房外观依然延续土家吊脚楼的样式，而内部结构多采用钢筋混凝土搭建。该村的道路、网络、灌溉等公共基础设施建设良好，有效满足农户生产生活的基本需求。该村还有少量老旧的纯木质房屋和新式的农家乐木质房屋。新建村还有一些别致的吊脚楼样式建筑，其主要功能已经从维持农户生活需求向推动农户旅游生产转变。除房屋外，新建村还有少量的养殖场和加工厂。本书把新建村住房质量、住房面积、固定资产的权重分别定为0.3、0.2、0.5，以表3-2对新建村村民物质资本进行测量。

表3-2　　　　　　　　新建村村民物质资本指标

住房质量	赋值	住房面积（平方米）	赋值	固定资产（万元）	赋值
混凝土房屋	1.00	≥100	1.00	≥1000	1.00
砖瓦房屋	0.75	70—100	0.75	100—1000	0.75
砖木房屋	0.50	40—70	0.50	10—100	0.50
土木房屋	0.25	10—40	0.25	1—10	0.25
草房	0.00	≤10	0.00	≤1	0.00

农户的金融资本主要包括农户可以自由支配的现金，以及可以方便获取的贷款和借款。在农村产业多样化、农业多功能发展的趋势下，金融资本对农户参与农村新发展有着不可替代的作用，也是农户加入农村新发展的重要门槛。受传统观念的影响，农户多以储蓄为荣，银行储蓄的多少代表着农户生计的绝对能力和实力。虽然农户的储蓄金额不大，但因农户数量众多，也汇聚成城镇化、工业化的重要资金来源。相反，由于农户持有排斥借贷的想法，其对金融资金获取的方式了解甚少，依托村民关系、血缘关系的相互借用依然是农户弥补生产生活的主要金融方式。在乡村振兴战略的宏观规划下，乡村五大振兴，尤其是乡村产业振兴更需获得金融资本的支撑。在这一过程中，获取和利用金融资本的主体可能是乡村居民，也可能是外来投资者，而不同主体对农户的可持续生计影响深远。为了提高农户对金融资本的获取能力，发挥农户在农村发展中的主体地位，国家在农村金融改革方面有很多新的尝试，农村金融也被应用到农村发展的多个方面，以提高农户与金融的接触频率，服务农户的生产生活。

如今新建村的农村金融仍处于相对较低的发展水平，其中农户自有金融资本相对较高，银行金融借贷水平相对较低。与其他地区相比，中国传统村落乡村居民的金融资本获取能力也明显低于城镇居民，但国家依然依托农村发展的渠道和平台，提高农户对农村金融的获取能力和使用效率。新建村虽然有政府引导的农村旅游专项金融产品，但是利用率相对较低。新建村的金融资本以自有金融资本、银行金融资本、乡村高利贷金融资本、乡村村民之间的无息借款、乡村村民和组织机构的无偿援助为主。本书将其权重设置为 0.3、0.2、0.2、0.2、0.1。以表 3-3 对新建村村民金融资本进行测量。

表 3-3　　　　　　　　　新建村村民金融资本指标

金融资本类型	赋值及说明
自有金融资本	充分 = 1.00，较多 = 0.75，一般 = 0.50，较少 = 0.25，很少 = 0.00
银行金融资本	有 = 1.00，无 = 0.00
乡村高利贷金融资本	有 = 1.00，无 = 0.00
乡村村民之间的无息借款	有 = 1.00，无 = 0.00
乡村村民和组织机构的无偿援助	有 = 1.00，无 = 0.00

农户的人力资本主要是指供农户谋生和发展的技能、健康状况、受教育程度、年龄，以及农户家族人数等要素。自古以来，农村社会组织结构、农业劳动力密集特征共同决定了农户的人力资本是衡量其生产能力、生活水平的重要因素。随着中国农业现代化水平的提升和农村多产业发展，人力资本的衡量标准也发生了明显的变化。另外，在城镇化带动下，农村劳动力外迁成为农村人力资本流失的重要表现，也是农村整体凋敝的重要原因。乡村振兴战略提出乡村人才振兴，培养新型职业技术农民，这一定程度上提高了农户的人力资本水平。当然，衡量农户生产生活能力需要综合整体审视农户个体的人力资本水平，还需要从整体视角系统分析村庄全体农户的人力资本总水平。中国传统村落传统农业、畜牧业等劳动密集型产业发展也需要人力资本的基础性支撑。相对于其他地区，中国传统村落乡村居民劳动力外迁的数量相对较少，而地理位置相对偏远的少数民族聚集区的乡村，劳动力外迁的数量相对更少。

对新建村村民和村委会的调研发现，2013 年之前的新建村，因产业单一，劳动力大量剩余，再加上距离黔江区和湖北咸丰县较近，劳动力外出务工的比例很高。但与其他劳动力输出较大的村庄相比，新建村村民更倾向于留在附近的城镇务工，而不愿去往距离较远的一二线城市，即使可以获得更大的劳动力价值。相对于此，2013年以来，尤其是2017年之后，新建村劳动力呈现明显的季节性双向流动，在旅游旺季，农户返回加入旅游劳动力队伍，在旅游淡季，农户进城加入务工劳动力队伍。在乡村旅游产业的带动下，除新建村自身的劳动力流动，外来劳动力成为重要的人力资源，而他们的人力资本主要通过民族传统技艺、现代旅游教育等获得较高的劳动力价值。研究过程中从新建村村民的年龄、受教育程度、劳动力程度等要素入手，将其分为生计劳动力和生计活动力，前者包括年龄和劳动力程度，后者包括受教育程度。本书把新建村村民的生计劳动能力和生计活动能力的权重分别定为0.6和0.4。以表3-4对新建村村民人力资本进行测量。

表3-4　　　　　　　　新建村村民人力资本指标

原住民以年龄和劳动力程度为特征的生计劳动能力赋值			原住民以受教育程度为特征的生计活动能力赋值※	
原住民类别	类别标志	赋值	原住民受教育程度	赋值
义务教育前儿童	不宜劳作	0	文盲	0
义务教育和高中阶段青少年	可以从事少量劳动	2	小学	1
赋闲在家的青少年	具备劳动能力	4	初中	2
大学教育阶段青年	很少从事本地劳动	2	高中或中专	3
在外务工成年人	为家庭创造收入	5	大专	4
在家乡工作成年人	全身心本地劳动者	6	本科	5
70岁以下的中老年人	从事少量劳动	3	本科以上	6
70岁以上的老年人	基本不能从事劳动	1		
丧失劳动能力者	基本不能从事劳动	1		

注：※是对乡村原住民18—60岁年龄段的测量。

农户的社会资本指农户的社会关系网和家族亲戚网。在中国，无论是城镇还是乡村，家族亲戚网是人们最基本的关系网络，这是人们基于血缘关系建立的布局庞大，而又界限明显的家族群体。农户的社会关系网是社会资本中除家族亲戚网之外的重要交互媒介。农户社会关系网的存在和发展离不开农村封闭格局的解冻和城乡之间的要素互通。家庭联产承包责任制之后，农村粮食、劳动力通过市场化渠道参与城市发展，在社会主义市场经济体制建立之后，更多的城市资源也逐渐向农村渗透，在此基础上社会关系网逐渐成为农户社会资本的主要组成部分。从统筹城乡经济社会发展到乡村振兴战略的全面布局，传统的城乡二元壁垒正在逐渐缓解，在农村多产业、农业多功能发展的现实发展过程中，城乡资源要素的交互更加频繁，这使农户的社会关系网在社会资本中的作用进一步提升，而掌握更多社会关系网的农户则更容易获取信息、资源等发展要素，从而建立更强的生产生活能力。与其他地区相比，中国传统村落乡村地理位置相对偏远、社会发展相对封闭、产业结构相对单一、农业多功能体现较不明显，农户的家族亲戚网在农户社会资本中占据绝对优势，而社会关系网则相对薄弱。

2017年之前的新建村，虽然产业依然以农业为主，且农业多功能体现较不明显，但是农户在长期的外出务工、外出求学和城镇定居过程中，积累了一定的社会关系网，同时因距离小南海旅游景区较近，在乡村干部和乡村精英的带动下，更容易获得一定的旅游政策资源。相对于此，2018年以来，从乡村旅游的角度来看，因小南海旅游经营项目禁止营业，新建村的社会网络关系更加独立。在黔江区政策导入过程中，农户的社会关系网更加独立自主、丰富稳定，无论是政策关系、投资关系，还是游客关系，都以乡村旅游平台，为农户生计提供了重要渠道，显著提高了农户的生产生活能力。新建村村民社会资本可以分为村庄内部的社会资本和村庄外部的社会资本。研究过程中，把新建村内部社会资本界定为参与村委会、村集体经济、村内合作经济的数量，把外部社会资本界定为参与政府组织、合伙经济、血缘组织的数量，并将其权重定为0.6和0.4，以表3-5对新建村村民社会资本进行测量。

表3-5　　　　　　　　新建村村民社会资本指标

参与社区内组织的数量	赋值	参与社区外组织的数量	赋值
≥5	1.0	≥5	1.0
4	0.8	4	0.8

续表

参与社区内组织的数量	赋值	参与社区外组织的数量	赋值
3	0.6	3	0.6
2	0.4	2	0.4
1	0.2	1	0.2
0	0	0	0

二 农户生计的脆弱性是乡村旅游化的客观动力

无论农村社会如何进步，农户生存与发展的需求都是推动农户奋进的重要动力，而农户生存与发展的难易程度取决于农户活动场域的综合条件。在综合条件齐备、基础良好的乡村，农户可较容易获得生存与发展，相反，则需要付出更多的主观努力，才能得到同样的生存与发展效果。相对于城镇地区，中国乡村地区农户活动场域的综合条件较不完备，基础较不坚实，这可以概括为农户生计的脆弱性。

（一）传统村落农户生计脆弱性及表现

"脆弱性"一般是指农户或个人因某种原因而陷入贫困状态的可能性，可能性越高，则表示脆弱性越强，反之则越弱。2001年，世界银行发布的《世界发展报告》第一次使用了"贫困脆弱性"的术语，认为因某种原因使贫困人口的生活能力进一步下降，从而低于社会公认的可持续生计水平。从心理学角度，卡罗琳·摩塞认为，脆弱性是指家庭或个人因某种原因产生的生产生活的不安全感。[1] 从可持续生计的视角来看，"脆弱性"是指农户因生计资本不足，或者配置不合理而引起的生产生活的不稳定性。

传统村落农户生计的脆弱性主要表现在两个方面，其一是传统村落农户自身生计资本的脆弱性，其二是传统村落乡村生计环境的脆弱性。

从五大生计资本分析传统村落农户自身生计的脆弱性，主要概括为数量少、抗干扰能力弱。城镇化、工业化与农业现代化、高校扩招等对农村人力资本的外迁起到重要的推动作用，使农村人力资本无论从数量

---

[1] Moser, Caroline O. N., "The Asset Vulnerability Framework: Reassessing Urban Poverty Reduction Strategies", *World Development*, Vol. 26, No. 1, 1998, pp. 1–19.

还是质量都得到明显的下降，这一表现在传统村落乡村更为严重。农户的土地、水域等自然资本受到国家《基本农田保护条例》的保护，农村土地的所有权、承包权和经营权的规定也保障了农户的生计利益，但值得思考的是，在国民经济快速增长的现实中，农业占比逐渐下降，意味着农户自然资本对生计的贡献度逐渐降低，传统村落乡村农业的比重相对较大，则受到农业国民经济占比下降的影响更加明显。农户的住房能更好地保障农户"住有所居"，且居住质量逐渐提高，除部分少数民族游牧群体，依然"居无定所"，大部分传统村落乡村的居住生计的脆弱性明显降低。农村金融无论是覆盖度还是使用效率，依然远落后于城镇地区，现代金融对农户生计的保障作用较不明显，反而由于金融常识和法律意识的欠缺，频频出现深陷"金融陷阱"的悲剧，传统村落乡村居民同样处于类似场景，甚至有的少数传统村落村民依然将资产完全展现于牲畜、现金等需要精心保护的"有形载体"，以获得心理的安定，但是却存在较大的生计风险。农户社会资本依然以家庭血缘关系为主，在传统村落乡村尤其如此，但是社会网络关系相对较弱，对生计影响的贡献度不大，值得注意的是，随着国家对传统村落、乡村发展的政策倾斜，社会网络关系资源的多少对农户生计的影响越发明显，这是造成传统村落乡村生计差距扩大的重要因素。

从传统村落乡村基础要素分析农户所处的生计环境的脆弱性，主要概括为基础薄弱、抗风险能力差。一直以来，国家的民族政策和农村政策均处于国家宏观政策的优先位置，尤其是党的十八大以来，相关政策的宏观布局与贯彻落实效率得到进一步提升。中国传统村落乡村在民族、农村、扶贫等多项政策的交会影响下，政策红利明显，但是政策的受益群体是否直指传统村落乡村居民，这值得进一步思考，但与参与式发展的发展理念相比，政策的落地过程还有一定的差距。传统村落自然环境优美，吸引外来人群进行就地消费，这提高了农户的生计能力，但部分民族乡村地区的生态环境相对脆弱，一旦出现生态破坏，将难以在短期内进行修复，并且脆弱的生态环境给当地居民的生存、生产、生活带来潜在危险。袁道先院士在考察新建村所在的武陵山区地质结构与土壤生态时表示，武陵山区生态脆弱，土质较薄，一旦流失，难以恢复。民族乡村地区文化底蕴丰富，传统文化精髓传承良好，这既能满足当地居民对文化生活的需要，也能以独特的传统文化吸引更多外地人进行文化赏析和文化消费，但是传统村落乡村的文化多样性相对较差，单一的传统文化缺少物质载体和产业载体的支撑，难以形成直接的生计资本。单一的传统文化要素与封闭的人文社会环境，容易滋生"文化迷信"，这种"文化封闭"与现代化、开放性形成明显的冲突，对农户生计的正面影响较低，甚至产生严重的负面影响。国家对民族乡村地区的政策倾斜带来的基础设施投资具有明显的优势，但是限于地方财政实力，相对于经济发达的乡村地区，欠发达的传统村落乡村的基础设施依然落后。在脆弱的生态环境的叠加影响下，传统村落乡村的基础设施的脆弱性更加明显，增加了农户生计的脆弱性。新建村在进行"高山移民"之前，生态与生活的矛盾突出，因大山阻隔，村民生计难以扩展，因生活所需，必然开垦山林，破坏生态，这种恶性循环，难以缓解。根据表3-1至表3-5各类生计资本的统计方法，运用SPSS统计软件对新建村2016年的乡村生计进行量化取值，得出新建村农户生计资本测量表（表3-6）。可见，那个时间段，该村农户生计资本处于较低水平。

表3-6　　　　　　　新建村农户生计资本测量

资本类型	测量指标	指标符号	指标公式	指标值	资本数值
人力资本	劳动力程度	H1	$0.6 \times H1 + 0.4 \times H2$	0.312	0.2388
	受教育程度	H2		0.129	
资源资本	耕地资源	R1	$0.3 \times R1 + 0.2 \times R2 + 0.5 \times R3$	0.264	0.4740
	水域资源	R2		0.294	
	文化资源	R3		0.672	
物质资本	住房质量	P1	$0.3 \times P1 + 0.2 \times P2 + 0.5 \times P3$	0.421	0.2998
	住房面积	P2		0.515	
	固定资产	P3		0.141	
金融资本	自有金融	F1	$0.3 \times F1 + 0.2 \times F2 + 0.2 \times F3 + 0.2 \times F4 + 0.1 \times F5$	0.290	0.2485
	银行金融	F2		0.126	
	高利贷金融	F3		0.271	
	无息借款	F4		0.192	
	无偿援助	F5		0.437	

续表

资本类型	测量指标	指标符号	指标公式	指标值	资本数值
社会资本	社区内	S1	$0.6 \times S1 + 0.4 \times S2$	0.454	0.4972
	社区外	S2		0.562	
生计资本总和					1.7583

（二）乡村旅游对农户生计脆弱性的有效应对和潜在风险

农户生计资本的脆弱性是相对的，在不同场域下，同样水平的生计资本表现出不一样的生计贡献度。乡村旅游的产业性质、市场规则，决定了其充分利用农户优势生计资本，挖掘农户劣势生计资本的功能属性。根据调研，2013年之前，新建村劳动力流失是该村经济社会发展不可持续的显著表现，也是其重要因素，2013年之后，尤其是2015年以来，乡村旅游不但促进该村在外务工村民的回流，还促进黔江区旅投集团等外来资本主体、劳动力主体长期入驻，提高了村庄人力资本的整体水平，另外，游客快速的流动性，也形成人力资本新动能的循环往复。新建村土家文化载体，摆手舞、吊脚楼等作为乡村旅游的主要内容，为该村农户生计提供新支撑。传统村落乡村居民的传统文化精髓、文化技能、生活方式等生计要素，以乡村旅游为依托实现价值的快速提升。乡村旅游产业发展在提高农业多功能发展方面功能显著，这促进传统村落乡村自然资本价值提升。在新建村，2015年之后，土地的非农化转变逐渐明显，土地的多功能转变，一定程度降低了武陵山区脆弱的自然生态在农户生计中的脆弱性表现。相对于其他地区，中国传统村落农户的房屋等物质资本的生计贡献度相对较低、脆弱性明显、多功能不强。乡村旅游可以对农户房屋等物质资本进行有效利用，一方面可以提高农户传统房屋的旅游功能；另一方面可以提高农户空置房屋、多余房屋的使用价值。新建村的主体部分土家十三寨成为该村民宿、农家乐、休闲体验等多种乡村旅游业态的经营场所。作为传统村落农户相对薄弱的金融资本，在乡村旅游的带动下，一方面可以提高农户对金融资本的接触频率，例如，互联网+旅游中的网络支付；另一方面，可以提高农户利用政策金融、银行金融服务乡村旅游产业发展的能力和效率，从而提高金融资本在农户生计中的贡献度，降低农户金融资本的脆弱性。在乡村旅游的带动下，传统村落农户相对单一的社会资本得以提升。乡村旅游进一步凝聚家族血缘关系，提高家族血缘社会资本的价值和贡献度，新建村土家十三寨以典型的姓氏寨落进行乡村旅游经营，提高了姓氏内部成员的凝聚力和对乡村旅游产业的贡献力。另外，在乡村旅游发展过程中，根据产业发展需求，农户获取政策信息、参与政策落地、衔接产业上下游等相关资源的活动和能力的需求紧迫，在此推动下，农户的社会网络资本得到明显提升，降低了农户社会资本的脆弱性。新建村参与乡村旅游的农户通过村两委、小南海镇，获得专门的政策倾斜，形成独特的社会资本。

在传统农业单产业发展格局下，虽然有国家政策自上而下对传统村落乡村公共基础设施的倾斜支持，以及传统村落乡村居民自发的公共基础设施建设，但依然不能根本解决传统村落乡村公共基础设施的脆弱性。究其原因，传统村落乡村产业支撑力量薄弱，辐射功能强、外部性效用明显的产业支撑是不可或缺的因素。旅游产业涉及资源要素众多，涉及利益群体众多，且具有明显的敏感性（或脆弱性），旅游产业健康稳定的发展必须具备良好的公共基础条件。传统村落乡村旅游产业的发展同样需要良好的公共基础条件的支撑，为此乡村旅游利益相关者将积极主动完善原本落后的乡村公共基础设施，这将降低乡村公共基础设施的生计脆弱性。

当然，在分析乡村旅游对传统村落农户生计的贡献度，降低农户生计脆弱性的同时，也应该及时关注当前出现的过度旅游现象对传统村落乡村农户生计持续性的影响。过度旅游不仅仅指游客过度地进行旅游活动。从公共管理的视角分析，传统村落乡村旅游发展过程中的过度旅游是指传统村落乡村旅游各参与主体进行过度旅游引导、过度旅游开发、过度旅游经营、过度旅游消费，从而引起乡村社会各要素的紊乱，影响乡村社会的可持续发展的一系列过度行为的统称。传统村落乡村旅游中的过度行为冲击着乡村社会的各个要素，也将对民族乡村原有产业产生一定的影响。归根结底，过度乡村旅游是地方政府、旅游经营者过度追求乡村旅游发展，外来游客过度追求乡村旅游新意，而忽略乡村旅游可持续性的表现。传统村落乡村旅游中的过度行为是一种短期繁荣，造成乡村旅游资源、乡村乡土生态、乡村社会治理、乡村产业集群不可持续，影响乡村社会的整体可持续发展。

第二节 农户生计方式向旅游生计的转变

最常见的农户生计资本的统计方式是英国国际发展部 2000 年建立的可持续生计分析框架，被广泛运用到农村扶贫、区域发展等方面。该分析工具在为研究者提供了一套通用的分析框架的同时，也为不同场域的农户生计研究带来新的探索空间。乡村旅游产业的发展对农户生计产生深远影响，传统的生计统计标准已不能适应乡村旅游地农户生计的客观情况，农户旅游生计的"在地化"创新具有重要的理论指导意义和实践应用价值。

一 农户生计依附于产业多样化而存在

（一）产业多样化、农业多功能是乡村未来发展走向

中国两千多年的封建帝制，小农经济根深蒂固，对农村经济、社会、思想、文化影响深远。历史上小农经济的功能与优势明显，为促进农业产业发展与文明传承发挥重要的作用。但在近现代城市经济的崛起过程中，小农经济的相对封闭性和政策导向的"重工倾向"，使农村经济发展远落后于城市。无论在中国封建社会还是近现代文明中，农村的功能、价值、贡献度都不容忽视，更是在引导改革、支撑基础要素供应方面发挥主导作用。进入 21 世纪，在城镇化达到一定水平之后，国家明确提出统筹城乡经济社会发展的宏观布局，党的十九大更是明确提出乡村振兴这一国家战略。国家层面有宏观指导也有实践规划，从 2004 年到 2024 年，中共中央连续 21 年，发布以"三农"为主题的中央一号文件。在中国千差万别的乡村村情背景下，国家政策的统一规划如何落地以推动乡村整体振兴和可持续发展将是未来乡村发展参与主体的思考重心。

家庭联产承包责任制推广以来，中国部分农村在进行自我改革发展过程中积累了一定的经验，成为先发型农村，而相对于全国经济发展水平而言，目前中国大部分农村依然处于城乡二元，且相对落后的发展局面。先发型的农村发展经验可以概括为产业多样化与农业多功能发展，这也应是中国农村未来发展的重要选择和方向。值得注意的是，产业多样化与农业多功能，与"非农化"转变有明显的区别，后者是农村城镇

化的发展道路，前者是农村"在地化"的创新改革道路。

农村产业多样化是指农村依托自身资源和优势条件，进行包括农业在内的多产业协同发展路径。农业多功能是指农村依托自身农业发展客观现实，从大农业概念出发，细化农业组成要素，对农业要素资源功能进行扩充延展，从而衍生出农业的非农价值，并形成发展动能。农村产业多样化、农业多功能发展也是发达国家农村改革发展的经验路径，法国的乡村旅游、日本的"一村一品"适度规模的产业融合发展等值得借鉴。农村产业多样化、农业多功能发展不是粗放的规模化普及，而是精致的"在地化"探索，需要农村发展利益相关主体的公共参与，建立针对性的发展方案。这挑战着中国传统的粗放型城镇化、工业化发展，"一刀切"的规模化、普适化农村发展方式。在国家乡村振兴战略布局中，在国家加大对乡村发展的行政干预中，支撑农村发展的公共管理显得更加迫切，且任务艰巨，这对中国农村基层公共治理体系提出新要求和新标准。

（二）生计资本的多功能应用，需要农村产业多样化与农业多功能发展

人的主观能动性要依托客观事物进行激发与调动。农户生计资本是客观存在要素，而生计资本服务农户生计的过程却是人的主观能动性发挥作用的过程。在农户的主观能动性作用下，农户生计资本的功能拓展成为必然，但拓展程度的大小，要取决于农户生存场域提供的客观环境。"经济基础决定上层建筑"，农村产业多样化与农业多功能发展是拓展农村场域、延伸农村经济社会服务功能的重要支撑。所以，农户生计资本多功能应用需要农村产业多样化与农业多功能发展这一环境平台。

农户人力资本的城镇化、工业化转移是农村凋敝的直接原因，而引发这一现象的主要原因还在于农村缺乏剩余劳动力获得人力资本价值的平台和机会。相对于大多数国家城市"贫民窟"现象，中国因严格的户籍制度限制，以及"农民工"群体工作的不稳定性、血缘家庭乡村的固定性，没有出现大面积的城市贫困人口聚集现象。农民迫于生计而被动进行剩余劳动力城镇化、工业化转移，说明可以创造众多就业岗位的农村产业多样化、农业多功能发展将是吸引农民工"回流"的重要路径。在农户人力资本城镇化、工业化转移的背景下，农户自然资本的使用权、

承包权或经营权面临"主动"流失的局面，比较典型的为农田弃耕现象。虽然国家有粮食最低收购价的保障措施，但是农田功能单一性，以及劳动力依附农田的低价值产出，使农户弃耕务工。若通过农业多功能发展，提高农田的使用价值和功能效应，农户则可以通过原有农田获得更多衍生性生计资本。因缺乏平台支撑，农户物质资本的功能也相对单一，最为典型的就是农户住房。在中国部分乡村，传统农户"有钱就盖房"，以房屋多少作为身份和财务象征的现象虽已经成为过去式，但在传统村落乡村该现象依然明显存在。但是，传统村落乡村农户房屋的功能属性较为单一，仅为自我的"住有所居"，为了满足自身居住的需求，传统村落乡村房屋建筑特色逐渐消失，取而代之的是统一化的新式建筑。当然，从传统村落乡村居民生活角度出发，这提高了他们生活的便捷度，但是若有农村产业多样化、农业多功能的环境平台，农户也可以通过原有住房获得更多衍生性生计资本。农村产业单一，使农户的金融资本和社会资本功能单一，且可利用的空间较少。对传统村落农户原本就处于较低水平的金融资本和社会资本而言，在农村产业多样化、农业多功能的环境平台基础之上，可以获得更多的利用空间，功能将得到拓展，也将提升农户从中获取的生计资本价值。

二　旅游生计：乡村旅游化中农户生计的新逻辑

乡村旅游产业是农村产业多样化、农业多功能的重要路径和表现形式。尤其在特色鲜明、资源丰富的传统村落，乡村旅游成为政府渗透乡村治理、资本参与价值获取、精英引领乡村发展、农户生计渠道拓展的重要选择。如前文所述，新建村的乡村旅游产业发展带来了乡村要素的旅游化转变，也为农户生计带来新的环境场域。传统村落乡村旅游化带来的新的生计环境需要学界进行农户生计资本的逻辑重构，本书基于已有生计资本分析框架提出了旅游生计资本的分析思路。所谓旅游生计资本是指，在乡村旅游化过程中与农户生产生活相关的资本要素的统称。在乡村旅游产业发展过程中，传统村落乡村势必发生旅游化转型，那么，关于村民旅游生计资本的研究显得格外重要。

旅游人力资本。在乡村旅游化过程中，乡村居民人力资本的高低取决于个人对乡村旅游的参与度，以及在乡村旅游产业链中的价值获取能力。乡村旅游村庄居民的人力资本应包括旅游相关技能、学历、健康程度、年龄等要素。对其进行归类，可分为旅游生计劳动力和旅游生计活动力，前者包括健康与年龄，后者包括旅游相关技能与学历。传统村落乡村旅游化过程中，具备传统文化、民族技能的乡村居民是具有明显优势的人力资本。2013年之前的新建村，村民在土家歌舞、手工艺方面具有良好的传承，但是日常应用不频繁，能产生的生计价值不高。2013年之后的新建村，村民在土家建筑、土家歌舞方面的传承范围要明显弱于之前，但是在周边小南海旅游和自身乡村旅游的带动下，一小部分村民集中于土家文化和技能传承，使土家文化和技能成为他们生计的重要支撑。2017年土家十三寨成功创建国家AAAA级旅游景区以来，尤其是2018年脱离对小南海旅游景区的依附之后，在乡村旅游发展重新定位和政策倾斜的影响下，新建村这一现象更加明显，土家文化、技能等传承范围广，内容集中，传承人不仅局限于新建村村民，还有从事旅游发展的外来人群，传承内容直接融入旅游产业中，成为重要的乡村旅游要素，也成为村民重要的生计资本。

案例1　村民特长的旅游化

新建村土家汉子HF，47岁，是土生土长的黔江人，跟其他村民一样性格朴实，勤劳能干，但由于大山阻隔，长期以来只能通过外出务工才能将就家庭一年的开支。HF一家四口人，妻子和一双儿女，女儿已经读大学，儿子读高中，妻子患有慢性病，不能为家庭贡献经济收入，被确定为B类贫困户。之前，他的打工足迹遍布四川、重庆、湖北、山西，靠着一身力气，从事过挖煤、建筑、搬运等体力劳动的工作，虽然收入有限，但是还算满足。最让他放心不下的是，长年在外，对家庭的牵挂。2015年，他得知新建村土家十三寨规划落地的消息后，返乡的冲动逐渐增强，在外地多年务工的见闻让他感觉到，自己可以通过乡村旅游，在家乡获得能维持基本生活的收入来源。返乡后，他用打工的积蓄重修了自有的吊脚楼房屋，并在黔江区政府的统一规划下，对样式进行了改进。按照他的计划，通过农家乐住宿和餐饮补贴家用。

但出乎他意料的是，民族乡村旅游，更多游客是冲着土家文化符号而去的，游客喜欢听山歌、喜欢看土家舞蹈、喜欢那些土家传统技艺，如西兰卡普。这极大扩充了 HF 的想法。HF 自小从农田长大，对于土家山歌、土家摆手舞耳濡目染，再加上一副好嗓子，一首首山歌成为 HF 最大的卖点。"太阳落山又落坡，听我唱首扯谎歌。捡个石头来燃火，乌江大海烧茅坡……"每当他唱起这简单质朴，具有浓郁乡土气息的土家山歌时，都能吸引住游客的脚步。HF 借此，也成为土家十三寨公共场所土家歌舞表演的重要参与者，并获得了一定的收入来源。目前，HF 参与乡村旅游一年的收入在五万元左右。

旅游自然资本。在乡村旅游化过程中，乡村居民的资源资本取决于自有自然资源和公有自然环境对乡村旅游化的贡献度。乡村旅游村庄居民的自有自然资源资本应包括林地、水塘、耕地等，主要通过乡村居民占有的林地、水塘、耕地的面积和质量进行衡量。公有自然环境主要包括空气、水、生态等。传统村落乡村旅游化过程中，村民的林地、水塘、耕地，乡村的自然环境和生态都是核心的优势旅游自然资本。2013 年之前的新建村，村民的林地、水塘、农田的功能性还较为单一，但是保留完好，具备旅游功能拓展的潜力。乡村地处渝东南生态保护发展区，自然生态环境保护良好，也为农户旅游生计提供潜在价值。2013 年之后的新建村，虽然村民的农田功能较为单一，但是部分林地、水塘的旅游功能已被开发，为农户旅游生计提供支撑。渝东南地区，自然生态环境良好，在附近小南海旅游景区的带动下，乡村旅游已成为农户重要的旅游生计资本。当今的新建村，被旅游化的农田、林地、水塘已经基本固定，农家乐、采摘体验等乡村旅游项目成为农户重要的旅游生计来源。虽然以传统文化旅游为主体，但是新建村良好的自然生态环境为其提供了重要的公共自然资本。2018 年之后，小南海旅游景区旅游经营活动被禁止，不能对新建村乡村旅游产生持续的拉动作用，但是新建村的自然资本依然存在，在"绿水青山就是金山银山"的发展理念下，在人们追求休闲旅游的产业需求中，新建村旅游自然资本依然是村民基本的生计资本。

案例 2 农户土地流转参与乡村旅游

新建村土家十三寨是该村乡村旅游的核心，但不是新建村乡村旅游的全部，新建村以土家十三寨为核心，辐射了周围系列乡村要素，丰富了乡村旅游产品，其中最普遍的就是旅游采摘。

GM，土生土长的新建村人，52岁，男，家中共有5口人，年迈的母亲，同龄的妻子，一双即将出嫁的女儿。GM长期在重庆、四川等地务工，补贴家用，家中主要是其妻子进行操持。他一年回家2—3次，每次在家5—10天。家中除一亩多农田，还有十几亩被荒废的坡坡地（在相对陡峭的山坡上，不能种田），常年养殖2—3头猪、少数的土鸡，主要是家庭自己食用。GM虽然长期在外，但是没有太多牵挂。

2015年，黔江区大力打造土家十三寨景区，并对新建村的乡村道路进行硬化整修。这不但为村民出行提供了方便，也拉近了荒废的坡坡地与居民点之间的距离（黔江区启动的高山移民政策，部分村民从高海拔的地方搬迁到政府统一规划的平摊地，集中建房居住）。村民对经济盈利的敏感度，远不及那些资本主体。黔江区SL农产品经营有限公司，第一时间联系了新建村村委会，计划承包包括GM十几亩坡坡地在内的1000多亩荒山，进行猕猴桃种植。每亩地200—300元/年的承包租金。就这样，GM家荒废的坡坡地成为猕猴桃采摘园，他每年可以获得3000多元的土地租金，他的妻子，也在采摘园打零工，荒废的土地、闲散的劳动力，逐渐被盘活。

旅游物质资本。乡村旅游化过程中，乡村居民的物质资本是指农户用于旅游生产、经营、生活、服务的一系列物质设备，既包含房屋、养殖场、加工厂等私人物质资源，也包含道路、公共场所等公共物质资源。房屋、养殖场、加工厂主要考量可以应用到旅游化中的面积数量；道路主要考量硬化道路的比例与质量；公共场所主要考量可以用于旅游集散服务的面积与质量。在旅游化过程中，乡村居民的私人物质资源是隐性的、潜在的支撑要素，村庄的公共物质资源是显性的、直观的旅游要素。传统村落乡村旅游化过程中，村民的自有房屋和乡村的公共基础设施是核心的优势旅游物质资本。2013年之前的新建村，村民房屋基本是单一的自我居住功能，有少量的农家乐住宿，但是对农户生计影响甚微，公共基础设施相对落后，建筑物零散错落，缺乏统一规划，对农户旅游生计的贡献度不明显。2013年之后的新建村，村民房屋则开始进行旅游功能拓展，一部分（或一处）为自己居住，另一部分（或另一处）则为游客居住，互不干扰，成为参与乡村旅游发展农户的重要生计来源。新建村虽距离小南海镇有一定的距离，但是可进入性良好，并且建立了"土家十三寨"这一公共活动场所，还有零星的公共场所散落在农户自有住房周边，成为吸引游客的重要资源，能很好地服务于农户旅游生计。新建村依托"村党支部+专业合作社+基地+农户"的发展模式，村民利用自家吊脚楼经营农家乐，在旅游旺季整体推出"千元一月"的避暑休闲项目——交1000元，即可在农家乐吃住一个月。2017年土家十三寨成功创建国家AAAA级旅游景区之后，新建村农户自有房屋的旅游功能拓展更加明显。小南海旅游景区旅游经营活动叫停之后，挤出的旅游供给，例如农家乐经营者，逐渐向新建村转移。当前，新建村除自我居住、游客居住，还有部分房屋出租给旅游经营者，成为村民重要的生计来源。新建村公共基础设施完备，满足乡村旅游行业标准需求，有力支撑农户旅游生计。

案例3　农户吊脚楼的农家乐转型

传统吊脚楼主体结构是木材，现在很多吊脚楼以钢筋混凝土为主体，对外观进行吊脚楼样式的装修。在新建村土家十三寨，均是吊脚楼样式的建筑，在土家十三寨外围，有的村民盖起了砖瓦结构的二层楼房。

PWL，土家族，新建村村民，51岁，男，家中七口人，年迈的父母，小他三岁的妻子，一双女儿，一个儿子，大女儿在外务工、二女儿和三儿子读高中。PWL常年在重庆、湖北务工，主要从事建筑类工作，年收入在七八万元。为响应黔江区高山移民号召，早在2010年，他们就举家搬迁到黔江区统一规划的平台地，利用自有积蓄盖起了新房子。天有不测风云，2012年，PWL务工受伤，回家休养，家庭收入大大缩水。PWL依靠就近打零工维持家用。2015年，土家十三寨整体旅游规划落地，依托土家十三寨，PWL将自家的房屋装修为吊脚楼样式，并把二楼装修为四间客房，一楼装修了两间餐厅，一间公共厨房。每年暑假期间（约6—9月），黔江区市民，甚至是周边的秀山县、彭水县、重庆主城市民来新建村避暑的人数使这里的农家乐客房基本处于饱和状态。每年这个季节，PWL的农家乐吊脚楼客房也利用这个旺季，为他们家赢得八九万元的旅游收入，使他们家的生计水平基本恢复到PWL受伤前的程度。

旅游金融资本。金融资本在乡村旅游化过程中发挥着至关重要的作用，主要表现在助推乡村生计要素向乡村旅游要素的转变。按照乡村旅游化过程中金融参与的客观情况，将金融资本分为五类：第一，乡村居民自有的金融资本；第二，乡村居民、亲戚之间的无偿借款；第三，来自银行的金融贷款；第四，来自民间的高利贷金融资本；第五，政府为支持乡村旅游发展而提供的政策资金，包括补贴、低息和无息贷款。按照乡村旅游化过程中金融资本的参与程度与贡献作用，传统村落乡村旅游化过程中，金融资本是从少到多，从一元构成到多元构成的过程。从2013年之前的新建村，到2013年以后初始旅游化阶段的新建村，金融资本直接服务农户生活的功能逐渐降低，服务农户乡村旅游经营的功能逐渐提升，即金融资本服务农户可持续旅游生计的作用逐渐明显。2015年黔江区政府推进《重庆市黔江区小南海板夹溪十三寨民族特色村寨保护规划》落地，2017年开始创建土家十三寨国家AAAA级旅游景区以来，政府专项资金对推动新建村乡村旅游化发挥了重要作用，成为新建村主要的旅游金融资本。2018年7月，黔江区政府印发《招商引资优惠政策（暂行）》的通知，将乡村旅游作为重点产业进行专项金融政策扶持。该通知规定，乡村旅游投资者可享受"固定资产投资5000万元以上的项目，在黔江区内金融机构贷款用于所投项目的，在不超过项目固定资产总投资50%范围内，可按其实际固定资产贷款额给予贴息，贴息标准按照人民银行同期贷款基准利率给予贴息，贴息标准按照人民银行同期贷款基准利率执行，贴息时间2年"。[①]

旅游社会资本。社会资本在乡村旅游化过程中发挥着重要的市场导入与游客引入作用。在乡村旅游化过程中，乡村居民的社会资本主要包括血缘网络、政治网络和经济网络。血缘网络主要指因血缘关系而形成的组织网络，在乡村经济社会发展和村民生计水平提升方面依然发挥着重要的作用。政治网络主要指乡村居民参与村委会、乡镇管理的次数与程度，以及自身人际关系中从事乡镇及以上政府组织管理的数量。经济网络主要指在市场经济中，依托某一行业运营而形成的网络关系。传统村落乡村旅游化过程中，社会资本也是从少到多，从以血缘家族网络为主到血缘网络、政治网络和经济网络并重的过程。调研发现，社会资本

[①] 详见《黔江区人民政府关于印发重庆市黔江区招商引资优惠政策的通知》（黔江府发〔2018〕22号，现已废止）。

除直接服务农户生活的功能，服务农户乡村旅游经营的功能更加明显。从乡村旅游产业导入到基本成熟阶段，新建村对政治社会资本的需求一直非常明显。虽然当前新建村的政治社会资本已经与乡村旅游产业形成协同整体，并依托"村党支部+专业合作社+基地+农户"的发展模式稳定运营，不需要进行政治社会资本的主动扩展，但是不可否认，政治社会资本依然是支撑其乡村旅游持续发展的重要因素。

第三节　农户旅游生计加速乡村旅游化进程

传统村落乡村居民是乡村发展的主体，他们的生计能力与生计需求是推动乡村产业兴旺、生态宜居、乡风文明、治理有效和生活富裕的核心动能。对以乡村旅游为特色的传统村落，旅游产业的兴旺发展、旅游生态的持续平衡、旅游文化的文明传承、旅游治理的有效善治、旅游地居民的生活富裕，是乡村整体发展的主要组成部分。以乡村旅游为特色的传统村落农户的旅游生计既是满足乡村旅游产业发展需求、促进乡村旅游产业发展的核心动能，也是推动乡村旅游化和乡村振兴的重要内生动力。传统村落乡村旅游化的框架支撑是乡村旅游产业的发展，正是传统村落乡村旅游产业的发展带动了乡村要素属性的旅游化转变，从而推动了乡村整体的旅游化转型。农户生计要素的旅游化潜能与乡村旅游化的核心需求之间的对应关系，为实现农户旅游生计挖掘与乡村旅游化协同推进奠定了基础。

一　乡村旅游化无法脱离农户旅游生计资本而独立存在

在中国乡村旅游从朦胧起步到繁荣发展的四十多年历程中，其在旅游产业中的定位日渐提升并逐渐清晰，核心指标要素也更加明确。粗放型、普适化、现代化追求的乡村旅游产业已经不能满足游客对乡村旅游"本真性"的需求，而当前"原住房""原住民""原生活""原生产""原生态"成为传统村落乡村旅游的核心元素。与此同时，传统村落乡村旅游还需要包括生态环境、社区参与、基础设施在内的基础保障力，包括景观质量、旅游体验、经济效益、辅助性设施在内的内在竞争力，包括人力资源质量、综合管理、宏观支持在内的外在支撑力①。

传统村落乡村旅游化的本真性需求。从土家要素的本真性保存、本真性供给、本真性需求、本真性传承四个方面对新建村土家十三寨的村民和游客进行调研。82位随机抽样的村民样本中，有74位认为自身的生计内容接近于土家要素的本真性需求，并为旅游化提供了基本的要素供给和氛围烘托，有62位认为日常生计过程中将继续土家要素的本真性，但同时认为代际传承存在困难。在不同时间段对91位游客的调研中，均认为本真性是旅游需求的核心内容，有65位认为新建村本真性保持较好，有21位认为新建村本真性保持一般，有5位认为新建村本真性还存在很大的提升空间。新建村村委会委员GL认为，村民生计要素与本真性需求的结合，是新建村本真性保持的关键。从旅游心理学的角度对旅游消费者行为进行分析，旅游消费者更倾向于追求乡村的本真性，同时还需要旅游过程的可进入性和体验度。而本真性的保护，也是保障乡村旅游化可持续推进的前提。传统村落乡村旅游最重要的旅游吸引物是传统文化与地域风景，其稀缺性保障了较高的旅游价值。传统村落"原住房"可以被保护下来，或进行修整复原，以满足游客对旅游生活物质载体的需求。"原住民"是乡村旅游本真性的重要挑战，当前一些乡村旅游地虽然保留了村落的原始风貌，但是"原住民"被整体搬迁到另外的区域，形成了乡村旅游空壳化局面。脱离了"原住民"的乡村旅游，也就难以使旅游消费者体验"原生活"。虽然可以通过模拟、演绎的方式复原、浓缩乡村"原生产"的场景，但是没有"原住民"的参与，旅游消费者依然难以捕捉乡村旅游的灵魂。②新建村较好地保持了"原住民"的传统生产生活方式，通过完善土家十三寨的基础生产生活设施、修整私有房屋，保障"原住民"相对优越且可持续的生产生活条件，构建了旅游目的地

---

① 蒋春燕、冯学钢、汪德根：《乡村旅游发展潜力评价指标体系与模型研究》，《旅游论坛》2009年第2期。

② 当前，在一些发展乡村旅游的村庄中，难以看到村民的影子，村民通过获得一次性的经济补偿，转移到其他地方工作生活，而村子里的人基本是游客和外来旅游经营者两类。在旅游旺季，这种村庄人满为患，在旅游淡季则成为空无一人的"鬼村"。当然，这些村庄的公共管理已经不再是传统的乡村公共管理。

即村民居住地的场景。① "原生态"既包括传统文化生态，也包括自然环境生态。传统村落乡村旅游地的传统文化如何留其精华、去其糟粕，合理合法合规地转化为乡村旅游文化，自然环境生态如何得到良好维持并提高游客的可进入性，这都是传统村落乡村旅游化过程中经营管理者需要考虑的重要问题。新建村土家文化的表现形式主要是土家歌舞、生产生活习俗等，那些呈现形式良好、积极向上的土家文化（包含部分苗族文化），已经完成了旅游化转型，而那些相对"低俗"，却在农户生计中充当重要角色的文化符号，则以文图记录的方式进行保留，未经历旅游化过程。②

传统村落乡村旅游化的框架需求。在本真性的基础上，传统村落乡村旅游化的整体推进需要健全的框架设计。对新建村乡村旅游化历程的调研发现传统村落乡村旅游化的基础保障要素主要来源于生态环境、基础设施和社区参与。2015年黔江区政府统筹完成的《重庆市黔江区小南海板夹溪十三寨民族特色村寨保护规划》对新建村乡村旅游化的基础保障要素进行了分析梳理，形成乡村旅游化的基础框架和重要铺垫。生态环境一方面是体现传统村落乡村旅游差异性的主要内容，另一方面也涉及游客对生态环境的忍耐度和适应性。③ 基础设施主要关系到旅游消费者进入传统村落乡村旅游地的难易程度，较高的可进入性是传统村落乡村旅游产业发展的重要前提。2013年黔小二级公路通车提高了游客进入新建村的便捷度，在之前可进入性较低，游客稀少，虽然有政策的带动，但新建村乡村旅游化还无从谈起。社区参与关系到传统村落乡村旅游化的可持续性，这涉及乡村旅游公共治理的核心问题，即多元参与的乡村旅游善治对乡村旅游产业发展与民族乡村整体提升之间的协同共进。新

---

① 乡村旅游运营地与农户生产生活所在地的关联性是决定乡村旅游是否"本真性"的重要因素。有些地方为保护村庄原始风貌，发展所谓原生态的乡村旅游，整体性地驱离农户，在旅游旺季时，是乡村旅游的经营场所，在旅游淡季时则变成空壳，这不符合乡村旅游化可持续发展的需求，并从根本上截断了乡村整体振兴的可能性。

② 乡村旅游发展过程中，那些在村民生计中发挥重要角色，但不符合当今主流价值观念的乡村符号的留存，需要进行充分的论证考量。总体来看，即使不能被开发为旅游产品，也应该以某种形式留存下来，不能"一刀切"地将其抛弃。

③ 有些民族乡村地区生态良好、环境优美，但也存在生态脆弱的现象，例如新建村所在的武陵山区，是喀斯特地貌，高山覆盖的土壤较为稀薄，一旦发生水土流失，生态将难以恢复。

建村在推动乡村旅游化过程中，符合帕累托最优的规则，在增加村民获得感，或至少不影响村民实际利益的基础上，整体推进乡村旅游化进程，以此保障村民对乡村旅游化的认同和支持。对新建村的调研发现，传统村落乡村旅游化可持续推进还需要景观质量、旅游体验、经济效益、辅助性设施的保障。2017年新建村土家十三寨创建国家AAAA级旅游景区过程中，主要围绕上述要素进行了规划设计，为新建村的整体旅游化提供了重要保障。景观质量包括景观的硬件设备质量和软性服务质量，新建村景观硬件设备的质量主要体现在土家族的本真性程度和乡土风景可触达程度，景观软性服务质量主要体现在土家十三寨从业人员的服务方式、服务技能的专业化程度、本真性程度。旅游体验是传统村落乡村旅游的核心竞争力要素，既考量旅游经营者对传统文化等旅游要素的呈现程度，也需要注意规避传统文化由文化内源到文化表现的失真性。对农户生计而言，传统村落乡村旅游化过程中的经济效益是其追求的核心指标之一，这也是传统村落乡村农户的基本权利。在黔江区旅投集团的统一管理下，新建村农户对自有乡村旅游业态自主经营，收益归自己所有，且在经营前期可获得黔江区财政补贴。辅助性设施主要体现在传统村落乡村旅游地参与乡村旅游要素的多寡，新建村系统全面的辅助设施对其乡村旅游竞争力提升与可持续发展作用明显。传统村落乡村旅游的外在支撑主要体现在人力资源质量、综合管理、宏观支持。传统村落乡村旅游产业经营者的职业能力、行业素质，以及对当地传统文化、民族资源的掌握诠释能力是人力资源质量的核心要素。传统村落乡村旅游的综合管理既涉及自上而下的行政管理，也涉及扁平的行业管理，还涉及自下而上的民族乡村自治和创新改革。对传统村落乡村旅游的宏观支持主要体现在民族政策、乡村政策、旅游政策之间的交叉政策红利。

二 农户旅游生计对乡村旅游核心需求的回应

如上文所述，按照农户生计资本分析框架，农户旅游生计资本可分为旅游人力资本、旅游物质资本、旅游自然资本、旅游社会资本、旅游金融资本，这对传统村落乡村旅游化的核心需求进行了有效回应。农户基于自身生计的自主性和主动性是农村发展的核心动力。正如梁漱溟提到的，必须乡下人自己想办法才能把乡村救得好，并且这个好才能持久。

传统村落乡村旅游地农户的可持续旅游生计需求保证了乡村旅游化的本真性。农户可持续旅游生计是传统村落乡村旅游内源式发展、农户参与式发展的核心动力。农户可持续旅游生计与乡村旅游化之间的协同关系,也是保障传统村落乡村旅游的"原住民""原住房""原生态""原生产""原生活"的基础条件。反之,脱离传统村落农户可持续旅游生计的乡村旅游则存在乡村旅游失真性的风险。值得注意的是,传统村落乡村旅游地农户为了自身生计的短期需求,可能会以短期经济利益换取旅游本真性,使乡村旅游失真失序,这也是农户视角传统村落乡村旅游化的发展动力的负外部性,笔者将在第六章、第七章发展动力评价与平衡治理构建中对该问题进行详细阐述。

传统村落乡村旅游地居民的旅游生计与乡村旅游化的框架需求相协同。农户旅游人力资本促进乡村旅游人力资源质量的提升。这主要体现在两个方面:其一,是传统村落乡村农户内生性功能拓展,由传统的务农、外出务工转为"务农+县镇务工+乡村旅游经营"多角色发展;其二,是传统村落乡村旅游对外地人力资源的吸纳,当乡村旅游发展到一定阶段时,旅游市场对专业化旅游人才、资本主体的吸引作用逐渐明显。从2013年之前的传统村落到2017年国家AAAA级旅游景区的民族旅游村寨,新建村农户不断进行角色转变,由务农、务工转向对自身传统文化、技能等相关乡村旅游人力要素的回顾与挖掘。当前的新建村参与乡村旅游的农户基本完成了角色转换,外来旅游经营者和资本主体对该村寨人力资源的提升作用已经凸显。

旅游物质资本、旅游资源资本和旅游金融资本促进生态环境、基础设施、景观质量、旅游体验和辅助性设施的发展。传统村落乡村旅游化过程中,农户的旅游物质资本本身就成为乡村旅游的基础设施,以及景观、旅游体验等旅游资源主体。与新兴乡村旅游项目不同,传统村落乡村旅游地主要依托乡村原有生产生活要素进行旅游化转型与整体化、规范化提升。而传统村落乡村农户最主要的生产生活要素也就是农户的旅游物质资本,无论是2013年之前潜在旅游化阶段的新建村,还是2013年之后到2017年初始旅游化阶段的新建村,抑或是作为当前特色相对鲜明的国家AAAA级旅游景区,乡村旅游的基础设施、景观设施、旅游体验设施的整体框架均来源于农户的旅游物质资本,并以农户私有庭院、住房为主。传统村落乡村旅游地的旅游资源资本则是乡村旅游中生态环境、景观、旅游体验和辅助性设施的主要支撑。传统村落乡村公共自然生态、农户的自有农田水塘、农户传统文化与技能、乡村的公共基础设施是乡村旅游发展的主要要素与基础支撑。2013年之前的新建村，乡村公共自然生态保护良好，农户农田水塘还处于农业单功能状态，农户土家族文化与手工艺技能有效传承，都为乡村旅游生态环境、景观打造、旅游体验提供基础支撑，但是该村的公共基础设施仅能满足农户的生产生活需要，与乡村旅游需求依然有一定的差距，乡村建筑物、街道的错落布局也为乡村旅游基础环境打造提出挑战。与此相似，2013年到2017年的新建村公共自然生态、农户农田水塘、土家族文化传承为乡村旅游提供了支撑。与前一阶段不同的是，2013年之后新建村的村落规划已经使村庄建筑协调有序，尤其是土家十三寨片区，已能有效支撑乡村旅游公共基础环境的需求。参照其他乡村旅游发展成熟的民族村寨，未来新建村在上述旅游资源资本对乡村旅游支撑作用方面，发挥的功能更加多元，作用更加明显。旅游金融资本对乡村基础设施建设、景观打造、生态补偿、辅助性设施建设提供重要的资金支撑，当然乡村旅游产业发展过程中，乡村和农户对旅游金融资本的需求程度千差万别。2013年之前的新建村处于潜在旅游化阶段，还没有体现出对旅游金融资本的迫切需求。在2013年之后的新建村土家十三寨建设中，以政府专项资金为主体的旅游金融资本已经在发挥作用了。尤其是2015年黔江区政府推进《重庆市黔江区小南海板夹溪十三寨民族特色村寨保护规划》关于新建村保护框架的金融支持，以及2017年创建土家十三寨国家AAAA级旅游景区过程中的专项财政资金支持。当然，在后续土家文化产品拓展、乡村土家风貌整体提升方面依然需要旅游金融资本的支持，这可以来自政策金融、市场金融、社会金融等多方支撑。通过与乡村旅游化较为成熟的民族村寨的对比，村寨层面的旅游金融资本需求具有明显的阶段性，且需求量较大。2018年新建村进入基本成熟旅游化阶段后，村寨层面的旅游金融资本需求降低，从事乡村旅游的农户个体对旅游金融资本的需求逐渐旺盛。

  旅游社会资本促进社区参与、综合管理和宏观支持。在传统村落乡村旅游化过程中，乡村和农户的社会网络关系逐渐扩大，旅游行业领域的社会网络逐渐凸显，即参与传统村落乡村旅游地治理的利益相关者逐渐多元，这为传统村落乡村旅游化过程中农户参与、社区参与、多主体共治，以及外部资源的宏观支撑提供了基础条件和基本场域。2013 年之前，新建村旅游社会资本还没有形成规模，以旅游社会资本带动的社区参与、综合治理体现不明显，但该村是土家村落，村民自治、民族宗族治理在推动社区参与乡村治理方面已有成熟的路径。2013 年之后，黔江区政府对新建村的政策倾斜使新建村旅游社会资本得到明显提升，对原有常态化自上而下的乡村公共治理提出了新挑战，基本形成了传统乡村公共治理与乡村旅游公共治理共生的公共治理格局，这为乡村公共治理现代化和有效善治提供了基础场域。当前，新建村已经基本形成了丰富的旅游社会资本，为村寨社区参与、农户参与、多主体协调共治提供了重要的要素和场域。新建村将民族政策、扶贫政策、生态政策积极转化为旅游社会资本，为乡村旅游提供了重要的宏观政策支持。新建村乡村旅游化过程中的旅游社会资本不但来自重庆，还来自国家顶层设计，这为其乡村旅游化提供了重要支持。[①]

在上述要素网络基础上，经济效益自然成为传统村落乡村旅游地居民旅游生计与乡村旅游化协同发展的产物。2013 年之前的新建村处于潜在旅游化阶段，乡村旅游经济效益没有体现。2013 年之后的新建村经过初始旅游化阶段的发展，经济效益逐渐凸显，但是差异明显，以土家十三寨为核心的片区经济效益较好，其他点状分布的区域经济效益相对较差。2017 年，土家十三寨成功创建国家 AAAA 级旅游景区之后，新建村旅游经济效益相对明显，与以往不同的是，该村寨当前的经济效益已经集中于村寨集体，形成了明显的集体经济效益。村民的经济收益主要是自有房屋的农家乐经营，当前外来市场资本的经济效益甚微。

三　农户旅游生计与乡村振兴战略

农户旅游生计在推动传统村落乡村旅游产业发展、推动乡村旅游化进程的同时，对乡村整体发展也有明显的推动作用，主要体现在有效应

[①] 例如，渝东北生态涵养发展区和渝东南生态保护发展区上升为国家战略。2014 年，国家发改委确定将包括重庆市渝东南武陵山区和渝东北三峡库区在内的 57 个地区，作为中国第一批开展生态文明建设先行示范区。

对国家乡村发展的宏观布局，推动国家战略在传统村落乡村的落地实践。当前，中国乡村发展的国家战略是乡村振兴战略，它的落地实施与效果产生需要因地制宜进行规律探索与科学实践。传统村落乡村旅游地农户旅游生计在推动乡村旅游化的过程中，也成为乡村振兴战略落地实施的重要动力。[①]

（一）乡村振兴战略的宏观架构与现实实践

乡村振兴战略是党的十九大对农村发展工作的新定位、新部署，把农村发展提升到前所未有的国家战略高度。乡村振兴战略提出乡村产业振兴、乡村人才振兴、乡村文化振兴、乡村生态振兴、乡村组织振兴，是对乡村要素资源的全面梳理和系统把控，也是将农村发展融入国家整体发展的重要布局，同时也是推动农业农村现代化的重要路径。从宏观角度诠释乡村振兴战略，核心要义在"战略"，凸显了乡村整体系统可持续发展的战略路径，以广大农民为发展中的战略主体、以土地等农村核心资源要素为中心的战略内容；核心内容在"振兴"，乡村振兴战略是"创新、协调、绿色、开放、共享"新发展理念的集中表现；核心靶向在"乡村"，体现在城乡融合发展、农业农村现代化发展的乡村发展路径。

中国乡村地区分布广泛，乡村要素、资源、环境等千差万别，作为国家宏观战略规划，乡村振兴战略是一张乡村发展的宏伟蓝图，具体到每一个乡村如何落实乡村振兴战略，就体现在每个乡村因地制宜的施工图与时间推进表。而因地制宜的乡村振兴战略实施应以广大农民的生产生活实际为主要关注点，以广大农民为重要参与主体，无论是自上而下的行政干预，还是自下而上的自发回应，都不能脱离乡村振兴战略的设计初衷。

（二）农户旅游生计对传统村落乡村振兴的推动作用

毋庸置疑，传统村落乡村旅游化村庄在推动乡村振兴战略的过程中，农民生产生活需求、乡村旅游产业发展需求是两大核心关注点。旅游化是传统村落乡村旅游地乡村振兴战略的核心特色与实践路径。上文已阐

---

① 新建村是 2019 年年度重庆市市级乡村振兴示范村。中共中央统一战线工作部对新建村以民族乡村旅游推动乡村振兴的经验进行宣传，详尽内容参见《重庆市黔江区高质量打造"少数民族特色村寨"示范样板以传统文化助推乡村振兴》。

述农户生计对乡村旅游产业的推动作用，同时农户生计对乡村振兴战略在传统村落乡村旅游化村庄的落地实践具有重要的推动作用。

农户旅游人力资本与乡村人才振兴、农户旅游资源资本与乡村生态振兴和乡村文化振兴、农户旅游社会资本与乡村组织振兴，三对关系紧密对接，并共同支撑乡村产业振兴。农户生计所依托的乡村旅游产业是乡村产业振兴的重要途径，而农户金融资本又是乡村振兴五位一体的重要资金支撑。可见，在逻辑关系上，农户旅游生计对乡村振兴具有直接推动作用。

新建村在落实乡村振兴战略的过程中，以乡村旅游为抓手，以农户生计为支撑点，进行了因地制宜的乡村旅游村庄振兴实践探索。主要体现在以下几个方面。第一，乡村的人才振兴、脱贫攻坚培训的主体内容是乡村旅游技能，主要群体是乡村旅游经营者。土家十三寨依托位于黔江城区的重庆旅游职业学院，接受每年不少于两期的乡村旅游培训。第二，乡村生态环境整治方面，在满足国家基本要求的情况下，均突出地围绕乡村旅游发展需求进行乡村公共生态环境整体提升。第三，乡村在落实"一对一帮扶"工作时，也注重积累乡村农户社会资本，围绕乡村旅游，建立以乡村旅游社会资源网络促进乡村组织振兴的帮扶思路。第四，乡村在进行县级、省级非遗申报时，注重农户旅游资源生计提升的目的，以此为支撑点推动乡村文化集群振兴。第五，结合乡村旅游受众面广、服务农户生计能力强的特点，乡村在进行乡村产业多样化规划时，注重"乡村旅游+"的发展思路，以农业、烟草等为基础发展乡村旅游，以乡村旅游促进原有传统产业的提升，目的是推动乡村旅游化产业集合的振兴。

第四章

精英效应：新建村乡村旅游化的裂变机制

农村家庭联产承包责任制，尤其是社会主义市场经济制度确定以来，乡村劳动力等要素向城镇转移，乡村也在城镇发展需求的刺激下，产生了更多发展空间，促生了一批乡村精英。传统村落乡村在市场经济辐射蔓延、村民自治，以及传统宗族势力影响过程中产生了经济精英、宗族精英和基层干部三类乡村精英。这是传统村落部分乡村劳动力城镇化迁移后，剩余乡村居民中对乡村发展具有重要引导作用的群体。经济精英、宗族精英、基层干部三者之间存在不可剥离的行动者网络关系，他们之间的多元协同成为传统村落乡村发展的新合力。在传统村落乡村旅游化过程中，乡村精英处于转译和被转译之中，他们不断努力把其他行动者的问题和兴趣用自己的语言转换出来，不但从产业经济方面引导和示范着乡村旅游产业的发展，其影响力还推动了乡村要素属性的旅游化转变。本章重点研究传统村落三类精英是如何发挥示范引领作用，利用资源和优势，推动乡村旅游化转型发展的。

第一节 经济精英：乡村旅游化中的形成与示范作用

乡村经济精英是家庭联产承包责任制，尤其是社会主义市场经济制度建立以来，农村社会结构转型过程中产生的重要群体，他们借助自身优势或环境机遇，在传统乡村产业领域，或外来产业融合发展过程中崭露头角,在经济获取方面取得显著价值增量。与外出务工、外出经营的经济成功人士不同,乡村经济精英的本土化更加明显,在乡村发展中的影响力更加强大,对乡村发展的贡献度更加凸显。传统村落乡村旅游产业的发展必然伴随新生经济精英群体的诞生,他们在乡村旅游产业发展中形成,又反作用于乡村旅游化的转型发展。

一 传统村落乡村旅游发展中新经济精英的形成

乡村经济精英一般是指本村村民中经营某种经济业态,获得较高的经济收益,产生明显的经济带动的精英群体。乡村经济精英的经营范围应是在本村地域内,或者虽然突破本村地域界限,但本人依然主要在本村范围内生产生活。长期以来传统村落乡村精英一直延续存在,他们集中于涉农产业、农户加工服务业等方面。在旅游业向乡村渗透,与乡村原有经济产业结构发生碰撞融合后,乡村经济精英的活动范围也逐渐向乡村旅游领域蔓延。

(一) 新经济精英

研究过程中,以对新建村村委会、村民调研的形式进行新建村新经济精英的界定,把两个调研结果的交集认定为新经济精英。与中国大部分乡村相似,在乡村旅游进入新建村之前,新建村的精英群体一般是传统农业大户、基层干部和宗族势力,他们之间有的相互分离,有的彼此重合,有的既是传统农业大户的经济精英,又是村委会主任等村干部,甚至还是宗族势力的代表。在乡村旅游萌芽之后,新建村经济精英的组成被打破,新经济精英依靠乡村旅游迅速成长,而他们又借助积累的社会网络资源推动乡村旅游化转变。

20世纪八九十年代,在中国有一批乡村的旅游产业是因旅游者的零散需求、零散进入而萌芽,并逐渐打开乡村旅游市场。这些乡村中那些具有热情、主动性格,能为游客提供必要帮助的草根村民,成为游客心中的关注对象,在游客的一手关照下,他们成为该村新旅游经济精英。[1]这种情况在国家旅游政策介入乡村地区之前零星出现,但是进入21世

---

[1] 朱璇:《新乡村经济精英在乡村旅游中的形成和作用机制研究——以虎跳峡徒步路线为例》,《旅游学刊》2012年第6期。

纪，随着国家对城乡协同发展、乡村产业多样化、农业多功能化的政策带动，更多村庄的乡村旅游产业以自有资源、技能和国家政策为带动，形成比较优势，从而进行日常化、规模化经营，最有代表性的是农家乐、民宿、采摘园等"农业+旅游"形态。那些积极参与到这一新生产业过程的乡村居民，成为村庄内第一批依靠乡村旅游形成的旅游经济精英，这也是乡村社会分层的新阶层和重要组成。

2013年之前新建村的经济精英主要是农业种植大户，以及包工头、蔬菜水果批发等服务农户生产生活的村民。与其说他们是乡村经济精英，不如说他们是新建村少有的未脱离乡土，或外出务工的青壮劳动力。因没有其他非农产业支撑，新建村并没有出现优势明显、影响力广泛、带动作用强的典型经济精英。但又因为新建村是小南海旅游景区的毗邻村庄，相对其他村庄而言，新建村村民在服务小南海镇旅游产业发展中具有明显优势。对于旅游经济精英而言，当时处于潜在乡村旅游化阶段的新建村只有两家与乡村旅游有关的农户，一家经营农家乐客栈，一家经营农家乐餐饮。这两家农户原本的经济能力相对较强，具有一定的经济积累，投入农家乐发展之后，处于保本经营、偶有盈余的状态。

2013年之前新建村经济精英零散且优势未显，2013年之后新建村的经济精英相对较为集中且有相对明显的优势。新建村的经济精英主要集中在烟叶种植经营、建筑施工、乡村旅游三个方面。烟叶种植主要受益于该村所在的黔江区卷烟厂，该烟厂是黔江区财政的重要来源，得到黔江区政府的高度重视，烟草产业上下游相关环节为当地乡村百姓带来显著的经济收益。新建村有超过1/3的农户种植烟叶，为该村的烟叶收购、销售提供了空间，为烟叶经济精英提供了经营平台。建筑施工是新建村部分村民传统的生计来源，近年来该村发展乡村旅游，农户住房整修改造，为这些建筑施工手艺村民提供了经营渠道。再加上近年来国家扶贫开发政策的落地，村庄贫困户住房建设、公共道路建设等也为建筑施工手艺人成为经济精英提供了条件。新建村土家十三寨从建设到运营过程中产生了3—5位经济精英。有7户借助小南海旅游景区、土家十三寨游客的需求，经营农家乐、体验采摘等，成为村委会和村民视野中新的旅游经济精英。

2017年土家十三寨成功创建国家AAAA级旅游景区以来，尤其是

2018年小南海旅游景区旅游经营活动被叫停之后，新建村借助成熟的乡村旅游产业的发展，乡村旅游经济精英成为该村经济精英的主体，而这些旅游经济精英中有的是新生经济精英，有的是由其他行业兼营旅游，或者完全转行旅游的传统经济精英。如今，新建村虽然处于基本成熟旅游化阶段，但是限于乡村旅游的淡旺季差异，该村旅游经济精英并没有将全部精力投入乡村旅游中，而是通过多种手段维持常态化经济获取。值得注意的是，如今新建村旅游经济精英只占村寨农户的极少比例，大部分农户依然通过外出务工获得主要的生计来源，而在自己的空闲时间进行乡村旅游经营，或者把这部分经营活动留给妻子或父母。2018年以来，受小南海旅游经营活动禁止营业的影响，一些市场资金被挤出，逐渐流向附近的新建村，使新建村乡村旅游外来资本主体和经营者逐渐增多，他们虽然获得了一定的旅游经营收益，但是不在本章的研究范围内，第五章将集中对该群体进行研究。

（二）创新精神

中国乡村农户本有的吃苦耐劳的劳动精神是他们维持生计的基本条件，而除此之外，农户中的经济精英还具备积极的创新能力。勤奋劳动、勇于创新是中国乡村地区经济精英产生的强大支撑。创新是对旧事物的改造和新事物的创立，是生产手段的组合，即对生产原材料和生产方式的创新应用。[1]

传统村落乡村经济精英的创新是在乡村发展过程中，那些具有创新突破精神的村民为了个人、家庭或者村庄的发展变化，运用自有资源，广泛吸纳其他可用资源，并进行资源的最优化配置，从而获得个人、家庭或者村庄经济的快速发展，产生一定的影响力和示范作用，并使其他村民参与其中，成为发展要素或创新动力，从而推动村庄的整体发展。在乡村旅游向传统村落乡村渗透的过程中，传统村落乡村发展本身就面临一些新的外来要素，或者说是乡村旅游与原有乡村要素碰撞后产生了新的生产生活场域，这为潜在经济精英创造了基本的创新条件。那些善于开拓创新的村民积极搜集这些创新要素，并开始将其嫁接到自身已有

---

[1] ［美］约瑟夫·熊彼特：《经济发展理论》，何畏等译，商务印书馆1990年版，第73页。

的优势资源（包括技术技能）上，在宽松的政策条件、广阔的市场环境和明显的比较优势下，逐渐发展为旅游经济精英。可见，相对于原始创新，传统村落乡村旅游地旅游经济精英的创新是次第创新过程。

通过对新建村村民的调研发现，2013年之前的新建村，虽然还没有乡村旅游的轮廓和雏形，但是就当初的两个乡村旅游业态来看，创新精神的作用依然非常明显。新建村农家乐餐饮和农家乐住宿的本村经营者还不能被称为旅游经济精英，他们还处于使用已有资本积累进行乡村旅游开拓的初始阶段，但是他们已经通过创新精神获得了一定的政策、文化、信息、区位方面的优势，能很好地支撑他们接下来的持续发展。农家乐餐厅是有传统土家厨艺的村民根据自己的餐饮技能建立起来的，依靠临近小南海旅游景区的优势，获得了一定的口碑，并占据了一定的区位优势。新建村农家乐住宿的名字取为"土家驿馆"，是典型的民宿格局，由村里能人自发组织，两户村民参与出资和经营。"土家驿馆"的本村经营者虽然没有因此成为旅游经济精英，但是"土家驿馆"占据的优越地理位置、已积累的文化广告效应为其后续发力提供了坚实支撑。

2013年以来，尤其是2017年土家十三寨创建国家AAAA级旅游景区之后，新建村已经在政府带动下形成了乡村旅游的基本轮廓，并有了一定的经营基础。无论是新建村乡村旅游的政策带动起始阶段和初步发展阶段，还是当前的基本成熟阶段，无论是以政府出资为主体的土家十三寨，还是以农户独立出资建立的农家乐餐饮、住宿、采摘等旅游产品，有开拓精神农户的创新要素均发挥着重要的驱动作用。土家十三寨是政府牵头，在原有十三个土家寨子的基础上，打造的一处土家文化博物馆。农户的创新体现在传统文化创新和旅游经济形式创新两个方面。农户为土家文化博物馆提供了大量的传统文化场景与素材，形成了传统文化鲜明又具有创新色彩的旅游承载物。在政府牵头的土家十三寨设计建设过程中，精英农户主动参与，创新性地将农户零散的乡村旅游经营设想加入土家十三寨的规划建设中，将政府行为与农户发展紧密联系起来，成就了当前新建村的旅游经济精英。

参照更为成熟的西江千户苗寨，考虑未来新建村创新驱动如何持续。西江千户苗寨已经发展为成熟旅游化村寨，回顾其发展历程，不难发现西江千户苗寨乡村旅游经历了从专家探索到政府引导，再到市场主导的发展过程。1982年美国人类学者路易莎的贵州调研和2007年余秋雨《用美丽回答一切》的考察笔记为千户苗寨的开发奠定了重要基础，也成为千户苗寨政府主导开发的直接原因。① 在政府主导开发初期，村寨农户参与得并不明显，但是政府开发形成基本框架后，农户参与的积极性开始高涨。精英农户通过参与千户苗寨政府建设，或者通过乡村旅游自主精英项目，获得了一定的经济收益，并通过旅游产品创新、旅游经营形式创新、参与政府主导经营形式的创新，成为旅游经济精英。旅游经济精英在千户苗寨本地农户经济精英中占据可观的比例，并具有重要的影响力。

（三）社会资本

两千多年的封建体制决定了农村的相对封闭性，改革开放之后，解冻的城乡社会为农村发展提供了资源输出与要素输入的渠道，而这一渠道的获取从来不是均衡的，而是依靠某种或某些社会资本获得的。从某种意义上说，创新开拓和社会资本是中国农村经济精英形成的必备条件。笔者在第三章已经讨论了农户生计资本中的社会资本与旅游社会资本，而相对于一般村民的社会资本而言，旅游经济精英的社会资本具有稀缺性、高附加值的特点。皮埃尔·布尔迪厄认为，社会资本是个人或者组织因自然积累而拥有的持久网络，并被制度化地相互认可。詹姆斯·科尔曼认为，社会资本存在的形式是义务与期望、信息网络、规范与有效惩罚、权威关系、多功能社会组织等五种。相对于拥有社会资本的多少，某人在社会网络中的位置更加重要，而这一位置的决定因素又来自本人的创新精神、资源多寡，甚至是人格魅力。

传统村落乡村旅游经济精英的社会资本是基于已有政治、经济等社会网络关系，根据自有资源和乡村公共资源，借助政策红利而形成的有利于自身或村庄乡村旅游发展的资本要素。在这一过程中，拥有较多社会资本的农户成为乡村旅游领域的核心纽带、重要示范和精准向导，不但服务自身乡村旅游经营发展，还带动农户和村庄乡村旅游发展。进入21世纪，中国乡村旅游发展中政府政策引导增强且效果显著，乡村旅游

---

① 何景明：《边远贫困地区民族村寨旅游发展的省思——以贵州西江千户苗寨为中心的考察》，《旅游学刊》2010年第2期。

政策对传统村落乡村的干预，为乡村经济社会发展创造了新的场域，而这一场域中核心的资源是乡村旅游政策资源，而农户获得该资源的重要渠道即为社会政策（政治）资本。可见，旅游经济精英依靠的社会资本不是新生社会资本，而是基于已有社会资本的衍生关系。

通过对两位最早经营乡村旅游项目的村民调研发现，在2013年之前新建村的乡村旅游产业虽然处于潜在萌芽阶段，但是根据乡村旅游发展规划布局，他们作为拥有社会资本相对较多的农户已经成为当时乡村旅游萌芽阶段的主导者。这两位村民分别具有一定的政治网络关系和市场网络关系，且他们之间形成了重要的网络默契。按照当前拥有较多社会资本的农户的规划，未来因乡村旅游而产生的旅游经济精英当属于该群体内部人员。但是这种理想愿景往往会因为更加公平民主的乡村旅游政策以及后续发展中新生创新群体的出现而破灭。当时存在的农家乐餐饮和农家乐住宿，已经体现出社会资本在乡村旅游经济中的重要作用。规模性农家乐餐饮只有一家，这与经营者的烹饪技能和创新有关，该经营者所拥有的市场网络资源也是一个重要原因。当地两家农户参与到小南海镇牵头的农家乐住宿中，也是因为其原本掌握的社会关系资源。

2013年以后，黔江区政府对新建村的政策倾斜逐渐增多，尤其是2015年黔江区政府推进《重庆市黔江区小南海板夹溪十三寨民族特色村寨保护规划》落地、2016年开始创建土家十三寨国家AAAA级旅游景区、2018年开始建设重庆市市级乡村振兴示范村，这三件事情为新建村带来了大量的政治社会资本，那些政治社会网络关系较强的村民在这一过程中获得了重要的发展机会，取得明显的经济收益。少量的旅游经济精英是通过参与政府主导的土家十三寨的建设以及后续的经营而产生的，他们通过已经拥有的政治网络资源更快捷地获得相关信息，并通过已有的资本积累，参与到初始建设中，自然就获得了后续的经营权，从而成为新的旅游经济精英。这一阶段部分新建村村委会成员成为新生乡村旅游经营者。值得注意的是，若按照社会分层，他们全部都是原本的乡村经济精英，乡村旅游为他们提供了一个新的发展平台。在新建村乡村旅游政策全面落地后，乡村农户获得了更多的发展空间和机遇，拥有较多社会资本的农户参与到第二轮的乡村旅游发展中，他们通过经营农家乐、采摘体验获得了一定的经济收益，成为第二批旅游经济精英。2018年以来，因小南海旅游景区叫停旅游营业活动后，被挤出的市场资本主体开始向新建村土家十三寨附近转移。这些人拥有丰富的经营经验，已经积累了一定的游客资源和行业资源，成长迅速。

新建村乡村经济精英的未来发展，依然以西江千户苗寨为参考。相对于新建村，西江千户苗寨已经度过了依靠政治网络资源启动乡村旅游产业初期发展的阶段，市场网络资源在逐渐发挥更加核心的作用，并有取代政治网络资源的趋势，形成乡村旅游产业中市场主导、政府监督的稳步发展格局。从西江千户苗寨的发展历程来看，三类拥有较多社会资本的农户成为旅游经济精英。其一，西江千户苗寨发展初期，在政府引导和政策倾斜的机遇期，极少数拥有政治网络资本的农户快速占据了乡村旅游产业发展的"制高点"，并获得了乡村旅游政策红利和市场经济红利，成为第一批旅游经济精英。其二，乡村旅游政策在西江千户苗寨全面铺开，政府引导形成较好的公共基础，基于此，一些农户借助已有的社会网络资源开始了乡村旅游经营，获得一定的经济收益，并出现第二批旅游经济精英，但他们主要集中于餐饮、住宿等基本旅游产品领域。其三，在已有传统政治网络关系和市场网络关系的辐射影响下，部分农户通过"口碑""网红"社会资源成为旅游消费者热衷的旅游经营者，成为乡村旅游市场的佼佼者，成为第三批且最稳定的旅游经济精英。

二 传统村落乡村旅游化中经济精英的作用机制

新建村乡村旅游经济精英依靠自身的资源优势和影响力，对乡村旅游产业进行影响和掌控的同时，也深刻影响着乡村旅游化的进程。作为乡村精英中最具有农户个体价值的精英群体，新建村乡村旅游经济精英的主观能动性更强，对乡村经济发展改革的欲望更强烈。他们不断转译来自地方政府、村两委的政策信息、问题难点，形成自己的语言和行为，影响农户、游客、土地、房屋等其他行动者。精英动力深刻影响了新建村乡村旅游化中农村产业结构的调整、乡村要素的功能拓展，进而通过经济功能影响乡村基层政治向旅游化倾斜。

（一）转译政策信息，引导产业结构的旅游化转型

产业结构从属于生产力结构，是生产力结构的重要组成部分。除此之外，生产力结构还包括劳动力结构、分配结构、消费结构等。按照国

际通用产业结构分类标准，产业结构可分为第一产业、第二产业和第三产业。按照国际产业结构调整变化的路径，一般遵循生产资料由第一产业逐渐向第二产业和第三产业聚集，最终发展为第三产业集中最大份额生产资料的格局。生产资料产业间转移促成了产业结构调整，而究其根本在于各产业比较劳动生产率的高低。如果产业的劳动生产率小于1，那么就会产生生产资料外部转移的情况，从而使产业间进行此消彼长的动态调整。有观点认为，产业结构调整的根本原因在于需求结构的变化。该观点从消费者收入变化、消费观念变化等因素出发，利用需求弹性分析需求动态变化情况，并通过恩格尔系数的变化说明消费支出比例的变化，以证明消费对产业结构变化的根本影响。①

传统村落乡村旅游地产业结构变化明显，由以传统的第一产业为主的产业布局，向第三产业倾斜，或者逐步进入一、三产业融合发展的局面。传统村落乡村旅游地产业结构的变化主要表现在生产资料的旅游化转变，包括劳动力、土地等核心生产资料。从宏观视角来看，这一变化与消费者市场有关，还与中国乡村发展宏观政策有关。旅游消费者需求欲望的差异化发展，对乡土回归与本真性回望的情节与动机为传统村落乡村旅游产业发展提供了市场空间。从2015年开始，中央一号文件对农村产业结构调整的宏观布局与规划指导为传统村落乡村旅游产业发展提供了重要的政策红利。而旅游消费者市场与国家宏观政策在传统村落乡村旅游地落地需要乡村内部微观要素的助力，而旅游经济精英是发挥纽带作用、推动产业结构调整的直接因素和关键动能。传统村落乡村旅游地旅游经济精英以旅游产品入手，对传统生产资料进行旅游化改造，进而对传统生产方式进行旅游化调整，以适应乡村旅游产业发展的需求。

根据对村委会人员的访谈，2013年之前新建村的产业结构中第一产业占据绝对体量，并以水稻种植和水产品、家禽养殖为主；第二产业以建筑业为主，零星分布，体量较小；相对于其他村庄，因依靠小南海旅游景区，新建村第三产业有一定的规模，主要集中在零售业、运输业、餐饮业三方面。因处于潜在旅游化阶段，新建村从事零星旅游业的旅游经济精英均来自已有的经济精英，他们对旅游产业虽有清晰的发展规划，

---

① 朱希刚：《农村产业结构调整与农村经济发展》，《农业技术经济》1999年第6期。

但是还未达到一定的规模体量，对现有的产业结构影响甚微。

2013年到2018年之间的新建村，产业结构中第一产业依然占据绝对优势，以水稻种植、烟草种植、水产品养殖为主。第二产业中新建村的木材加工、家具制造及木、竹、藤、棕、草编织具有一定的规模。相对于之前，新建村的第三产业中乡村旅游已经占据一定的分量，形成了以土家十三寨为主体，农户旅游产品经营零散分布的乡村旅游产业格局。新建村的旅游产业中除土家十三寨和农家乐住宿，其他旅游经营均未脱离第一产业的范围，形成第一产业与第三产业融合发展的可持续发展模式。在新建村产业结构调整中，旅游经济精英发挥了关键作用，他们引导、规划并参与了土地流转与非农化转变，为乡村旅游产业发展提供了基本的土地条件。旅游经济精英积极借鉴其他少数传统村落，尤其是土家族聚集区乡村旅游地的规划设计，通过创新设计，借助已有资本积累和社会网络资源，带动乡村旅游产业的规范化起步。这一时间内，经济精英对产业转型的作用是直接推动力，是在黔江区乡村旅游政策实施过程中得到实现的。其中最主要的是《重庆市黔江区小南海板夹溪十三寨民族特色村寨保护规划》（2015年）和2016年开始的土家十三寨国家AAAA级旅游景区创建。对旅游经济精英的调研发现，若不是政府牵头的规划工程与高级别景区建设，他们难以稳定向乡村旅游产业转型的决心，更难以形成方向一致的推动力。新建村乡村旅游精英中，ZGL通过原本承包的农田的经营转型引导带动了9户村民的瓜果采摘项目。TXW通过自家农家乐和民宿在新建村的影响力，形成了新建村农家乐和民宿的经营规范，以及相对一致的产品风格。GJQ则通过社会资本对新建村大型旅游活动的策划、包装、物品供给形成了"一条龙"服务，带动其他农户的参与。

2018年以来的新建村乡村旅游产业已占据一定规模。如今新建村的第一产业依然具有一定的优势，占据最大的比重，以水稻种植、茶树种植、家禽养殖为主。第二产业比重较小，零散分布，以运输业、农产品加工业、建筑装饰为主。第三产业的主体是乡村旅游产业，形成以土家文化博物馆、土家十三寨建筑群、风雨桥为主体，以重要节庆为节点，村内土家寨子连片成群、集中参与的乡村旅游格局。当前，新建村乡村旅游形成一定规模优势，经济精英迅速搭乘相关政策红利，积极参与到规模性的开发建设中,例如风雨廊桥、名人故居、风情街、演出广场均离不开旅游经济精英的推动与示范作用。

(二) 基于利益联盟,推动乡村治理的旅游化转变

家庭联产承包责任制推广以后,尤其是社会主义市场经济体制建立以来,在市场经济的推动下,乡村治理出现明显转变。乡村治理由传统的自上而下的行政管理,忽略农民个人政治权利,向国家行政框架下充分的村民自治,承认并保护农民个人政治权利转变。这种国家行政权与村民自治权的相对分离,为乡村多样化发展、农村治理方式现代化、社会民主化提供了充分的空间,奠定了坚实的基础。[1] 在此基础上,乡村治理与乡村产业经济发展的关系越来越密切,尤其是乡村产业多样化发展的背景下,乡村治理成为乡村产业经济的重要政治资源,乡村产业经济也成为乡村治理影响力的重要基础。

传统村落乡村旅游发展良好的村庄,乡村治理的旅游化倾向也较为明显。这与传统村落乡村充分的村民自治有密切关系。相对于其他地区,中国传统村落乡村治理的灵活性和敏感度较高。无论是何种发展背景的传统村落乡村,都遵循着乡村治理与乡村经济的协调关系,而实现两者之间关系协调平衡、相互促进的关键环节是乡村基层干部(后文详细阐述)和乡村经济精英。他们或同为一人,或分别承担,但往往保持密切的工作关系和个人关系,这是乡村社会整体发展的重要基础,若两者之间彼此分离,则难以形成乡村发展的强大合力。在传统村落发展乡村旅游的村庄中,村委会主任、村支书等基层干部与乡村旅游经营者等旅游经济精英之间也遵循这一规则。值得注意的是,乡村旅游产业经济的灵活性、乡村基层治理的稳定性,决定了乡村旅游经济精英对乡村治理的旅游化影响更直接、更迅速。传统村落乡村治理的旅游化表现集中在,村委会组成人员中乡村旅游经营者比例提高,以及村委会文件内容中关于乡村旅游的比例提高,甚至涉及乡镇政府以及县级或以上政府对村庄乡村旅游专门性政策干预与文件出台的频次提升。

根据对村委会人员的调研,2013 年之前的新建村虽然处于潜在乡村旅游化阶段,但是村庄治理的旅游化倾向开始呈现,具体表现在村委会

---

[1] 于建嵘:《新时期中国乡村政治的基础和发展方向》,《中国农村观察》2002 年第 1 期。

关于村庄未来发展规划中，乡村旅游已经成为重要的发展内容，乡村要素的旅游化转型已经成为支撑乡村旅游产业发展的重要政策意向。当然，那时乡村治理的旅游化转变与旅游经济精英关系不大，仅存的农家乐住宿（土家驿馆）和农家乐餐厅的直接经营者都不是新建村村两委的成员。但是其他领域的经济精英是新建村村两委的重要组成部分，他们潜在旅游经济精英的身份表现得非常明显，在新建村乡村旅游布局实施过程中，将成为重要的经营主体。

相对于2013年之前，2013年之后的新建村乡村治理的旅游化倾向逐渐明显，乡村旅游经济精英的作用也体现得更加充分。新建村村两委中乡村旅游经营者占据一定比重，并经营着优势明显的乡村旅游项目，是典型的旅游经济精英。新建村旅游经济精英对乡村治理旅游化的推动作用体现在两个方面，具体如下。第一，对村庄乡村旅游政策的干预。乡村旅游经济精英充当着村域范围内旅游市场行业精英、旅游政策解读与落地指导专业人士的多重角色，无论是否从事村两委的工作，都发挥着对乡村旅游政策指导与实施布局的推动作用。新建村七位乡村旅游经济精英中，三位是村委会组成人员，借助黔江区对土家十三寨典型乡村旅游地的规划政策文本的权威，使村委会的日常工作不断向乡村旅游倾斜。另外四位，在乡村旅游经营中形成了一定的行业权威，得到了游客的认可，也起到新建村乡村旅游名片的作用，他们在新建村公共事务中的话语权自然无法被取代。第二，对自上而下相关政策的旅游化迁移。作为脱贫攻坚的村庄，新建村从国家到地方，均有相应的脱贫攻坚、民族发展的政策红利，旅游经济精英，尤其是处于村两委的旅游经济精英能充分将政策与乡村旅游进行嫁接，推动系列政策的旅游化迁移。2019年黔江区把新建村作为重庆市乡村振兴综合试验示范区的示范点之一。三位属于村委会成员的乡村旅游精英，按照建设程序，把乡村旅游作为乡村振兴示范点的建设内容，并获得了村委会的认可。

未来新建村治理的旅游化转型，依然可以对比西江千户苗寨。相对于新建村，西江千户苗寨的乡村治理旅游化则更加明显，并且普遍，以至于成为规律性的治理实施过程。西江千户苗寨农户中从事乡村旅游的比例已经突破了30%，这为其乡村治理旅游化奠定了充分的社会基础。西江千户苗寨村两委中超过70%从事乡村旅游产业，且是乡村旅游经营者中的佼佼者，可称为旅游经济精英，他们的双重身份推动着乡村旅游产业发展与乡村治理旅游化之间的协同。在西江千户苗寨，旅游经济精英主导的乡村治理旅游化已经成为常态，并得到村寨农户的普遍认可，因为乡村旅游已经将村寨各群体紧密连接在一起，且促使他们之间的利益最大化。

第二节　宗族精英：乡村旅游化中的传承与治理作用

在乡村旅游化过程中，因传统文化资源的价值发现，文化精英蜕变为乡村旅游化的产品创新者和精神引导者，其中宗族文化尤其突出，而宗族精英是宗族文化的传承者，并以此为治理工具影响乡村公共治理。在中国乡村经济社会发展中，宗族势力始终是文化精英的重要组成部分。宗族是基于家庭又超越家庭的亲属团体。宗族势力介于自上而下的国家行政干预与自下而上的村民自治之间，通过宗族文化、宗族群体、宗族信仰等影响着乡村治理的效率。宗族制度是宗族内部管理的基本准则，是宗族成员的公约，也是村民自治重要的制度来源。关于宗族参与乡村治理的研究中，对宗族势力的看法褒贬不一，但在政策话语的引导下，乡村宗族文化重建成为学术界较为盛行的话语倾向。相对于其他地区，中国少数传统村落宗族精英的传承与发展，以及对乡村整体发展的影响依然是值得关注的治理问题。在传统村落乡村旅游地，宗族精英影响着乡村旅游产业发展、乡村要素参与乡村旅游的方式，以及乡村旅游化的整体进程。

一　传统村落乡村旅游发展中宗族精英的传承发展

追溯历史，国家行政长期止于县级，乡村发展主要依靠乡绅和宗族势力的联合治理。这种国家行政与乡村治理之间的互补被费孝通称为"双轨政治"。[①] 中华人民共和国成立后，宗族势力对乡村的影响力逐渐减弱。从1949年到1978年，在国家对乡村发展的绝对控制之下，宗族势力

---

① 费孝通：《乡土重建》，岳麓书社2012年版，第46—47页。

从"正式治理者"迅速转变为"非正式影响者"。改革开放之后，社会主义市场经济体制的建立解放了农村生产生活资料，在农村市场化转型与村民自治的强化过程中，宗族势力的影响逐渐复兴。相对于其他地区，传统村落乡村宗族精英的传承与存在更为明显。在传统村落乡村旅游化过程中，宗族精英是乡村旅游治理的组成部分，也因乡村农户的宗族心理认同和宗族文化自信，深刻影响着传统村落乡村旅游化进程。

（一）旅游焕发的宗族文化

虽然改革开放以来宗族影响得到一定程度的恢复，但是宗族文化、宗族建筑、宗族祭祀等宗族存在的软硬件载体依然破败，与中华人民共和国成立之前的宗族载体相比，存在较大差距，在此基础上的宗族认同也相对松散。在宗族研究最为集中的两个领域，社会史和社会人类学分别从宗族的形成、流动与变化和宗族内部功能、运作机制等方面对宗族问题进行研究。其中，从社会史关于宗族流动与变化的研究中可见，宗族变化与国家制度变迁和治理结构、产业发展与地理位置有明显的因果关系。[1][2]从社会人类学关于宗族内部功能与运作机制的研究中可见，来源于亲缘情感和乡土认同的宗族对农户的生存、凝聚、教化、互助、自治产生深远影响。[3]恩格斯在《家庭、私有制和国家的起源》中说："同氏族人必须相互援助、保护，特别是在受到外族人伤害时，要帮助报仇。"[4]

有研究认为，中国当前宗族势力和影响力呈现从北向南逐渐增强，从汉族聚集区向边远少数民族聚集区逐渐增强的格局。在民族自治、产业单一、边远隔离等因素影响下，传统村落乡村宗族精英和影响力较为明显，对乡村发展的积极和消极影响也更加明显。乡村旅游的差异性与独特性需要乡村特色文化、景观的支撑，这为传统村落乡村宗族复兴中软硬件的重构提供了合理性依据。乡村旅游引导的乡村要素回流与价值

---

[1] ［英］莫里斯·弗里德曼：《中国东南的宗族组织》，刘晓春译、王铭铭校，上海人民出版社 2000 年版，第 161—167 页。
[2] 麻国庆：《家与中国的社会结构》，文物出版社 1999 年版，第 11 页。
[3] 吴祖鲲、王慧姝：《文化视域下宗族社会功能的反思》，《中国人民大学学报》2014 年第 3 期。
[4] ［德］弗里德里希·恩格斯：《家庭、私有制和国家的起源》，人民出版社 1972 年版，第 84 页。

提升，也为农户的宗族情感与宗族认同提供了物质基础。一般而言，以"少数民族"为优势支撑的传统村落乡村旅游地均有民族宗族文化、民族宗族建筑，甚至宗族景观的呈现。在乡村旅游产业需求和旅游消费者购买欲望的共同作用下，传统村落乡村旅游地的宗族软硬件要素，以支撑农户生计和收入来源的方式，逐步达到宗族复兴的效果。基于乡村旅游复兴的传统村落乡村宗族势力中，最具影响力和话语权的依然是宗族长者等传统核心人物，另外，对宗族复兴起到重要作用的乡村旅游经济精英和基层村干部，也成为宗族势力的重要组成部分。

对新建村的历史沿革进行梳理，该村主要是由十三个土家族寨子组成，每个寨子都有最核心的宗族长者，每个土家族寨子均有自身的宗族活动范围。对新建村村民的调研得知，2013年之前的土家族宗族存在的基础较为薄弱，土家族宗族的影响力非常浅淡。这与大量农户外出务工，乡村产业单一凋敝有密切关系。在对土家族农户的访谈中发现，他们对宗族的情感依然浓厚，但是迫于生计，只能以生产生活为先，宗族归属仅当作一个心灵寄托。新建村宗族层面最大的寨子是谈家寨，20多户人家，土家生活场景保留较为完整，但农户以外出务工为主，宗族活动仅在春节、清明、中秋节庆活动时小范围开展。虽处于潜在乡村旅游阶段，但是那时新建村的乡村旅游规划中的核心旅游承载物均来自传统宗族符号，例如，吊脚楼、土家摆手舞等传统宗族建筑与宗族歌舞活动。乡村旅游提升了宗族要素的多功能性，尤其是凸显了宗族要素服务农户生计的功能，这成为新建村宗族复兴的重要因素，而组织策划乡村旅游的基层村干部等也将成为新的宗族精英。

2013年之后的新建村，在依靠传统文化形成乡村旅游起步格局之后，乡村旅游对宗族势力的影响已经开始呈现。调研发现，新建村的民族宗族基础相对薄弱，在国家政治体制与市场经济对新建村民族宗族的冲击下，新建村民族宗族要素所剩无几。但是，当初在进行乡村旅游规划时，村干部和村民代表的宗族情感和乡土情结依然表现得非常强烈，所以，饱含浓郁宗族元素的土家十三寨也就顺利落成了。在乡村旅游的带动下，土家十三寨的宗族元素逐渐凸显，成为该村乡村旅游的重要旅游吸引物，而参与宗族元素规划、解说的村民成为新的宗族精英，在这一过程中，也提高了传统宗族领袖的参与度。尤其是2015年黔江区政府推进《重庆市黔江区小南海板夹溪十三寨民族特色村寨保护规划》落地、2016年开始创建土家十三寨国家AAAA级旅游景区以来,村民更加意识到乡村旅游中宗族元素的重要性,进一步焕发了宗族文化的魅力。2018年以来,新建村一度出现"过度旅游"的现象,但是不可否认乡村旅游为新建村土家民族宗族元素的传承提供了平台,对新的宗族精英与传统宗族头领的角色与定位起到积极的影响。新建村拥有20余户人家的谈家寨,在土家生活场景的旅游定位下,其宗族文化符号成为吸引游客的重要因素,由此带动下,谈家寨开始整理谈家族谱,呈现更具有历史性与原真性的谈家宗族文化。

(二) 宗族的血缘关系与文化认同

宗族势力的影响力和凝聚力主要来自宗族成员的血缘关系与文化认同。而宗族势力的大小又影响着宗族成员的生计能力与生计方式。冯尔康等认为,"宗族"是对"家庭"的扩展,是基于男性血缘关系的人的组织,并遵循一定的宗法、共识与文化认同。[①] 从血缘与文化认同的角度定义宗族,可以将其分为狭义宗族与广义宗族两类。狭义宗族即"低层次家族",是指通过婚姻或血缘关系形成的家族集群,他们有着共同的生产生活方式,有相似的经济基础与文化信仰,并共同聚居形成一个紧密共同体。广义宗族即"高层次家族",是指从同一低层次家族中分化出来的若干相对独立的低层次家族,从原有家族中剥离出来,基于共同生产、共同信仰和文化认同,以某种方式与原本家族结合形成的亲属集团,他们是非聚居的、相对松散的共同体。[②] 在中国传统"小农经济"的社会结构中,基于血缘与文化认同的宗族势力对农村的发展影响深远。

中国传统村落分布广泛,宗族传统多种多样,但"血缘亲属"和"文化认同"同样是宗族群体形成的两个基础要素,而"血缘亲属"又是以姓氏为外在表现形式,形成的父系"世系"关系网络。相对于其他地区,中国少数传统村落文化认同保持相对完整,集中体现在生产生活方式中。虽然宗族是一个高度抽象并呈现系统整体的社会关系,但是传统村落宗族的具体表现与要素组成是乡村旅游的重要载体和"元"旅游资

---

① 冯尔康等:《中国宗族社会》,浙江人民出版社1994年版,第7—10页。
② 钱杭:《宗族建构过程中的血缘与世系》,《历史研究》2009年第4期。

源。在乡村旅游发展的场域中，传统村落乡村宗族的血缘关系和文化认同得以激发，并形成或焕发宗族群体的实力与影响力，在这一过程中传统宗族长者的地位也重新获得认可。

当前宗族势力在一些民族村寨的影响力依然强大，例如贵州的高增村。该村三个寨子均有基于血缘关系和文化认同形成的"寨老""罗汉头"等宗族代表，他们在侗族宗族文化传承中持续存在着。他们主持参与侗族宗族祭祀、节庆等主要活动，参与高增村重要的公共事务决定。但是为了追求更高效率的生产生活方式，"寨老"和"罗汉头"等也纷纷进城务工，放弃主持民族宗族活动和参与村内事务。在主流文化与侗族文化碰撞、血缘亲属与更广阔的社会网络关系的对比中，侗族宗族文化认同与血缘亲属关系逐渐淡化。调研发现，虽然高增村宗族头领以外出务工为主，但是每逢宗族节庆，他们都会返回村庄，从形式上满足内心对宗族文化与血缘关系的初始情感。操持相关宗族活动的是极少数留村的宗族头领与普通宗族成员，他们以传统的方式重复着侗族宗族活动。

新建村村容村貌与农户生产生活中的宗族色彩相对淡薄，没有像高增村"寨老""罗汉头"似的宗族头领，只有谈家寨、何家寨等以姓氏串联的农户聚居，也少有大型的土家族宗族活动。但是在乡村旅游活动中，新建村土家族宗族色彩比高增村浓郁，这些乡村旅游活动的参与主体、活动内容来源于血缘关系和文化认同，但又不限于此，更多基于乡村旅游发展的需求。在新建村，乡村旅游对基于血缘关系和文化认同的宗族势力和影响力起到积极的推动作用。乡村旅游业促进了土家族宗族成员对血缘关系和文化认同的关注，引导宗族成员回归宗族，也为土家族宗族头领与新的宗族精英的产生提供了基础条件。

相对于宗族色彩浓郁而宗族精英离场的高增村，宗族色彩淡薄而宗族精英在乡村旅游中充当重要角色的新建村，西江千户苗寨更像是两者优势的结合，既有浓郁的苗族宗族色彩，也有苗族宗族精英的操持参与，而宗族精英的产生与发挥作用的基础来源于血缘关系与文化认同。当前，西江千户苗寨"过度旅游"现象明显，尤其是在旅游旺季，在乡村旅游要素无限引入和乡村旅游经营者大量流入的背景下，脱离苗族文化与传统"本真性"的乡村旅游市场行为大量存在。在民族乡村旅游理性回归过程中，必然要求基于血缘关系与文化认同的宗族群体作用的发挥，其中最核心的依然是传统的宗族头领。

二 传统村落乡村旅游化中宗族精英的推动作用

文化精英对某一区域内的人们的生产生活方式、区域整体经济社会发展、公共治理等的影响一直存在。无论是明清时期宗族精英影响力的鼎盛时期，还是从中华人民共和国成立到改革开放之间宗族势力的没落时期，宗族势力均以"正式身份"与"非正式身份"存在着。传统村落相对单一的产业结构与相对偏远的地理位置，使宗族氛围更加浓重，在充分民族自治的政策框架下，宗族精英的关注范围与影响力都不容忽视。乡村旅游进入传统村落农村，为传统宗族群体和宗族精英参与乡村产业发展与乡村治理开辟了一个新的场域，也考验着宗族精英的影响能力。无论是传统村落乡村传统宗族精英，还是基于乡村旅游产生的新的宗族精英，在行动者网络中不断转译来自地方政府、村两委、其他精英的政策、信息、资源和问题，并通过自己的语言和行为呈现出来，再转译到传统文化、宗族文化、农户、其他精英等其他行动者。他们对民族要素的旅游化转型以及乡村旅游化的有序稳定推动发挥着积极作用，当然他们的血缘关系与文化认同也对乡村旅游化产生着本真性要求与"发展阻碍"的双重影响。

（一）接受其他行动者征召，推动宗族要素和传统文化的旅游化转型

乡村传统要素的凋敝与外在的市场经济和城乡二元有关，也与内在的产业单一、功能封闭有关。2002 年以来统筹城乡经济社会发展，在政策口径赋予乡村更多的发展空间，乡村产业多样化、农业多功能发展得到一定程度的发展。2015 年以来，中央一号文件连续提出促进农村产业结构调整，为农村产业布局提供了发展蓝图。党的十九大提出乡村振兴战略，在五大振兴要素中，与宗族要素关联密切的乡村人才、乡村文化、乡村组织得到空前重视。作为乡村发展不可忽视的元素，宗族要素对乡村振兴的作用需要通过其功能的多方面拓展得到实现。宗族要素内容众多，涉及乡村发展的方方面面，乡村振兴战略规划的落地实施，乡村全面振兴的效率实现都需要宗族要素的参与，取其精华、去其糟粕，通过多功能拓展，提高宗族要素的贡献度。

在乡村振兴战略背景下，传统村落乡村的客观现实更多表现在产业

相对单一、人才相对封闭、文化差异独特、生态环境良好、组织内生自治。在乡村产业与传统村落乡村结合之前，传统村落乡村宗族要素的功能相对单一，主要服务农户的精神文化生活，对农户的物质生计和乡村经济发展影响甚微。在乡村旅游介入之后，传统村落乡村传统宗族头领和新生宗族精英将宗族要素与乡村旅游结合，保留宗族要素传统功能的同时，积极拓展其旅游功能，促进其旅游化转型。从参与式发展的角度看，传统村落乡村宗族精英将宗族要素进行旅游化转型体现了农户的主体地位，在促进多功能发展的同时，促进宗族要素的传承与创新。有研究者认为，宗族要素参与乡村旅游会导致其"本真性"的消失，但是笔者认为，将宗族要素剥离于经济产业，不利于宗族要素的传承，这一过程应该发挥宗族群体的自主性与创造性。

新建村民族符号与宗族符号存在较大的相似性，何家寨、谈家寨等村寨基本围绕传统文化符号形成各自村寨的宗族符号。2013 年之前的新建村土家宗族要素保留较为完整，宗族要素服务于农户生产生活的功能基本得到保留，但在市场经济的要素支配下，宗族要素的传承与创新依然是不可回避的问题。在初期新建村乡村旅游规划中，土家宗族首领等也参与其中，对宗族要素的旅游化转型发挥了重要作用。当时新建村传统宗族精英在进行宗族要素的旅游化转型规划时，体现出理性发展与宗族认同的双重精神。他们认为，吊脚楼应是乡村旅游中核心的旅游物质载体，土家宗族祭祀与节庆活动应是乡村旅游中核心的旅游文化载体，从推动这两个要素的多功能旅游化转型入手，持续挖掘其他宗族要素，通过乡村旅游促进宗族要素的传承。

相对于此，2013 年之后的新建村，虽然民族宗族要素保留较不完整，但是通过乡村旅游挖掘民族宗族要素，并迅速进行旅游功能转化，以此带动宗族文化的复兴。在这一过程中，乡村旅游催生的新生宗族精英发挥着重要的作用。对新建村宗族代表的调研发现，在新建村乡村旅游发展初期进行宗族要素搜集时，传统宗族头领基本已经无人承担，但是宗族成员对宗族要素依然可以进行回顾与呈现。作为新建村乡村旅游规划的重要旅游吸引物，迫切需要选取宗族精英进行相关宗族旅游工作的处理，新生宗族精英顺势产生。通过近年来乡村旅游的发展，新建村新生宗族精英逐渐承担起农户宗族活动的组织和游客宗族旅游的服务双重工作。尤其在土家十三寨创建国家 AAAA 级旅游景区之后，新生宗族精英的不可替代性更加明显，他们在村内事务的话语权更加凸显，在经济收益的效率上更胜人一筹。

相对于新建村，在西江千户苗寨 30 余年乡村旅游发展过程中，宗族精英对宗族要素的旅游功能拓展和旅游化转型发挥着更加重要的作用。西江千户苗寨乡村旅游的发展起因便是苗族色彩与宗族文化，在乡村旅游规划之初，传统宗族精英便参与进来，但主要充当的是"苗族宗族专业技术人员"的角色。在这一过程中，传统宗族精英完成了对苗族宗族要素的搜集与部分要素的旅游功能拓展工作。随着乡村旅游产业的发展，宗族要素充当的角色逐渐增多，重要性逐渐增强，传统宗族精英难以应对宗族要素进一步旅游化转型，新生宗族精英顺应乡村旅游的需要成为乡村旅游重要的利益相关者，他们在促进宗族要素的传承与旅游功能创新方面发挥着积极作用。

（二）依托治理优势，推动乡村旅游化有效治理

关于乡村治理的政策文本与学术研究已形成一定的基础，并对乡村治理的实践具有重要的指导作用。在乡村振兴战略背景下，乡村产业的多样化、农业的多功能发展，乡村治理中的合作共治与"软治理"成为学术界追寻的方向，乡村善治与治理有效成为政府政策与学术话语追求的理想结果。[①] 合作共治中的参与主体既包括乡村基层行政组织成员，也包括农户村民，而农户村民的代表性由乡村精英进行体现。乡村精英根据不同乡村的发展情况，由不同的人员组成，但无不是围绕"农民""产业"等核心要素的精英人员。在乡村精英的参与下，传统自上而下的单一主体的"硬治理"被迫进行调整，向自上而下、自下而上，多元参与的"软治理"转型。而乡村治理的有效治理意在促进乡村稳定与高质量发展。但何谓高质量发展，内涵不一，且受到多方面挑战。

在传统村落乡村旅游化背景下，乡村精英中宗族精英是一直传承延续的重要组成部分。他们通过宗族势力在同宗族成员中具有重要的代表作用。在乡村旅游介入之前，宗族精英组成单一，且对乡村治理的影响

---

① 付翠莲：《乡村振兴视域下新乡贤推进乡村软治理的路径研究》，《求实》2019 年第 4 期。

范围仅限于农户生产生活等形式化层面。在乡村旅游介入之后，宗族精英的组成不但有传统宗族头领，还有新生宗族精英，对乡村治理的影响不但停留在农户生产生活的表层维度，更通过推动乡村要素，尤其是宗族要素的旅游化转型与多功能拓展，深刻影响着农户的生产生活水平，从而在产业发展、成员稳定、社会秩序等多方面推动乡村旅游化治理有效。

对新建村村两委和部分村民的调研发现，新建村宗族精英影响村庄公共治理的现象普遍存在。在新建村乡村旅游产业导入到发展成熟的过程中，宗族精英一直通过非正式，但不可或缺的存在形式影响新建村各种要素的旅游化转型。2013年之前的新建村处于潜在旅游化阶段，在乡村治理主体中，有传统宗族头领的参与，并代表宗族成员发挥重要影响力，但是仅停留在乡村传统公共事务与农户生产生活的表面形式层面，还没有通过宗族要素或乡村要素的旅游化推动乡村深层次公共治理的经验，更没有通过乡村旅游催生的新生宗族精英。新建村传统土家族宗族头领的影响力较为有限，他们仅通过农户的生产生活仪式活动影响乡村公共治理，在乡村公共治理体系中作用甚微。

2013年之后的新建村，乡村旅游辐射面逐渐扩大，宗族精英在宗族要素旅游化方面逐渐发挥更为重要的作用，在后续宗族旅游项目经营过程中新生宗族精英也发挥重要的引导作用。当前，随着乡村旅游产业发展以及乡村旅游化的持续推进，新建村传统宗族头领和新生宗族精英通过乡村旅游参与乡村公共治理的频次和作用有明显提升。他们不但推动宗族要素的旅游化转型，还对旅游化的秩序发挥重要的监督作用。土家十三寨创建国家AAAA级旅游景区之后，随着土家十三寨等旅游项目在乡村发展中功能作用的提升，新建村传统宗族头领和新生宗族精英将获得更宽广的乡村公共治理空间，推动乡村旅游化的有效治理。当前，土家十三寨已经成为小南海镇，抑或是黔江区对外宣传的名片，更是新建村名副其实的产业代表、形象代表，在新建村公共治理中占据主体角色，新建村大量的公共治理事项与其相关。宗族精英，尤其是新生宗族精英在参与土家十三寨发展过程中，自然推动了新建村乡村旅游化的公共治理。

相对于新建村，20世纪80年代，在乡村旅游介入西江千户苗寨之前，传统宗族头领在乡村公共治理中的作用已有一定的体现，但是限于改革开放初期，宗族势力尚未得到全面恢复，再加上市场经济体制下，农户外出务工，乡村发展凋敝，宗族头领在推动乡村发展与农户生产生活水平提升方面的作用依然不明显。在乡村旅游介入西江千户苗寨之后，尤其是在目前乡村旅游化成熟阶段，宗族精英借助宗族要素的旅游化转型，在乡村公共治理与农户生产生活中的作用得到明显提升。西江千户苗寨有超过30%的农户从事乡村旅游产业经营，而传统宗族头领家庭成员与新生宗族精英几乎全部被包含在内，他们一方面通过参与乡村公共治理获得更多话语权，为本宗族成员争取政策红利；另一方面，通过对宗族群体的影响力推动乡村旅游化，维持乡村旅游化过程中，乡村公共治理的有效善治。

另外，传统村落乡村宗族精英通过对宗族要素的"本真性"要求，维护宗族文化的有序传播和有效传承。他们通过宗族群体的文化认同和默契共识，明确哪些宗族要素可以进行旅游化转型，哪些宗族要素必须维持原生状态，且不易被传播表现。对乡村旅游产业发展而言，短期来看，宗族精英的影响是两面性的，但是对乡村旅游化的整体发展进程而言，宗族精英的影响是积极且可持续的。

第三节 基层干部：乡村旅游化中的引导与管理作用

在乡村振兴战略总体要求中，治理有效是重要组成部分。乡村治理与乡村行政不同，前者是通过多元主体的合作与理性妥协，形成的共治局面，后者是更倾向于自上而下的意识传达与政策执行。在乡村公共治理过程中，基层干部发挥着重要的导向作用；在乡村行政过程中，基层干部发挥着主导和主体作用。乡村旅游虽然已经经历了40余年的发展，形成了乡村旅游地公共治理与公共行政的系列经验，但是中国乡村众多，村情各异，乡村旅游发展基础与发展过程千差万别，形成的公共治理与公共行政的场域也就存在较大区别。中国传统村落乡村旅游中独特的传统文化要素吸引物，形成的治理与行政空间更具多样性，这为基层干部提供了实事求是、创新实践的平台与空间，需要基层干部发挥引导作用，通过参与乡村治理，主导乡村公共行政，推进乡村旅游化进程。新建村基层干部在整合政府资源和项目的过程中，引导并推进了乡村旅游化进程。

一　传统村落乡村旅游发展中基层干部的发展选择

市场供需与政策供给均深刻推动农业与农村社会转型。从市场供需来看，人们收入水平的提高，消费结构的变化，为农村产业结构调整和经济转型提供了重要机遇。从政策供给来看，在城镇化发展到一定阶段的背景下，农村发展无论是之于国家全局，还是之于乡村本身，其角色和作用均有明显提升，为推动乡村发展，国家和地方出台的相关政策措施为农村产业结构调整提供重要红利，也影响着农村社会转型发展。基于上述原因，传统村落乡村旅游地的乡村旅游获得发展空间，而在乡村旅游发展过程中，农村社会结构也发生着明显的变化，催生了新时代乡村基层干部队伍。

（一）国家行政体制的拓展

中国现行的国家行政体制，没有把以村干部为代表的乡村基层干部纳入其中，但是乡村基层干部在国家政策落地实施、乡村社会稳定发展方面发挥重要的现实作用，所以乡村基层干部成为游离于国家行政体制之外，掌握广泛执行力和实践能动性，且体量庞大的基层"双面人"。一方面，他们是农民百姓心中的"官"，具有掌握国家和地方政策、获得乡村发展政府支持资金的绝对优势和能力；另一方面，他们又是国家行政体制外的"民"，作为乡村百姓的核心代表，在国家行政体制和乡村百姓之间发挥重要的衔接作用。乡村基层干部"双面人"的现实处境为其日常乡村事务管理提供了充分的自由空间，也伴随一定的管理风险。他们在国家和地方政策文本规定的普遍性框架下，根据乡村自身客观情况的差异，发挥主观能动性，对乡村事务进行针对性管理，另外，当他们的自身利益与乡村利益发生冲突时，他们大多向"民"的角色回归，而放弃"官"的角色，在获得自身利益的同时，乡村利益受损，乡村管理职能进一步失范。乡村基层干部的边际地位与行为的随意性，是农村管理职能衰微的重要原因。①

乡村振兴战略提出乡村组织振兴，在乡村整体发展过程中做到乡村治理有效。2018年中央一号文件《中共中央 国务院关于实施乡村振兴战略的意见》中明确指出，要健全从优秀村党组织书记中选拔乡镇领导干部、考录乡镇机关公务员、招聘乡镇事业编制人员制度。可以看出，国家行政体制为乡村基层干部进入国家行政人员序列提供了顶层政策支撑。这一方面加强了村级基层组织与国家行政体制中的乡镇政府之间的关系，有利于提高乡村基层干部的执行效率，促进国家与地方政策在乡村的落地实施。另一方面，也为国家行政干预乡村发展提供了"下探空间"，有利于国家对乡村发展中政治方向、产业布局、社会稳定、文化传承等方面的把控。值得注意的是，国家行政体制对乡村干部的辐射与吸纳，是在国家整体布局对乡村发展定位越发重要，国家对乡村财政转移支付逐渐增多，国家政策对乡村发展的规划越发细致的背景下乡村管理的迫切要求和必然选择。

（二）基层干部的转型与革新

在国家行政体制向乡村干部蔓延辐射的同时，受乡村公共治理环境、产业发展形势的影响，乡村基层干部队伍内部结构、组织形式与功能定位也发生了明显的变化。2000年开始试点的国家税费改革极大减轻了农村百姓的负担，获得他们的支持，而对乡村基层干部的工作积极性和乡村整体治理结构产生了显著影响。作为最基层、最具体的政策执行者，乡村基层干部的主要收入来源于农业附加税，税费改革"改"去了他们主要的收入来源，降低了他们从事乡村事务管理的积极性。原本"民""官"的双重角色，"官"自然是最受乡村基层干部重视的，但是税费改革之后，他们"官"的欲望逐渐下降，"民"的角色充分回归，一部分通过转型自身经济发展，通过主观能动性，获得远高于单纯乡村基层干部工资（补贴）的经济收入，一部分"留守"的乡村基层干部则被动应付乡村事务管理。审视税费改革以来的乡村管理过程，乡村基层干部工作积极性降低，是必然现象，也是乡村治理必须经历的"阵痛期"。随着国家宏观布局对乡村发展的倾斜，从政策红利到财政资金，从宏观规划到

---

① 王思斌：《村干部的边际地位与行为分析》，《社会学研究》1991年第4期。

微观监控，乡村管理的地位被提高到前所未有的新高度，在这一背景下，乡村基层干部的自我认知程度、工作积极性得到明显提高。尤其是乡村振兴战略的提出，为乡村基层干部提供了干事创业的新平台、个人发展的新空间，乡村基层干部的职位荣誉感，以及社会各界对村干部的期望度得到明显提升，乡村基层干部复位至乡村发展的核心位置。

除了原有乡村基层干部转型，人力资源进村成为乡村基层干部队伍发展的普遍路径。国家通过搭建各种平台，鼓励新的人才队伍进村，充实乡村管理组织结构，提高乡村治理能力。[1] 20 世纪末开始在江苏试点的大学生村官为乡村发展输入了有知识、有文化的新农村建设带头人，成为农村组织结构调整和治理能力提升的关键要素。2015 年开始的选派机关优秀干部到村任第一书记的人力资源输入模式，对提高乡村组织能力建设，解决农村"软、散、乱、穷"等关键问题，提供了直接对口支援。另外，在国家脱贫攻坚工作中，干部驻村工作模式深刻影响了贫困村干部队伍和组织结构，为农村脱贫攻坚工作提供直接的人力、信息、资金支持。在各种人力资源入村模式中，也产生了一批优秀基层干部。

对新建村村委会成员的调研发现，新建村基层干部队伍经历了从单一性自上而下"强管理"到村庄虚空状态下"象征管理"，再到乡村旅游下以村委会为主体、以驻村干部为主要补充的管理格局。在乡村旅游介入之前，新建村的村干部组成结构、变化过程与其他村庄乡村干部变化过程相似。不同的是，乡村旅游产业介入过程中，原有乡村干部能动性与人力资源输入针对性均倾向于乡村旅游产业发展与乡村旅游化进程。2013 年之前，新建村村干部组成中还没有从事乡村旅游的经营户，但是在黔江区落实国家民委、住建部等发起的少数民族特色村寨保护与发展项目过程中，新建村的乡村旅游发展得到黔江区旅游部门的支持，并为新建村输入了旅游技术和对口的区镇管理干部。2013 年之后在新建村乡村旅游产业发展过程中，乡村基层干部队伍组成和职责功能均发生了明显的变化。尤其是 2015 年黔江区政府推进《重庆市黔江区小南海板夹溪十三寨民族特色村寨保护规划》落地、2017 年开始创建土家十三寨国家

---

[1] 张善根：《乡村振兴视野下的村治立法探析》，《西北大学学报》（哲学社会科学版）2019 年第 2 期。

AAAA级旅游景区以来，传统村干部的工作范围逐渐从以往的单一内容转型为"旅游+"管理。黔江区民族宗族管理部门、旅游管理部门为新建村输入针对性的管理人员，特别是黔江区旅投集团对土家十三寨旅游景区的接手管理。2018年之后，土家十三寨成为黔江区对外宣传的新名片，乡村基层干部在黔江区层面的话语权明显提高。而相对于新建村，西江千户苗寨基层干部组成中绝大多数来自当地旅游经营户，其中还有来自西江千户苗寨景区的管理人员。西江千户苗寨乡村基层干部无论从结构组成，还是责任功能，均紧紧围绕乡村旅游展开。在外来人力资源输入方面，西江千户苗寨不但有来自西江县的文化旅游部门人员，还有黔东南自治州、贵州省的文化旅游部门的管理人员。

二 传统村落乡村旅游化中基层干部的基础管理功能

乡村基层干部是乡村管理的主要组成，对乡村公共管理承担核心作用与主体责任，在乡村公共事务中发挥重要引导作用。在国家党建行政向农村持续渗透和干预过程中，乡村基层干部的角色定位和职业归属趋于明显。在乡村振兴战略背景下，乡村产业多样化、农业多功能性发展、乡土文化挖掘与传承、乡村人才与组织建设受到国家空前重视，并得到大力支持，这为乡村基层干部从事村务工作提供了广阔空间。乡村旅游作为一种涉及要素广、参与群体多的乡村产业形态，为乡村基层干部进行乡村管理创造了新的场域。传统村落乡村旅游发展中，乡村基层干部不断转译来自地方政府的信息、资源、问题，形成自有语言和行为，并转译至精英、农户、乡村资源等其他行动者，为推动乡村整体旅游化健康持续、推动农户参与乡村旅游化进程并推动公平利益分配方面发挥重要作用。

（一）接受行政征召，推动乡村旅游化整体稳定可持续

无论是农村新产业的介入，还是传统产业的转型，均不是孤立存在的，都会伴随相关乡村要素的属性变更。乡村旅游"就地交易"的特征，使旅游消费者和旅游产品供给者的交易行为均发生在村庄内部，这决定了乡村旅游不但引起相关要素的旅游化转型，还创造了乡村旅游化的治理环境，这迫切需要乡村基层干部对乡村旅游化的乡村进行针对管理，推动乡村旅游化的整体性和持续性。与其他地区不同，传统村落乡村组

成要素具有明显的民俗特色，并与传统文化、宗族网络、宗教信仰紧密相关。传统村落乡村旅游产业相关要素的变更也是"牵一发而动全身"的广泛影响效应，需要乡村旅游相关要素的整体旅游化转型，以固定的网络化变更，维持乡村旅游发展过程中乡村社会的稳定性，这需要乡村基层政府的基本管理与引导作用。

相对于乡村旅游经营者中的新生旅游经济精英，乡村基层干部更倾向于对乡村发展的整体把控与稳定性维护。乡村旅游产业发展只是乡村基层干部的关注点之一，而不是工作的全部，即使乡村基层干部与乡村旅游经济精英同为一人，也基本如此，否则乡村基层干部的"精英"属性将无从谈起。除推动乡村旅游产业发展，根据地方政府的政策指导和实践安排，以及乡村农户的生产生活需求，乡村基层干部还积极推动乡村整体发展框架下，乡村文化要素、乡村组织要素、乡村社会要素、乡村治理要素的旅游化转型。除了推动乡村内部要素旅游化转型，还积极吸纳专项政策、文化旅游政策红利，通过外部资源要素的引入，推动乡村整体旅游化的持续性。

对新建村村委会成员与部分村民的调研发现，在乡村旅游政策导入、乡村旅游产业布局、乡村旅游化整体推进过程中，新建村基层干部发挥了基本保障和整体支撑的作用。2013年之前的新建村乡村旅游未开始实质性推进，2008年黔江区政府统筹完成了《重庆市黔江区后坝土家分布式博物馆保护性详细规划》，在黔江区的引导下，村委会主要涉及对传统文化符号的保护、整理、传承工作。《重庆市黔江区后坝土家分布式博物馆保护性详细规划》对新建村土家十三寨进行了总体规划，主要包括总体蓝图与分寨设计。但这一时期，新建村基层干部只是从乡村旅游的萌动发展角度对接并执行落实黔江区的相关政策。2013年至2018年的新建村基层干部，借助《重庆市黔江区小南海板夹溪十三寨民族特色村寨保护规划》和创建土家十三寨国家AAAA级旅游景区项目，在乡村旅游化进程中围绕土家十三寨进行相关旅游要素的搭配，形成乡村旅游完整框架，为后续其他要素的旅游化转型奠定基础。在这一过程中，新建村基层干部通过小南海镇积极争取黔江区财政资金支持，通过宗族精英等村庄能人说服关联村民将自有生产生活要素进行旅游化转型，通过对接重庆旅游职业学院进行专业人才导入，规范化乡村旅游一线专门工作人员。

另外，充分协调了新建村乡村旅游与小南海景区之间的关系，破解了乡村旅游与农户烟叶种植、中药材种植之间的关系。2018年以来的新建村，已经形成了乡村旅游化的整体系统格局，基层乡村干部借助黔江区、重庆市相关文化旅游政策，结合土家十三寨的客观情况，积极扩大经营范围、产品种类，保障农户利益，维护旅游秩序，推动旅游化稳定持续。尤其是在协调新建村农户与黔江区旅投集团之间的关系方面，发挥积极作用。

（二）动员其他行动者，引导乡村旅游化农户参与与利益分配

参与式发展是现代发展理论，尤其是农村发展、社会发展的重要研究方向。作为一种上下协作的发展理论，费孝通认为，一种健全而持久的政治过程必须是在上下通达的双轨形式中寻求的。① 参与式治理的实质是要在社会民主化过程中，经由政府与社会双向的良性互动，创新社会管理，达至善治的目标。② 参与式发展也被理解为社会民主的重要表现形式，但是社会民主与国家层面的政治民主是两个不同场域的民主形态，两者似乎相去甚远，难以相通共生于一隅。③ 当前，参与式发展的悖论也被研究者提出，由于信息不对称，受传统自上而下行政管理的惯性影响，参与式发展往往呈现"含混—谋略型"关系，使很多参与过程都在政府现有权力与规则话语的直接或间接控制与影响之下。④ 但是，笔者认为，参与式发展效果与过程可能存在偶然的不协调，但这一发展方式是对自上而下行政"硬干预"的重要补充，结合乡村特点，其在中国乡村振兴战略实施过程中体现重要的实践价值。

在传统村落乡村旅游介入传统乡村发展过程中，必然产生传统文化要素与产业要素之间的碰撞与冲击，作为乡村要素的主体，农户参与乡村旅游化是现代发展理念在乡村旅游地践行的应有之义。参与式发展理论搭建了一个理想的发展框架，但是根据不同传统村落的发展差距与民

---

① 费孝通：《乡土中国与乡土重建》，风云时代出版公司1993年版，第149—155页。
② 陈剩勇、徐珣：《参与式治理：社会管理创新的一种可行性路径——基于杭州社区管理与服务创新经验的研究》，《浙江社会科学》2013年第2期。
③ [美]乔·萨托利：《民主新论》，冯克利等译，东方出版社1998年版，第9—12页。
④ 黄晓星：《"上下分合轨迹"：社区空间的生产——关于南苑肿瘤医院的抗争故事》，《社会学研究》2012年第1期。

俗认同，农户参与的方式、路径千差万别，这迫切需要乡村基层干部的干预指导。保障农户利益，引导其参与乡村旅游化的利益分配，是乡村基层干部的责任和义务。传统村落乡村旅游地基层干部既要保障参与乡村旅游经营的农户的个人利益，更要保障未参与乡村旅游经营的农户的公共利益，因为任何形式的乡村旅游都不会脱离乡村公共要素而独立存在。传统村落乡村的传统文化、民俗氛围，乡村的公共基础设施、清洁空气、纯净水源等都是乡村旅游发展的基础，同时也是农户共有的公共资源。

对新建村农户的调研发现，在长达十余年的乡村旅游产业发展过程中，新建村村民的个人利益没有受到明显的冲击。当然这与土家十三寨整体规划的财政资金包揽有关，也离不开新建村基层干部对土家十三寨相关农户的统筹协调能力，以及连同其他精英群体的基础治理能力。在2013年之前新建村的乡村旅游整体规划过程中，宗族代表和村民代表均参与其中，在乡村基层干部的带动下，发挥了一定程度的主体作用，并参与方案的共同讨论，但是乡村旅游还未起步，未涉及乡村旅游化过程中农户利益分配问题。2013年之后，新建村基层干部通过把从国家部委、重庆市、黔江区、小南海镇的乡村旅游发展政策传递到户的方式，让村民感知新建村乡村旅游整体推进的政策动向。在新建村基层干部与黔江区民宗委、旅游局、旅投集团精准分析乡村旅游整体布局过程中对农户自有要素的需求，以及在这一过程中农户的获利和风险情况，通过新建村精英群体对接至每家每户，使村民充分了解参与乡村旅游的预期。新建村基层干部内外联动、精准到户的公共治理方式得到村民的积极响应，在乡村精英的引导带动下，围绕土家十三寨核心旅游资源，百余户家庭均按照村庄布局将自有资源进行旅游化转型，形成乡村旅游整体布局的重要组成部分。

新建村村委会人员表示，只有把相关村民利益放在首位，让村民持续获利，以乡村旅游支持农户主要生计，才能保持新建村乡村旅游产业的稳定发展，才能推动乡村旅游化的要素补充。在利益分配方面，新建村村委会连同黔江区旅投集团、村庄精英，制定了保障农户可持续生计的利益分配方式。农户自有乡村旅游业态营收归自己所有，土家十三寨等公共旅游收入归村民共同拥有，经村两委决定，由村民代表监督应用或进行农户分配。发展至今，总体来看，新建村乡村旅游化中村民参与利益分配的方式方法得到村民的充分认可，但从新建村乡村旅游化长远推进来看，依然较为粗放。黔江区旅投集团接手管理的土家十三寨是旅游经济收益的重要来源，每年的山东跑客节、土家女寨主等活动也带来了一定的经济收益，按照目前投入产出的权责划分关系，这些收益大部分归黔江区旅投集团所有。农户主要通过自营的农家乐、手工艺、劳务等获得直接的经济收益。简单的投入产出分配机制，忽视了新建村悠久的历史文化传统积淀带来的基础价值，而这恰恰是归属于新建村全体村民所有的。

第 五 章

外部支撑:利益相关者的激发推动作用

乡村旅游的"就地消费性"决定乡村旅游产业的发生地是在乡村内部,无论是从产业角度的上下游要素供给,还是从市场角度乡村旅游物的供给与消费,抑或是外来资金要素和政策要素,都在乡村旅游地相互交融,协同共生,并通过在地化的产权制度安排对乡村旅游地的乡村旅游化产生重要影响。在乡村旅游外部相关利益主体中,旅游消费者、外来资本主体和地方政府是三个核心组成部分,他们在政府政策导向下,通过对乡村旅游地的激发与推动,实现自身的利益诉求,并通过乡村旅游地农户、乡村精英等内因要素影响着乡村旅游化的整体进程。传统村落乡村旅游化过程中,三个外部利益相关主体在行动者网络中转译来自地方政府与村两委的政策、信息、资源、问题,形成自有语言和行为,并转译至乡村资源等其他行动者,是乡村旅游化发展动力的重要动力源,与乡村内部利益相关者一起组成推动传统村落乡村旅游化的动力集合。这种"硬作用"对乡村旅游化的影响是"两面性"的,且在不同乡村旅游化阶段发挥着不一样的功能作用。

第一节 旅游消费者对传统村落乡村旅游的"硬需求"

乡村旅游化的起始阶段是乡村旅游产业的发展,而乡村旅游产业的形成是以旅游供需结构为基础,旅游产品的供给者和消费者形成的供需行为组成乡村旅游化的经济行为。与其他产业相似，乡村旅游产业中旅游产品是旅游供给者与消费者关系建立的核心纽带，而与其他产业不同的是，决定旅游产品产生与存在形态的主体往往是旅游消费者。在传统村落乡村旅游产品中，部分是乡村发展历史过程中自然产生的非原有旅游功能的旅游吸引物，例如民族历史建筑等；大部分是在乡村旅游规划阶段形成的原有旅游功能吸引物，例如民俗农家乐等。在旅游消费者权利保障框架下，旅游消费者对旅游产品的旅游偏好和消费倾向形成的"硬需求"对传统村落乡村旅游化产生直接推动和持续影响。

一　旅游消费者心理行为与权利保障

对旅游消费者的研究分为宏观格局、分布与趋势，微观心理、行为与选择。随着人们可支配收入水平的提高，以及旅游消费者行为选择的乡村化倾向，传统村落乡村旅游发展过程中旅游消费者的数量与消费力都有明显提升。在宏观格局向好的情况下，因旅游消费者的心理预期、行为动机和消费选择的差异，传统村落乡村旅游地之间存在"两极分化"的市场局面。即使旅游吸引物相似的两个传统村落，因旅游消费者的主观意识，也会形成市场迥异的发展局面。在旅游消费者权利保障框架的影响下，旅游产品随旅游消费者需求而形塑成为传统村落乡村旅游发展的主要趋势。

（一）旅游消费者心理预期与行为动机的变化

经过四十余年的发展，乡村旅游中旅游消费者心理预期和行为动机产生了显著的变化，旅游消费者不再拘泥于特定的旅游消费框架和消费内容，不再追求大众化、普适性、被动的乡村旅游消费格局。在乡村后现代主义社会发展背景下，旅游消费者心理预期产生了两个方向的变化，具体如下。其一，对当前粗放旅游消费、大众旅游供给的厌恶，对旅游中现代性的抵触，对旅游回归生活与真实性的期盼。其二，对现代性的批判性吸收，追求多样化与个性化，积极面对当前旅游消费市场，谋求多元化与细致化的旅游市场。

从经济学商品理论审视旅游吸引物，与一般商品一样，旅游吸引物也具有使用价值和价值的双重属性，即旅游吸引物的价值来自其能满足旅游消费者某种需求的使用价值。在后现代社会背景下，旅游消费者对乡村旅游吸引物使用价值的追求，不仅停留在旅游吸引物能满足旅游消费者解放某种束缚的观光、饮食、住宿、交通、购物、娱乐等旅游产品的供给，更多是通过旅游吸引物获得整个乡村旅游过程的心理预期和旅游增加值。[1] 在乡村旅游由大众化向个性化转型过程中，传统村落乡村旅游中旅游消费者的行为追求开始由历史观光、民俗风情体验，向突破固有乡村旅游框架，进行个性化、创造性、组合式的旅游行为转变。前者倾向于传统村落乡村旅游项目的数量化堆积，通过规模效应取得经济收益，后者倾向于传统村落乡村旅游个性化体验与创造性发挥，通过对旅游消费者内生需求的满足，取得特色化发展路径。另外，传统村落乡村旅游中旅游消费者由"旅游者"向"本真体验"的角色转变，使乡村旅游脱离标准化的商品交易行为，转向闲适性的旅游生活行为。

在后现代主义背景下，传统村落乡村旅游中旅游消费者心理预期的概念元素倾向于符号、象征、体验、信仰等主观性较强的旅游消费元素。而旅游消费者的行为追求进行着更为直观的转化。其一，从被动的、粗放的、快餐式传统村落乡村旅游，向主动的、简约的、本真性传统村落生活旅游转变。其二，从依附于传统旅游线路和旅游框架的服务交易性传统村落乡村旅游，向个性化、人文精神的服务体验性传统村落乡村旅游转变。其三，从对不同乡村异质性文化的排斥与歧视，向对传统村落异质性文化的追求与体验转变，在消费行为中更凸显了"文化人"的旅游倾向。其四，从对传统村落乡村旅游跟风式、人造化旅游吸引物的追求，向传统村落自然生态与原始文化生态的探究与回归。

在不同时间段、不同旅游场景，对新建村不同旅游群体进行专门调研，102位游客的问卷调查结果显示，82%的游客的核心需求是"土家文化符号"，91%的游客是通过自驾的方式到达土家十三寨，67%的游客的车程超过70千米。[2] 可见，消费者对传统村落乡村旅游的心理期望和行为选择在新建村表现得比较明显，旅游消费者的消费转型为新建村等后

---

[1] 齐飞：《旅游消费者行为：后现代主义下的趋同与分化》，《旅游学刊》2014年第7期。
[2] 黔江区到小南海镇的黔小二级公路已经通车多年，路况相对于之前有很大改观，能保障自驾游游客顺利到达小南海镇，但从小南海镇到新建村的公路相对较窄，多是弯曲的沿山公路，且公共交通薄弱，游客到达景区的便捷性相对较低。

发旅游乡村提供了另辟蹊径、弯道超车的机遇。对开展农家乐经营多年的农户进行专门访谈，他们表示，2013年之前的新建村处于潜在旅游化阶段，当时的旅游产品主要是土家驿馆（农家乐住宿）和农家乐餐饮，没有其他商业化旅游吸引物。当时新建村的土家十三寨和农户的乡村旅游项目对游客产生了一定的吸引力，但是从客源组成分析，没有形成规模性过夜游的旅游需求。同时，相当比例的游客是在附近的小南海旅游景区带动下顺便到此一游。2013年以后，新建村推出了专门的"包月休闲游"等活动，在此住宿人数逐渐增多。在旅游管理部门的乡村旅游发展测量中，非短期逗留的过夜游的游客数量是衡量乡村旅游发展程度的重要指标。[①] 但那时新建村的旅游化要素较少，主要是相对简陋的农户房屋和少数的劳动力等，可以说，那时新建村的旅游吸引力已经远高于当时的旅游化程度。在对12位住宿游客进行访谈时发现，热衷于土家传统文化的自由行游客是主要客源，而吸引他们到此的核心因素是新建村"本真性""系统性"的呈现。新建村乡村旅游的淡旺季非常明显，旺季主要出现在春末、夏季和初秋时节，因为这个时间段内新建村土家文化活动相对较多，可以为游客提供较为丰富的旅游感知。另外，新建村夏季凉爽，较好地满足了游客的避暑需求。2017年新建村土家十三寨被评为国家AAAA级旅游景区之后，对游客的吸引力有了明显提升。根据黔江区旅投集团提供的数据，新建村土家十三寨的游客组成多样，跟团游和自由行游客均大量存在，根据需求选择过夜游或者当日游。对102位游客的问卷调查显示，大部分跟团游的游客为初次来土家十三寨旅游，而自由行游客则多为"回头客"，无论是跟团游还是自由行，大部分游客表示"不虚此行"，可见旅游消费者均可从新建村土家十三寨传统村落乡村旅游中获得自身的旅游所需。

（二）旅游消费者权利保障

在乡村旅游市场发展过程中，无论是在法律层面，还是在道德伦理层面，旅游消费者权利始终是市场参与主体绕不开的关键问题。在道德

---

① 过夜旅游使游客的消费能力得到较大释放。按照中国游客的消费习惯，晚餐和住宿的支出远超过其他旅游环节的消费，所以，很多偏远的旅游目的地通过旅游补贴、线路设计等方式吸引游客进行过夜旅游。

伦理层面，中国广大乡村地区对中华优秀传统文化的传承与践行一定程度上保障了旅游消费者的权利，在法律层面，无论是普遍性的《中华人民共和国消费者权益保护法》《中华人民共和国合同法》，还是专门的《中华人民共和国旅游法》均通过明确的法律条文保障了旅游消费者的权利。

杨富斌在《中华人民共和国旅游法》的问题与出路研究中对旅游消费者的合同权利进行了详细梳理和研究。[①] 还有学者从旅游消费保险、[②] 旅游消费中新闻媒体的作用[③]等方面对旅游消费者权利进行专门研究。国外学者多从法律视角对旅游消费者权利保护的路径和方法进行研究，有学者认为旅游消费者诉讼成本和旅游企业侵权机会呈正相关性，[④] 还有学者认为，精神层面的权益保护是旅游消费者权利保障的重要方面。但当前学者的研究视角较为狭窄，或者从宏观角度进行粗略梳理，缺乏学理性和专门化研究。

相对于其他领域，以及其他地区的旅游产业，传统村落乡村旅游发展中旅游消费者的权利保障具有明显的特殊性。其一，传统村落乡村旅游"就地消费"的体验性决定了旅游消费者权益保障的时效性，若没有明显的旅游视听记录，则旅游消费行为的结束意味着旅游消费权利保障的结束。其二，传统村落乡村旅游消费中兼顾精神消费和物质消费，且以精神消费为主的消费特征，决定了旅游消费者权益保障的无形性和高难度。其三，传统村落乡村旅游消费除传统的食住行游购娱的必备要素，还涉及传统文化、宗教信仰，决定了旅游消费者权益保障的复杂性和敏感性。

鉴于传统村落乡村旅游中旅游消费者权益保障的特殊性，在旅游消费者权益保障的国家法律框架下，还应坚持以下三个原则。其一，人本主义原则。传统村落乡村旅游的特征决定，应尊重旅游消费者和旅游地

---

① 杨富斌：《旅游法研究：问题与进路》，法律出版社 2011 年版。
② 符继红：《旅游法概论》，科学出版社 2006 年版。
③ 赵洪凤：《媒体对旅游消费者权益的保护研究》，《新闻战线》2015 年第 5 期。
④ Miscenic, E., "Croatian Case 'Franak': Effective or 'Defective' Protection of Consumer Rights?", *Harmonius Journal of Legal & Social Studies in South East Europe*, Vol. 22, No. 10, 2016, pp. 184 – 209.

农户的尊严、价值、创造力和自我实现的能力，应从人的心理与人的本质的一致性角度，对旅游消费者心理预期和行为动机、乡村农户的文化心理与供给行为进行双重保障。其二，文化客体原则。传统村落乡村旅游的核心旅游吸引物是传统文化的差异性，旅游消费者有探索旅游地传统文化的权利，也有尊重传统文化的义务，农户需要从文化客体的角度对旅游者进行旅游文化供给，同时遵守传统文化的"本真性"，避免文化主观性产生的旅游消费纠纷。其三，秩序稳定原则。传统村落乡村旅游的传统文化差异性，提高了旅游市场秩序的敏感度。传统文化"本真性"越强的传统村落乡村旅游地，旅游市场秩序的敏感度越高，这需要传统村落乡村旅游地旅游秩序的稳定性。[1]

旅游消费者权利主要通过专门法律和道德伦理两个方面加以保障。本书对新建村村委会和乡村旅游经营者进行专门访谈，发现他们对游客消费者权利的保护有明显的变化，从最初只保障游客基本的"饮食安全问题"，发展到如今，对消费者饮食卫生、人身安全、财产安全、隐私安全等全方位的保障。根据调研结果，分析新建村2013年至今对旅游消费者权利的保障发现，越是旅游化程度较高阶段的乡村，旅游消费者权利受法律保护的氛围越浓重，越是旅游化程度低的乡村，旅游消费者权利受道德伦理保护的氛围越浓重。新建村在乡村旅游发展过程中，尤其是2013年之前，土家文化浓郁，宗族文化兴盛，民族伦理道德、宗族道德公约是高增村村民重要的秩序维护工具。新建村旅游消费者的权利保障也仅是整个乡村伦理道德秩序的组成部分，适用于伦理道德的约束范围。再例如，在贵州高增村存在一种有名的"无人菜市场"，不但通过简单的价格标签进行无人监督的自助购买，还通过菜品互换达到互通有无的美好生活状态。相较于高增村和2013年之前的新建村，2017年国家AAAA级旅游景区之后的新建村对旅游消费者权利的保障已经超出了新建村传统土家族伦理道德规范的适应范围和规模，《中华人民共和国旅游法》《中华人民共和国消费者权益保护法》成为保障旅游消费者权利的主要工具。2015年，黔江区政府统筹完成的《重庆市黔江区小南海板夹溪十三

---

[1] 张卓、刘伟江：《旅游消费者权益保护的现实困境及其立法完善》，《重庆社会科学》2018年第9期。

寨民族特色村寨保护规划》中，首次对旅游消费者权益保障相关事项进行明确规定。2017年8月，新建村土家十三寨成功申报国家AAAA级旅游景区之后，在土家十三寨经营规则中，更加系统地对旅游消费者权益保障事宜进行了系统梳理，与《中华人民共和国旅游法》一一对应。

二 "硬需求"对传统村落乡村旅游化的硬推动作用

无论是对传统村落乡村旅游"本真性"的需求，还是对传统村落乡村旅游商品化的需求，鉴于当前大部分传统村落乡村旅游地的"买方市场"的发展阶段，以及旅游消费者在旅游市场中旅游行为的灵活性和自主性打造的绝对"话语权"，笔者将传统村落乡村旅游中旅游消费者的消费需求界定为"硬需求"。旅游消费者将自己的问题和需求转译给农户、精英、村两委等其他行动者，推动乡村旅游化进程。

（一）差异化旅游需求，推动乡村要素快速旅游化

根据马斯洛需求层次理论，旅游需求涉及生理需求、安全需求、社交需求、尊重需求和自我实现需求的各方面，而传统村落乡村旅游中旅游消费者的需求主要集中于社交需求、尊重需求和自我实现需求，生理需求和安全需求只是旅游消费者在传统村落乡村旅游地进行旅游的前提和基础，而不是目的和归宿。值得注意的是，乡村旅游场域下的旅游消费者的社交需求、尊重需求和自我实现需求，不是循序渐进的社交关系的建立、内生尊重的形成以及某一领域自我实现的达成，而是极具表演性、临时性、间歇性的"硬需求"。这一"硬需求"必然推动乡村要素旅游化的"硬转型"。

与农户基于旅游生计资本的提升、乡村精英基于乡村旅游产业发展而推动乡村要素旅游化不同，旅游消费者作为乡村旅游产业外来参与主体，对乡村旅游化的推动更贴近旅游市场，更反映旅游市场需求。对新建村5位乡村旅游经营者与21位游客的问卷调查发现，在发展初期，当地村民对乡村旅游产品的供给与外来游客对乡村旅游的需求存在巨大的差异，为满足旅游消费者需求，旅游经营者往往不断提升、转型。根据新建村旅游消费者推动的乡村旅游化调研，可以将传统村落旅游消费者"硬推动"的特点总结为以下四点。其一，转型跨度大。旅游消费者对传统村落乡村旅游地的了解不多，而对乡村旅游地所属的民族和地域了解

较多，他们以对民族和地域的印象，对传统村落乡村旅游地进行理想化的旅游化设计建构，这无意中扩大了传统村落乡村旅游地乡村要素的客观现实与将要达到的乡村旅游地意境之间的差距，扩大了乡村要素由传统属性向旅游化属性转变的跨度。其二，转型要素全。如上文所述，传统村落乡村旅游中旅游消费者对乡村旅游地的心理预期由传统的旅游商品地向短期的旅游生活地转变。而作为旅游消费者的生活所在地，应该具备必要的生产生活要素，这就涉及乡村旅游地的大量要素，甚至包括本地未有、外地引入的相关要素，所以，相对于农户推动的乡村旅游化，旅游消费者能更全面地引导乡村要素的旅游化转型。其三，转型差异化。旅游消费者对乡村旅游的心理预期具有明显的差异性，而对传统村落乡村旅游地而言，更是如此。对传统村落乡村旅游经营者而言，那些乡村要素的旅游商品性转型更容易产生经济效益，而那些乡村要素的旅游意象性转型较难在短期内获得自有的经济效益，这考验着相关利益主体的公共治理。其四，转型存在失真风险。同属于同一个民族、同一个区域的村庄，依然存在宗族传统、自然地理等方面的差异，而旅游消费者的心理预期难以符合某一具体乡村的特性，所以，旅游消费者对某一具体村庄的旅游化引导，存在造成该村庄本真性缺失的风险。

对新建村村委会成员、乡村旅游经营者、黔江区旅投集团负责人的访谈，以及随机游客的问卷调查，发现旅游消费者以土家文化为引导，构建了新建村乡村旅游的场景与产品需求，并通过新建村村委会和黔江区旅投集团有效输送给旅游经营者，开始供需双方的磨合。乡村旅游经营者表示，为了实现竞争优势，最大限度地满足旅游消费者的消费需求。2013 年之前，黔江区之外的游客对新建村土家十三寨鲜为人知。2017 年国家 AAAA 级旅游景区评定之后，土家十三寨对游客的吸引力逐渐提升，旅游消费者对新建村乡村旅游化的推动作用逐渐凸显，旅游消费者对新建村的心理预期和行为选择集中于土家文化传统的体验。2018 年之后，虽然失去了小南海旅游景区的带动作用，但是新建村依然保留着土家族文化的传统本真色彩，根据旅游消费者的需求进行土家文化的重塑。虽然，当前新建村的乡村旅游化已经具备一定的规模，但是土家文化的本真性有待进一步考量。在新建村旅游的游客中，有相当部分是长期度假避暑的，他们既习惯于城市便利的生活设施，也向往传统村落的乡村符号,这对新建村而言,极具挑战。起初,土家十三寨为游客提供的主要是土家摆手舞、土家民歌、土家博物馆,村民为游客提供的主要是农家乐餐饮、农家乐住宿,这也是传统村落乡村旅游最基本的旅游产品供给。但是,常住游客对洗澡、厕所、餐饮卫生、停车、医疗等有更高的要求,对旅游产品的需求也有更多的期盼,例如,家养肉类动物、家种蔬菜等。在游客需求的推动下,农家乐一方面提高自有旅游产品的品质,另一方面充当起游客与新建村之间物品供需的平台。这一过程间接推动了相关要素的旅游化转型。土家十三寨周边的村民通过农家乐向游客提供生态饮食,游客也通过农家乐向新建村表达自身旅游需求。在游客需求的推动下,游客、农家乐、土家十三寨、新建村形成了一个完整的旅游产品供给闭环,内容逐渐丰富、辐射范围逐渐扩大。

（二）消费需求问题呈现,激发乡村旅游化的创新性

消费者推动的市场要素和行为创新是市场营销和消费者行为研究领域的重要话题。[①] 消费者的创新需求是内生的、直接的,对市场产品和供需行为产生重要影响。而消费者推动的产品与市场创新主要分为三类:其一,内在创新性（innate innovativeness）,是最原始、最高级别的内生创新,不受其他任何因素的干扰,对产品和市场进行的初始创新;其二,特定创新性（domain specific innovativeness）,是在某一领域或某一指定客体方面的创新,相对于内在创新,特定创新的范围较窄,内生性较弱;其三,实际创新性（actualized innovativeness）,是在实际应用方面的直接创新,具有偶然性、特定局限性,在三类创新中,其属于最浅层次的创新。[②] 消费者创新在新产业、新产品诞生,以及新要素介入传统产品生产和产业场域时,体现得最为明显,而影响消费者创新的因素主要是消费者相关知识储备的多少和创新意识的强弱。[③]

乡村旅游是旅游产业向传统乡村的介入,且涉及要素多、需求差异大、地域性强,为旅游消费者创新提供了宽松环境与精准场域。通过对

---

① Foxall, G. R., *Corporate Innovation*, New York: St Martin's Press, 1984.
② 张宏梅、刘少湃、于鹏、唐玉凤:《消费者创新性和使用动机对移动旅游服务融入意向的影响》,《旅游学刊》2015 年第 8 期。
③ 汪涛、何昊、诸凡:《新产品开发中的消费者创意——产品创新任务和消费者知识对消费者产品创意的影响》,《管理世界》2010 年第 2 期。

新建村乡村旅游经营者和旅游消费者的问卷调查，证明旅游消费者的创新性时刻引导乡村旅游地进行旅游产品和经营方式的更新，但在上述三种消费者创新分类中，新建村旅游消费者创新更多体现在实际创新性和特定创新性方面，而由于乡村旅游起步的低门槛，决定了消费者内在创新性不适用于乡村旅游场域。新建村村委会成员和黔江区旅投集团负责人表示旅游消费者创新为新建村乡村旅游产业发展与相关要素旅游化的发展方向提供了重要参考。可概括总结为四方面：其一，旅游产品创新，这是最直接、最市场化的创新，创新门槛低，影响范围小；其二，旅游经营形式创新，主要体现在现代经营方式在乡村旅游地的应用，例如网络化经营、在线金融等；其三，旅游化要素创新，主要体现在与乡村旅游相关要素的旅游化转型；其四，对本真性的消减，当传统村落传统要素与旅游消费者创新需求发生碰撞时，必然产生本真性消减的风险。可见，在传统村落乡村旅游化过程中，为旅游消费者提供充分的创新空间有利于提高乡村旅游的创新性，同时值得注意的是创新性与本真性之间的协调处理。

  作为外来要素对传统村落乡村旅游的干预，旅游消费者的创新需求对新建村的旅游化的创新性主要体现在实际创新性方面。调研中发现，2013年之前的新建村，传统土家文化要素受旅游消费者创新需求的影响还不明显。但是2013年到2017年之间，一些旅游消费者对新建村乡村旅游发展的创新推动明显增多，他们的创新期望集中在土家摆手舞、哭嫁等表现形式，土家吊脚楼装修风格，土家旅游艺术品设计风格等方面。另外，在当时的土家驿馆的经营过程中，旅游消费者的创新需求体现得较为充分，经营者通过消费者创新建议卡的形式，对创新建议收集讨论后，进行了选择性实践，涉及从大堂设计到房间布局的多个方面。相对于此，2017年国家AAAA级旅游景区评定之后的新建村乡村旅游化过程中旅游消费者的创新需求反而体现得不明显，对乡村旅游化创新性推动较弱，原因在于这一时间段的新建村乡村旅游规划较为完整，布局较为周密，且游客以当日游为主，对该村乡村旅游的接触泛化、创新意愿得到满足。当然，这需要新建村继续为旅游消费者设计创新的空间和场域。

第二节 外来资本主体对乡村旅游化的"硬介入"

在新自由主义发展理论视域下，外来资本作为一种高度自由化的资源，可以在市场机制的框架下，深度参与乡村旅游化，并通过市场机制，获得权益分配。外来资本是指某一区域为了推动区域内相关项目发展而导入的区域外的各种资本的统称。外来资本按照来源渠道可分为外来市场资本和外来政府资本，前者主要来自资本主体或者市场相关者，后者主要来自政府财政，通过财政转移支付，以项目资金的方式到达某一区域内。对乡村发展而言，越是产业多样化、农业多功能、农户思想解放、发展开放的村庄，越容易获得外来资本的支持，外来资本也更容易获得资本收益。2015年以来，无论是每年的中央一号文件，还是全国休闲农业和乡村旅游的文件，都提出通过直接或间接的乡村外部资本推动乡村旅游产业发展。当前，在乡村市场化发展过程中，乡村与城镇的融合关系更加紧密，外来资本中市场资本的下乡行为可看作是市场机制下城乡要素流动的组成部分，另外，随着乡村振兴战略的落地实施，国家和地方政府对乡村发展财政转移支付体量更大、项目更清，外来资本中财政资本的下乡行为也可看作国家行政体系加强对乡村引导和干预的重要表现。与费孝通先生笔下的《江村经济》相似，新建村的外来资本主体因从事非农的、与村民生产生活相对分离的乡村旅游业态，而难以被村庄社会快速同化。但是从2015年至今，随着新建村村民参与乡村旅游发展范围的拓展、程度的深化，外来资本被村庄社会同化吸收的机会逐渐增大。

一 外来资本下乡的乡土空间与渠道模式

在外来资本下乡的学术研究与实践积累中，资本下乡主要参与规模化农业经营、土地流转、农村建设用地、农村公共基础设施建设等传统乡村发展领域。在乡村产业多样化和农业多功能发展背景下，外来资本的作用空间更加广阔，而在乡村要素外迁和政府激励的双重作用下，外来资本的合理性也得到体现。传统村落乡村旅游化过程中，乡村要素的旅游化转型为外来资本提供了寻利机遇和作用空间，而外来资本主体根据政策导向、乡村旅游化发展需求和自身优势选择个性化的渠道模式，以求得资本与乡村的双赢。

（一）外来资本的乡土空间

人地关系失调导致乡村要素外迁，[①] 为资本下乡提供了空间。广大传统村落中，人地关系一直是乡村地区农户生产生活的核心。家庭联产承包责任制推行以来，传统村落人地关系发生新的变化，由以往农民生产生活与地理环境、人文环境之间的"你进我退"动态变化关系，向地理环境、人文环境难以满足农户生产生活需要的固态关系转变。改革开放之后，国民生产生活要素的价值进行了重新"洗牌"。在社会主义市场环境下，由于生产生活要素的趋利性，为获得更多的劳动力价值，乡村地区农户劳动力逐渐向城镇转移，而获取的劳动力价值又在城镇内部进行消费，参与城镇化循环发展。在劳动力空缺的传统村落，由于农村土地性质和用途的政策性规定，使农村土地被抛弃，进而荒芜。乡村传统文化、传统建筑等农户公共资源也被遗弃，进而失传。虚空的传统村落为新要素的到来提供了乡土空间，这是外来资本下乡的前提和基础。

另外，政策鼓励为资本下乡提供了动力。传统乡村与城镇之间，乡村资源要素向城镇的单向流动使农村持续虚空，究其原因，除市场导向的资源要素流动，资源要素双向流动的政策缺失也是一个重要原因。首先是农村土地流转政策机制不畅，尤其是农村土地流转效率与农民利益保障的维护缺乏相关的政策监督和保障机制，其次是农村财政转移支付的精准性缺失，且没有相应的政策监督和评测机制。乡村振兴战略背景下，相关农村发展政策为乡村资源价值重生与外来资本精准介入提供了政策保障，农村土地三权分置、农村建设用地流转的制度框架消除了外来资本与乡村要素接触的"敏感点"，农村要素的多功能拓展与市场化发展指向了外来资本与乡村要素接触的"精准点"。在政策鼓励下，传统村落的乡村资源要素的多功能拓展为资本下乡提供了合理性空间。

一定程度上，传统村落乡村旅游化的转型发展是留守农村劳动力对现有乡村资源的旅游化功能拓展。一方面，乡村资源的多功能拓展为传统村落搭建了立体式的发展空间；另一方面，传统村落现有资本又难以

[①] Mark Elvin, *The Pattern of the Chinese Past*, Stanford: Stanford University Press, 1973.

满足本地资本多功能拓展向传统村落立体式发展的实质性迈进，这形成了传统村落"美好愿景"与"沧桑现实"的矛盾与尴尬，也为外来资本的引入提供了清晰的场域空间。在政策允许的空间范围内，外来资本逐渐向传统村落乡村旅游化过程渗透。

对新建村发展资料的搜集整理，以及对新建村村委会成员的访谈得知，2013年之前的新建村，处于潜在旅游化阶段，土家族民族资源的旅游化功能拓展需要外来资本的支持，一方面，新建村具有保留完整的土家族传统文化资源，既有有形的吊脚楼建筑，又有摆手舞大型歌舞文化，还有以哭嫁等为代表的淳朴乡土习俗，这需要资金支持进行旅游化转型；另一方面，新建村农民多外出务工，村庄相对空虚，缺少对村庄土家族资源要素进行旅游化功能拓展的资本要素。当初，在小南海镇的引导下，新建村乡村旅游整体发展规划中，村委会也把外来资本列为重要支撑，以争取政府的民族乡村旅游与产业扶贫专项资金为第一选择，将外来市场资本作为备用选择。事实证明，偏远传统村落旅游化转型的外来资金中主体部分是政府财政专项资金，来自市场资本主体的资金非常有限。2013年之后，黔江区政府牵头制定《重庆市黔江区小南海板夹溪十三寨民族特色村寨保护规划》（2015年），在其落地过程中，黔江区财政资金和黔江区政府引导的市场资金进入新建村，尤其是在黔江区政府推进土家十三寨创建国家AAAA级旅游景区过程中，新建村获得了充足的财政资金支持。2018年以来，随着小南海旅游景区旅游经营活动的叫停，挤出了一定的市场资金，其中相当一部分转移到了新建村土家十三寨附近，进行农家乐项目的经营。当前，新建村对外来市场资金持积极欢迎的态度，但是按照其他更为成熟的传统村落的发展历程，一旦资本饱和，外来市场资金必须要获得村两委和核心旅游景区管理者的双重许可，方可进入。

（二）外来资本下乡的渠道模式

外来资本主要包括市场资本和政府资本。外来资本下乡主要通过市场资本与乡村的直接结合、政府专项资金与乡村的直接结合、政府参与的市场资本与乡村的三者协同，三个渠道模式实现。当前最为普遍的是政府参与的市场资本与乡村的直接结合的资本下乡形式。

市场资本与乡村的直接结合，主要通过市场资本主体与村委会之间的协议达成、市场资本主体与农户自有资源之间的协议达成两种方式实现。前者需要市场资本主体与村委会的正规流程，后者相对简单。传统村落乡村旅游化中，市场资本与乡村结合的直接目的是推动乡村资源的旅游市场化转型，具有明显的市场导向性和灵活性，是市场资本主体资本寻利和乡村资源要素功能拓展需求的互补双赢。政府专项资金与乡村的直接结合，主要通过政府财政转移支付实现，覆盖面相对较窄，被辐射乡村极具典型性和代表性，在乡村振兴战略驱动下，政府专项资金的乡村转移规模逐渐增大、方向更加精准。传统村落乡村旅游化中，政府专项资金的乡村转移，主要通过民族发展专项资金、产业扶贫专项资金、文化旅游专项资金来实现，具有政策引导、政治功能性，是国家行政体制向乡村辐射、对乡村干预的重要手段。政府参与的市场资本与乡村结合，主要是政府引导下市场资本对乡村发展的介入，通过政府构建乡村发展框架，营造资本引入空间，通过政策倾斜或财政资金配套的形式吸引市场资本与乡村要素融合。这一方面能缓解政府乡村转移支付的财政压力，另一方面能提高市场资本下乡发展的精准性和规范性。传统村落乡村旅游化过程中，政府参与的市场资本与乡村结合主要通过 PPP（Public-Private Partnership，政府与社会资本合作）模式完成，从本质上讲，PPP 模式依然是政府意志和政府行为，具有明确的政府导向性。

根据对新建村村委成员的访谈，新建村在乡村旅游整体规划初期就已经获得黔江区财政的支持。根据对黔江区文旅委和黔江区旅投集团的访谈，这样做的目的一方面是保障乡村要素旅游化的整体性和规范性，打造乡村旅游推动脱贫攻坚和传统文化传承的样板村；另一方面，是实现民族要素快速向旅游化市场化推进。当时，虽然有市场资本主体申请参与，但在保护土家族文化传统、遵守民族政策条文方面，他们依然存在盲区。在黔江区政府的引导下，新建村村两委也寻求重庆旅游研究机构、黔江区文旅部门和民宗部门人员的指导。从 2013 年至 2019 年，新建村均是在黔江区财政的支持下，通过政府专项资金与乡村的直接结合的形式完成乡村要素旅游化转型，政府专项资金主要来自重庆市政府民族专项、产业扶贫、乡村振兴专项资金。

二 外来资本推动的乡村旅游化再造

在学术界关于外来资本下乡的功能与作用的研究中，正负面影响分歧明显。有研究认为，外来资本下乡对农村产业结构进行调整，[①] 农民组织化程度提升，[②] 农业专业化、组织化、规模化发展有积极作用。[③] 也有研究认为，资本下乡干预农村产业发展，使农村产业不可持续、[④] 低效率等问题出现。[⑤] 在传统村落乡村旅游化过程中，外来资本下乡产生了显著的规模经济效应、知识溢出效应、小农挤出效应，[⑥] 同时也影响了农村社会组织结构，以及乡村旅游化的"非乡土"转型。外来资本在传统村落乡村旅游化行动者网络中不断转译来自地方政府、村两委等的政策、信息、资源、问题，形成自己的语言和行为，并转译至农户、乡村资源、游客等其他行动者。外来资本对传统村落乡村旅游化的"两面性"影响值得乡村公共管理主体的关注。

（一）规模经济效应

规模经济是指生产经营规模达到一定规模水平，而产生的因生产经营管理成本下降，而提升经济利润的现象。传统村落乡村旅游地在通过外来资本下乡推动乡村要素旅游化过程中，产生规模经济的原因主要集中在两方面：其一，传统村落乡村旅游地乡村要素的整体旅游化转型形成的规模效应，在提高旅游化程度的同时，降低了乡村要素零散旅游化转型的成本；其二，通过对传统村落乡村旅游地乡村旅游的规模经营，产生市场聚集、产业管理等的效益流入，赢得外部规模经济效益。通过对新建村村委会成员、黔江区旅投集团的访谈发现，传统村落乡村旅游化中，外来资本下乡产生的规模经济效应主要体现在三个方面：其一，

[①] 桂华：《"没有资本主义化"的中国农业发展道路》，《战略与管理》2013年第6期。
[②] 吕亚荣、王春超：《工商业资本进入农业与农村的土地流转问题研究》，《华中师范大学学报》（人文社会科学版）2012年第7期。
[③] 陆文荣、卢汉龙：《部门下乡、资本下乡与农户再合作——基于村社自主性的视角》，《中国农村观察》2013年第2期。
[④] 龚为纲：《农业治理转型》，博士学位论文，华中科技大学，2014年，第23页。
[⑤] 孙新华：《农业经营主体：类型比较与路径选择——以全员生产效率为中心》，《经济与管理研究》2013年第12期。
[⑥] 涂圣伟：《工商资本下乡的适宜领域及其困境摆脱》，《改革》2014年第9期。

外来资本下乡，参与到传统村落乡村旅游化过程，除了带来发展资金，还进行了旅游管理、旅游经营等理念和技术的配备，一定程度上改变了传统村落乡村要素失调的局面，优化乡村要素旅游化转型的结构，提高乡村旅游化效率；其二，外来资本下乡，通过乡村要素流转，对乡村要素进行集中发展，实现乡村旅游连片经营、旅游要素系统呈现，规避了"小农经济"向乡村旅游渗透的机会，提高了乡村旅游产业经营效率；其三，外来资本下乡，必然带动传统村落乡村旅游产业链的构建，有利于带动农民就业，并通过提高旅游要素的快速市场流通，提高乡村旅游产业链的整体效益。

2013年之前的新建村因处于潜在乡村旅游化阶段，且未实质性实现外来资本导入，规模经济效益还无从谈起。2013年之后的新建村通过政府专项资金的引入，实现了土家十三寨的规模化设计建设和经营，为农户自主经营农家乐等乡村旅游项目提供了机会，也带动了村民，尤其是具有一定土家文化积淀的村民的就业。2018年之前，土家十三寨的规模效应也使其与附近的小南海旅游景区形成人文与自然的良好结合，进一步凸显了两个旅游体的叠加规模效应。在落实《重庆市黔江区小南海板夹溪十三寨民族特色村寨保护规划》（2015年）和推动土家十三寨争创国家AAAA级旅游景区的过程中，政府的财政资金发挥了明显的规模经济效应。一方面，新建村土家要素的系统整合与旅游化转型，要素聚集和规范提升形成了明显的经济增长点，即土家十三寨中"一寨一品"的寨落和土家文化博物馆；另一方面，政府资金导入形成积极的正外部性，一定程度激发了新建村村民资金的释放，也得到了外来市场资金的跟随注入。

（二）知识溢出效应

知识溢出是指在不同主体进行合作交流过程中，自觉或不自觉地产生知识传播、知识碰撞、知识创新的现象，并且没有因某一方或者双方知识的增多，而给予对方相应的经济补偿。通过对新建村村委会成员、三位乡村旅游经营者代表和黔江区旅投集团负责人的访谈发现，外来资本对传统村落乡村旅游化的知识溢出效应主要体现在以下两方面。其一，外来资本下乡带来的专业技术人才的知识溢出。传统村落乡村旅游化过程中人的要素是核心的，正是因为人的参与才使传统固化的乡村资源进行动态旅游化转型。在外来资本向传统村落乡村旅游地渗透过程中，必然伴随相关旅游专业技术人才、旅游行业管理人才、旅游政府管理人员的流入，且他们有明确的目标导向性和系统的知识储备，在与传统村落乡村居民的传统文化与乡村风俗发生碰撞时，新的知识内容或者新的知识形式便自然溢出，使原本相对固化的乡村资源变得立体生动，更容易进行旅游化转型。其二，外来资本下乡带来的创业人才的知识溢出。传统村落乡村旅游化中，外来资本导入过程也是典型的创业过程，还是产业转型过程，创业文化与创业氛围可激发农户参与乡村旅游化过程的热情。外来资本导入的创业体量较大，对农户的带动作用明显，在这一过程中农户可以获得基本的创业知识，甚至是创业渠道。农户通过参与创业或者自主创业，活化自有生计资本，推动生计资本的旅游化转型。

外来资本下乡的知识溢出效应在新建村有明显体现。在政府专项资金向新建村转移支付过程中，为凸显土家文化、提升旅游价值，重庆市和黔江区选派来自旅游企业、旅游院校的相关行业精英和专家学者长期深入乡村旅游规划建设过程中，他们的系统知识和行业经验与新建村村民的传统文化与乡土传统碰撞后，产生了系统化、成体系的旅游产品，也为农户提供了重要的知识获取平台。例如，根据新建村客观实际对农户烹饪技术、旅游礼仪、安全规范等方面的指导。与新建村相似，西江千户苗寨在规划建设初期，也经历了外来资本带动的人才队伍流入，产生了明显的知识溢出效应，尤其表现在苗族文化旅游产品设计开发、银饰产品工艺美化、农户参与个体创业三个方面。当前，虽然西江千户苗寨已经度过了外来资本下乡的环节，但是在游客与新的经营主体的流入过程中，知识溢出依然明显。

（三）社会组织效应

传统村落乡村旅游化过程中，资本下乡不但促进农村产业结构转型，还对农村社会组织和治理结构产生深远影响。其一，改变农村传统社会组织结构，挑战农村传统公共治理体系。传统村落乡村旅游化过程中，外来资本下乡伴随旅游企业、上级政府机构的高频度参与，甚至是在村庄进行长期驻扎，以至于成为农村社会组织的重要组成部分。他们通过参与乡村要素的旅游化，进而影响乡村社会发展，对乡村公共治理提出挑战。当然，他们的参与对推动农村社会发展和农村公共治理创新发挥了一定的作用,但同时也容易产生一些负面影响。例如,重庆市涪陵区市场资本下乡伴随的企业下乡形成了"村企合一"的村企关系模式,[①] 村两委成为企业集团的二级部门,这极大地冲击了乡村组织结构,消减了农村甚至村集体参与乡村自治的权利。其二,产生明显的小农挤出效应。如果把传统村落乡村旅游化过程中外来资本下乡看作是资本主义大生产的话,则易造成"资本主义的大生产将把他们那无力的过时的小生产压碎"。[②] 市场资本的逐利性使市场资本主体在传统村落乡村旅游地进行资本配置时,倾向于研究设计利益最大化的方案,而关于小农户的内容极少被提及。市场资本主体依靠他们的资本优势、经验优势、知识优势,形成绝对话语权,且在"零基础"的传统村落村庄进行乡村旅游规划与布局,他们规模性的资本导入,一定程度上占据了农户参与乡村旅游化的机会,对小农通过自有生计资本参与乡村旅游获取旅游经济收入产生一定的挤出效应。相对于市场资本下乡,政府专项资金的财政转移支付和 PPP 模式的资本介入则能有效降低对小农的挤出程度。其三,吸引乡村要素回归。虽然市场资本下乡一定程度上挤出了小农在乡村旅游化中的创业和经营机会,但是资本下乡后乡村旅游产业的运营需要相当规模的旅游人力资源,其中具有一定传统文化积淀和传统乡土知识积累的本土村民是最佳选择。部分本土村民的回归也带动了其金融资本、社会资本等生计要素的回流,使人力、文化等乡村要素回流成为现实。其四,乡村要素"非乡土"变异。市场资本的趋利性、政府专业资金的政绩效果,使外来资本在导入传统村落乡村旅游化过程中的核心关注点容易脱离"乡土",而更趋于市场。外来资本对乡村旅游短期效益的追求,可催生特色乡村旅游产品、特色乡村旅游服务等外显的商品化载体,而对传统村落乡村要素的"本真性""乡土性"挖掘与保留相对轻视,容易造成乡村要素的"非乡土"变异。

对新建村村委会成员的访谈发现,新建村在外来资本下乡对传统村落乡村旅游化中农村社会组织的影响方面体现得较为明显。新建村社会结构中,土家十三寨景点的投资主体成为重要的组成部分,参与新建村

[①] 焦长权、周飞舟:《"资本下乡"与村庄的再造》,《中国社会科学》2016 年第 1 期。
[②] 《马克思恩格斯选集》(第四卷),人民出版社 2012 年版,第 372 页。

乡村旅游系统管理，并参与乡村公共治理。土家十三寨投资主体的建议和意见成为村两委进行乡村自治的重要考量因素。在2013年之后，随着黔江区政府专项资金的投入，新建村传统的社会组织结构受到明显的冲击，尤其是黔江区旅投集团（黔江国企）对土家十三寨的统一管理，使新建村形成了独立于传统社会组织结构之外的，以黔江区旅投集团为核心的乡村旅游社会组织。在新建村乡村旅游化过程中，以黔江区旅投集团为核心的乡村旅游社会组织通过社会网络资源深刻影响着新建村传统社会结构。未来新建村乡村旅游化过程中资本下乡对社会结构的影响将持续加深。这里依然参照西江千户苗寨，相对于新建村，外来资本下乡对西江千户苗寨的社会结构影响更为明显，目前，西江千户苗寨景区和西江千户苗寨村两委形成相互牵制、势均力敌的关系。西江千户苗寨景区在村寨管理和公共治理方面具有重要的话语权，且凭借强大的经济创收、丰富的社会资本，在农户群体中树立了绝对的引领地位，甚至成为影响村两委结构的重要因素。另外，在外来资本的利益驱动下，西江千户苗寨苗族文化要素产生了明显的"非乡土"变异。苗族文化的市场化与商品化为初次跟团游游客提供了新鲜感和获得感，但对再次到访的自由行游客而言，则缺少进行深度体验的价值，正如一名游客所说："过度旅游榨取了千户苗寨的苗族文化基因，仅剩下千户苗寨的'文化画皮'。"

第三节　地方政府对乡村旅游化的"硬治理"

在乡村制度变迁过程中，国家行政对农村发展的干预逐渐加强，地方政府，尤其是作为国家政策基层实施主体的县级政府和乡镇政府，对农村发展的影响逐渐加深。地方政府对乡村发展的干预主要体现在制度变迁和政府干预两个方面。新制度经济学认为制度是影响经济社会发展的重要因素，并伴随经济社会发展进行制度替代、制度转换和制度交易的过程，即制度变迁。从新制度主义理论的视角审视传统村落乡村旅游化过程，这一农村发展模式属于广义制度变迁的一部分，并受到制度变迁的深刻影响。在中国乡村制度变迁中，政府对乡村发展的干预主要体现在政治思想意识、产业经济发展、社会组织结构、乡土文化传承等多个方面。传统村落乡村旅游地的政府干预与村民自治形成乡村旅游化发展的基础治理环境,构建了系统化、规范化,兼具特色化的乡村旅游化发展环境。

一 地方政府推动乡村旅游化的动机和特点

在中国的中国特色社会主义制度框架下,地方政府是传统村落乡村旅游化的关键动力,它们的干预与管理动机、制度政策的特点,以及与传统村落乡村之间的关系结合直接影响着传统村落乡村旅游化的转型过程与效果。任何组织和个人都具有主观能动性,地方政府也不例外,它们在中国国家行政体制框架下形成了自己的利益逻辑,支撑起主观能动性的发挥,基于此,传统村落乡村旅游地与地方政府利益构建起协同共生的关系。地方政府对乡村发展的干预工具主要是制度政策。普适性的制度政策与传统村落乡村旅游地的"自然规则"的结合,形成了地方政府推动传统村落乡村旅游化的复杂性特点。

（一）地方政府的利益驱动

地方政府日常管理的利益驱动主要来自经济利益、政治利益和公共声誉三个方面,其中,经济利益主要以地方财政收益为主。中国特色财政政策使财政收益最大化成为地方政府自主性行为的逻辑基础。中国地方政府横向问责的虚置与以"人事权力"为核心的纵向问责的片面性,使财政收益最大化成为地方政府政策设置与实施的主导逻辑。[1] 财政收益最大化也成为地方政府经济利益的重要组成部分。地方政府掌握着区域生产要素的控制权,[2] 并进行资源的分配与协调,[3] 在这一过程中寻求自身政治利益,获得较高的政治地位。传播媒介的高渗透性,使公共舆论成为影响地方政府政治地位、衡量地方政府政治业绩的重要指标,公共声誉逐渐成为地方政府利益驱动的重要因素。

传统村落乡村旅游化过程中,县级政府和乡镇政府对传统村落的管

---

[1] 郁建兴、高翔:《地方发展型政府的行为逻辑及制度基础》,《中国社会科学》2012年第5期。

[2] 曹正汉、史晋川:《中国地方政府应对市场化改革的策略:抓住经济发展的主动权——理论假说与案例研究》,《社会学研究》2009年第4期。

[3] Bramwell, B., Lane, B., "Critical Research on the Governance of Tourism and Sustainability", *Journal of Sustainable Tourism*, 2011, Vol. 19, No. 4-5, pp. 411-421.

理最频繁、干预最直接。对传统村落县级政府而言，乡村旅游产业发展是衡量乡村产业多样化发展、产业扶贫、传统文化传承的重要参考，被视为乡村地区典型的优势发展产业。县级政府与乡镇政府也把乡村旅游产业发展视作重要的利益驱动源，它们希望通过乡村旅游产业的发展获得经济利益、政治利益，并为地方发展赢得良好声誉。传统村落乡村旅游产业发展过程中，旅游税收拓宽了地方政府财政收入渠道，一方面，从事旅游经营的农家乐、景区、餐饮、交通等旅游产品供给方，要按照经营规模缴纳营业税；另一方面，从保护生态环境的角度，有些国家和地区还对游客征收旅游税。这种"双向税收"虽然没有在中国传统村落乡村旅游地普及，但是是旅游产业发展的一个方向。在国家乡村振兴战略下，乡村产业扶贫、文化传承与自信、村容村貌建设等叠加政策共同架起了传统村落地方政府乡村建设与发展的重要政治利益来源渠道，即传统村落乡村旅游产业发展与传统村落乡村旅游化转型。乡村旅游产业的广覆盖性，使乡村要素可以通过乡村旅游形成集成效果，进而体现发展成就，成为传统村落地方政府重要的政治利益获取渠道。乡村旅游产业的外向型与传统村落乡村旅游地的封闭性形成协同互补，乡村旅游发展越成熟，越容易获得公众关注和公共声誉。乡村旅游成为传统村落地方政府赢得自身声誉的重要渠道，同时也对区域内其他要素形成正面的宣传带动效应。

笔者对黔江区民宗委工作人员、旅投集团负责人、新建村村委会人员的专门访谈发现，按照重庆市对渝东南生态保护发展区的定位，新建村所在的黔江区通过乡村旅游带动自然生态补偿和传统文化传承。2013年到2018年之间，黔江区政府把新建村土家十三寨定位为民族民俗文化博物馆、黔江区重要的传统文化载体，通过财政支持，使其与附近的小南海旅游景区实现文化生态与自然生态的有效结合。2018年以后，在黔江区政策支持与宣传推广过程中，土家十三寨已经成为黔江区的新名片，并以此获得一定的政治美誉度，并与濯水古镇、巴拉胡①景区形成黔江区旅游产业发展的核心主体。在经济利益方面，黔江区以土家十三寨为切入点，积极争取扶贫资金的引进，例如中信集团的专项扶贫资金，推动

---

① 峡谷的土家语的音译。

脱贫攻坚工作的开展。另外，黔江区以土家文化为依托，在新建村积极承办山地跑客节、寨主文化节等大型文体类赛事，获取了一定的经济效益。目前，相对于其他发展成熟的传统村落，新建村还没有形成规模税收，未形成反哺财政的循环效应。但参照其他传统村落，新建村税收效应未来可期。例如，西江千户苗寨所在的雷山县是乡村旅游典型示范县，2018年全年乡村旅游综合收入已经超过100亿元，且保持较高的营收增长率。西江千户苗寨作为雷山县最重要的乡村旅游地，获得雷山县乡村旅游、精准扶贫、传统村落、文化传承等多重政策红利。

（二）制度政策与"乡土规则"结合的复杂性

中央和国家层面制定顶层制度与政策之后，地方会根据中央国家精神对顶层设计进行细化，进而制定地方性制度政策。在进行政策落地实施时，一般是以中央文件、国务院文件为指导，以地方政策为"施工图"加以执行。关于农村发展的系列政策，在进行基层实施时，还要把农村的客观情况与"乡土规则"考虑进来，形成最终的操作方案。地方制度政策与"乡土规则"结合时表现出明显的复杂性。具体表现在，其一，地方政策需要正确理解国家宏观政策与顶层设计，否则难以发挥"纽带功能"使政策落地；其二，地方区域范围内各政府部门和下一级地方政府众多，它们均需要具体的政策实施计划，并得到一线的指导监督；其三，面对中央国家政策设计与"乡土规则"的冲突，并进行有效应对；其四，政策执行的效果需要接受上级考核和乡村监督。

虽然有相当大一部分传统村落乡村旅游地地处民族自治县内，但是依然要执行国家宏观规划与顶层设计。传统村落乡村旅游化过程中，国家政策的单一性、各村庄发展现实与"乡土规则"的多样性、乡村旅游的灵活性和广牵连性，使地方政策对中央和国家政策的正确解读与在乡村的具体落实异常复杂。具体表现在以下方面。其一，何以正确解读单一的国家政策。垂直的国家行政体制，便于国家乡村旅游政策的迅速落地，并对传统村落地方政府的落实情况进行有效监督，这意味着传统村落地方政策要紧紧围绕国家政策文本，宁可忽略地方发展实际与农户客观需求，最终政策的落地难以实现乡村有效发展，农户难有获得感。其二,何以有效应对偶发的国家政策的"非正确性"。[①] 国内外历史发展事实告诉我们,国家政策不可能永远保持零失误与完全正确。偶发性的"非正确"国家乡村旅游政策对传统村落乡村旅游地而言,极易产生扩大化的负面影响。垂直的国家行政体制和传统的官僚体制,使地方政府难以有效应对"非正确"国家政策。其三,何以应对多头领导的政策矛盾。传统村落乡村旅游涉及多个国家行政部门,包括农业农村部、文化和旅游部、生态环境部、国家民族事务委员会、国家市场监督管理总局等。这些国家行政机构的政策文本通过垂直的行政体制快速落实到对应的地方政府部门,而众多地方政府部门对应着同一个实施场域,当不同部门的政策发生冲突时,地方政策难以有效应对。

对 2013 年以来涉及新建村民族、文化、扶贫、旅游的政策文件进行系统梳理,对新建村村委会成员进行专门访谈发现,国家部委、重庆市相关文件在新建村落地过程中存在明显的"普通规则"与"乡土特色"之间的摩擦,而这种摩擦的化解者主要是新建村村委会人员、小南海镇政府和黔江区相关政府部门工作人员。2013 年之前的新建村,乡村旅游未起步,地方政策落地的复杂性体现不明显。2013 年之后,处于初始旅游化阶段的新建村,计划通过康养旅游项目丰富现有的土家民族旅游,并根据当地传统土家族、苗族医药信息设计了系列康养产品,且获得了黔江区文化和旅游部门和民族宗教部门的认可,但是在生产环节遇到了医药、质监部门政策文件的矛盾,特色康养项目依然没有有效进展。2015 年黔江区政府推进《重庆市黔江区小南海板夹溪十三寨民族特色村寨保护规划》落地、2017 年土家十三寨国家 AAAA 级旅游景区创建以来,黔江区制度政策的影响力明显高于新建村的"乡土规则",在制度政策的模式框架下,土家乡土规则通过"剪枝裁叶"进行主动适应。随着乡村旅游化的推进,黔江区地方政策与新建村"乡土规则"之间的协同局面更加明显。调研发现,当前的土家十三寨凸显的土家要素,更多是表层化、演绎化的呈现,而非土家文化的"本真性"表达,这便于商业化、程序化推动实施,相对简单。

---

① 徐勇:《"政策下乡"及对乡土社会的政策整合》,《当代世界与社会主义》2008 年第 1 期。

二 地方政府对乡村旅游化的"样板化"塑造

地方政府作为传统村落乡村旅游化的外部因素，其行为动机来自自身经济利益、政治利益，且具有明显的政策导向性。在垂直的国家行政体制内，地方政府更习惯"向上看"，以明确的上级目标导向进行实践落实，缺少主动下探的积极性和激励机制。一般而言，地方政府更倾向于外显的、短期的乡村旅游产业的发展，而对涉及要素众多，长期的、内隐的乡村旅游化转型关注不足。但是，传统村落乡村旅游化的客观性、合理性（第一章已陈述）使地方政府更容易对乡村旅游化发挥政策强引导，从而推动乡村旅游化进程。在乡村旅游化行动者网络中，地方政府不断转译来自宏观政策、百姓需求等行动者的信息与问题，形成地方政策文本，并转译至村两委、外来资本等行动者，强力引导他们的角色转换。

（一）以行政征召方式，推动乡村旅游产业化、样板化发展

地方政府的管理行为具有明显的政策导向性，根据自上而下的政策文本，地方政府以尽量明晰简洁的目标和行为加以应对，若能通过一项工作完成多项政策任务，则能达到地方行政"效率最大化"的目的。传统村落地方政府在上级政策文本的指引下，对涉及乡村旅游的政策文本，以乡村旅游规模性、产业化的形式呈现更能体现工作量，也更能满足上级政府对其进行考核的数据指标化要求。同时，为体现地方政府在传统村落乡村旅游发展中的引导作用，地方政府往往打造示范性的乡村旅游样板，进行"政绩"展示。调研发现，地方政府主导的传统村落乡村旅游产业和样板化传统村落乡村旅游地，难以被其他村庄复制。其一，地方政府在进行乡村旅游产业布局和样板选择时，更倾向于基础设施齐备、旅游要素丰富、资源特色有优势的传统村落，这既可以节省财政资金，又可以短期内达到预期效果。其二，乡村旅游具有明显的排他性。同一区域内的传统村落在旅游资源禀赋和优势资源方面差距不大，若地方政府在某一村庄打造了完整的乡村旅游产业链，树立了样板，那么其他传统村落的乡村旅游难以在同一领域获得发展。另外，地方政府引导的传统村落乡村旅游产业化发展难以达到乡村要素系统旅游化转型的目的，而产生依附于乡村旅游产业的部分乡村要素的碎片化转型。

对黔江区旅投集团、民宗委、小南海镇人民政府工作人员的访谈发现，新建村是典型的地方政府主导的乡村旅游产业化运作的案例。在地方财政的支持下，新建村的土家十三寨成为旅游产业的核心支撑，围绕其产生了一批乡村旅游个体户，形成了要素稀疏，但总体完整的乡村旅游产业链。值得注意的是，当前，新建村土家十三寨淡旺季鲜明，旅游旺季通过一系列活动吸引相当数量的游客，而旅游淡季游客量相对稀少，总体而言，新建村乡村旅游产业对游客形成了预期的吸引效果。这与2015年黔江区政府统筹完成的《重庆市黔江区小南海板夹溪十三寨民族特色村寨保护规划》和2017年黔江区统筹的争创国家AAAA级旅游景区息息相关。新建村乡村旅游产业化与乡村要素旅游化之间的相对协同是其取得一定成绩的关键所在。可以说新建村属于地方政府主导的全要素旅游产业化发展的典型案例。新建村土家十三寨保留了完整的原生态土家族生产生活场景，这本就为乡村旅游产业化、乡村要素整体旅游化提供了完整的框架，在地方政府财政支持下，相对系统地完成了乡村旅游产业化发展，乡村全要素的旅游化转型。新建村作为重庆市黔江区典型乡村旅游村庄，区级政府对其进行旅游规划的支持是通过快速的乡村旅游产业发展进行的，核心要素聚焦于土家十三寨民俗文化与演绎，这在一定程度上能使新建村乡村旅游达到"以点带面"的产业化发展目的。

（二）以核心行动者身份，推动地方政府主导的乡村公共治理旅游化

地方政府主导的乡村旅游发展推动政府导向的乡村公共治理旅游化。乡村公共治理是乡村发展相关利益主体之间的妥协与平衡，地方政府，尤其是乡镇政府本就是乡村公共治理的重要组成部分。地方政府引导的传统村落乡村旅游发展，为其深度参与传统村落公共治理提供了机会与渠道，并成为系统掌握其他乡村治理主体的权威要素。在地方政府引导的乡村旅游发展的传统村落，乡村旅游贯通了乡村各种资源要素，为乡村公共治理主体搭建了旅游化的公共治理平台，使"乡村旅游"成为传统的乡村公共治理体系中的新关键词。在地方政府引导的乡村旅游发展过程中，可派遣地方政府公务员前往村庄进行旅游发展指导，有时为了达到"一次下乡，办理多项工作"的目的，这些地方政府公务员还承担了推广精准扶贫、民族政策等多项任务，这为他们深度参与乡村公共治理提供了多重身份和话语权，而这些身份和话语都以乡村旅游为载体

展开。

对新建村村委会人员的调研发现,2013年以来黔江区民宗委、黔江区旅投集团、小南海镇政府工作人员对新建村公共治理的影响逐渐增大。2013年之前的新建村,黔江区和小南海镇政府没有参与到乡村旅游发展中,乡村公共治理的旅游化体现不明显。2013年之后的新建村,地方政府紧紧围绕土家十三寨深入参与到乡村公共治理中。作为黔江区重要的传统文化旅游地,土家十三寨接受来自黔江区文化旅游部门、民族宗教部门、发展规划部门等机构的关注,这些部门经常派遣公务人员,或者聘请传统文化、旅游规划等领域的专家学者前往该地进行乡村旅游发展指导,而每一次指导都要通过新建村两委进行协调,这自然形成了地方政府参与的乡村公共治理环境,而乡村旅游也就成为他们参与乡村公共治理的主要话题,尤其是在黔江区政府统筹推进《重庆市黔江区小南海板夹溪十三寨民族特色村寨保护规划》(2015年)落地过程中,深刻推动了乡村公共治理的旅游化。更为直接的是,土家十三寨国家AAAA级旅游景区创建之后,黔江区旅投集团全面接管土家十三寨的旅游经营,这冲击了新建村传统公共治理框架,通过新的公共治理主体、新的公共治理框架模式、新的公共治理实施路径,进一步推动公共治理的旅游化。未来,随着土家十三寨旅游经济效益的增加、税收规模的扩大,新建村公共治理结构将更加凸显外向型的特点。依然参照西江千户苗寨,相对于新建村,西江千户苗寨更应定义为"地方政府主导的乡村公共治理旅游化"案例。西江千户苗寨作为黔东南州,甚至是贵州省乡村旅游的代表,各级地方政府均给予其高度重视,频繁派遣各部门公务人员"关心"其健康持续发展,另外,作为雷山县旅游领域重要的"纳税大户",也得到县级财政部门、工商部门的"关注",这些日常性的"关心"和"关注"形成常态化的地方政府主导的乡村公共治理格局,毋庸置疑,乡村旅游是他们参与公共治理的重要话题,公共治理的旅游化也就成为必然。

第 六 章

新建村乡村旅游化中的动力机制、摩擦与失衡

以公共管理的视角审视社会发展过程会发现，某一社会系统的内外部发展动力都是各行动者主观能动性的集合，而这一集合往往是动态的，且在常态失衡与相对有序的两个维度中摆动前行。传统村落乡村旅游化是一个动态的社会转型发展过程，村庄农户、精英群体、游客、外来资本主体、地方政府等行动者（主要利益相关者）均以各自发展子系统中的利益机制发挥其主观能动性，并形成相互交织的发展动力，即行动者网络。总体而言，地方政策的强引导是推动这些发展动力达成的关键因素、共同因素。而对于这种全要素、大跨度的系统转型而言，各动力之间的矛盾摩擦、失衡失序成为常态，这集中表现为"过度旅游"。

第一节 新建村乡村旅游化中的动力机制

对新建村2013年以来乡村旅游产业发展与乡村旅游化进程的研究发现，在传统村落乡村旅游化过程中，所有的利益相关者的动力指向是乡村旅游产业发展和相关利益获取，而乡村旅游化只是乡村旅游发展中传统村落变化的动态过程，所以，乡村旅游化的发展动力不是直接动力，而是间接动力，而对这些发展动力而言，乡村旅游化不是直接结果，而是间接影响，或是过程产物。但从公共管理的视角，传统村落乡村旅游化理应成为所在乡村旅游地公共服务的重要目标和公共价值。从利益目标追求的角度，农户基于旅游生计资本提升推动的乡村旅游化、经济精

英基于旅游经济利益推动的乡村旅游化、乡村基层干部基于乡村旅游治理推动的乡村旅游化、宗族精英基于宗族势力与文化推动的乡村旅游化、游客基于旅游消费体验推动的乡村旅游化、外来资本主体基于旅游投资收益推动的乡村旅游化、地方政府基于政治任务和政治利益推动的乡村旅游化，都有其存在的合理性，并按照自有的行为逻辑和发展规则行使着自身的合法权利，形成七个微型发展动力系统。这七个微型发展动力系统的作用对象和活动场域都是在传统村落乡村旅游地，不可避免地出现彼此之间的交集、协同、融合、摩擦等各种集合场景，最终形成推动传统村落乡村旅游化的动力机制。而这一动力机制与政策导向、政府治理密切相关，根据乡村旅游化不同的发展阶段、不同的乡村社会发展场域，各动力发挥作用的强弱存在明显的差异。

一 潜在旅游化阶段的发展动力与动力机制

在潜在旅游化阶段的村庄，推动乡村旅游产业发展的动力相对单一，且不容易获得其他潜在旅游相关者的支持配合。在传统村落农村社会中，更是如此。相对封闭的农村发展场景与资源要素大量城镇化转移，使传统村落村庄不易获得发展动力的关注。但是在中国整体经济社会快速发展的基础上，动力要素和动力类型逐渐增多，发达地区动力要素的外溢、国家政策区域之间的平衡，为传统村落农村发展增加了获取外部动力的机会，也一定程度觉醒了乡村农户和精英群体。因处于潜在旅游化阶段，单一的发展动力难以形成动力机制，但是单一发展动力的来源机制值得关注。这个单一发展动力是如何从原有发展场域转移到乡村旅游发展场域？是以往的发展动力过剩，还是可以从乡村旅游中获取更大的溢出效益？这一发展动力又需要获得哪些发展动力的支持才能搭建起基本的乡村旅游框架，推动乡村旅游化进程？

通过对 2013 年之前的新建村发展相关政策文本的梳理，以及对新建村村委会人员的调研发现，新建村潜在乡村旅游化阶段形成了以政策文本为核心，地方政府、村委会为重要推动的动力机制（如图 6-1 所示）。

那个时期的新建村最明显的差异化优势就是小南海旅游景区辐射土家文化及相关载体，并且一直被村庄百姓传承使用。自 2005 年小南海旅游景区被国家旅游局评为国家 AAAA 级旅游景区之后，新建村"依附"

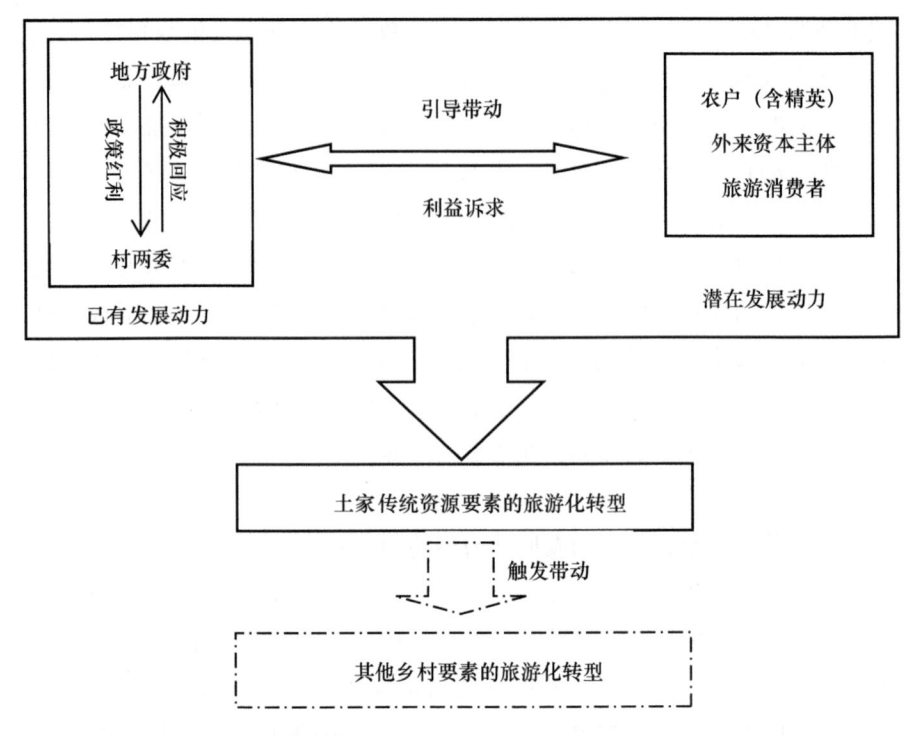

```
┌─────────────────────────────────┐         ┌─────────────────────────────────┐
│         地方政府                 │   引导带动                                │
│      ↑        ↓                 │ ←──────→ │      农户（含精英）              │
│   政   积                       │          │      外来资本主体                │
│   策   极                       │          │      旅游消费者                  │
│   红   回                       │   利益诉求│                                 │
│   利   应                       │          │                                 │
│      ↑        ↓                 │          │                                 │
│         村两委                   │          │                                 │
└─────────────────────────────────┘          └─────────────────────────────────┘
         已有发展动力                                  潜在发展动力

                        ↓
         ┌─────────────────────────────────┐
         │   土家传统资源要素的旅游化转型     │
         └─────────────────────────────────┘
                        ↓ 触发带动
         ┌ ─ ─ ─ ─ ─ ─ ─ ─ ─ ─ ─ ─ ─ ─ ─ ┐
           其他乡村要素的旅游化转型
         └ ─ ─ ─ ─ ─ ─ ─ ─ ─ ─ ─ ─ ─ ─ ─ ┘
```

图 6-1　2013 年之前新建村乡村旅游化的发展动力与动力机制

于该景区，逐渐进入相关政府部门、游客群体的视野。黔江区政府关于乡村发展的政策逐渐向新建村倾斜，游客群体（尤其是自由行游客）逐渐深入新建村，感知土家十三寨的民族风俗。按照传统村落乡村旅游发展规律，传统文化承载物是最容易被旅游化，且能在短期内达到单个要素高度旅游化的对象。新建村土家文化与承载物具有客观优势，它们不是被封闭在村庄内部，而是被其他村庄，甚至其他乡镇的土家农户所知晓，并经常参与到新建村公共土家文化活动中。那么，新建村土家要素的旅游化理应由农户，或者村庄内部精英作为第一发展动力进行旅游功能拓展和旅游化转型。调研发现，当时，农户、村庄精英都有基于现有条件进行乡村旅游发展的想法和动机，村两委也根据本村优势和其他乡村旅游地的经验，进行过专门研究，但是由于当时新建村传统建筑老化，缺少维修资金，缺乏土家非遗文化传承人，且传承方式单一，基础条件与公共设施落后,村民贫困,产业单一,再加上村庄内部动力主体有限的资金储备、单薄的专业知识、农户外出务工"保险选择"与本地创业的"风险规避",新建村没有形成基于内部发展动力的乡村旅游化动力机制。

机会出现在 2008 年,在统筹城乡经济社会发展、建设现代农业、发展农村经济的政策带动下,黔江区政府统筹完成了《重庆市黔江区后坝土家分布式博物馆保护性详细规划》。该规划对新建村土家十三寨进行了总体规划,主要包括总体蓝图与分寨设计。该规划之后,黔江区通过专项财政支持新建村土家民族要素旅游功能拓展,黔江区政府成为推动新建村乡村旅游产业发展的第一发展动力。由于当时黔江区财政支持和资金导入力度有限且迟缓,在这一乡村旅游整体规划方案之后,没有产生系统性的乡村要素旅游化拓展的局面,但黔江区政府、小南海镇政府及新建村村两委对推动新建村旅游化所发挥的动力为后续发展奠定了良好的基础。新建村村民尤其是村内精英、外部资本主体也敏锐地感知到接下来新建村以土家十三寨为核心的乡村旅游发展与乡村要素旅游化拓展。

如今,中国传统村落分布广泛,各个乡村优势差异明显、乡村文化特色犹存,从乡村旅游化的角度描绘它们未来的发展思路,大量传统村落具备乡村旅游化的潜力。在乡村振兴战略顶层设计的带动下,传统村落乡村旅游产业发展,乡村社会的旅游化转型是部分村庄的重要选项。在这一设想中,来自政府的动力如何有效转移至传统村落,激励内部动力要素的参与,形成自身的发展动力机制是关键所在。

二 初始旅游化阶段的发展动力与动力机制

在初始旅游化阶段的村庄,乡村旅游产业已经发展到一定阶段,推动乡村旅游产业发展的动力已经形成基本的闭环。闭环内有两个或两个以上发展动力的参与,并基本形成动力发展机制,虽然是闭环集合,但其他发展动力要素依然可以进入,并发挥动力作用。这一阶段,参与乡村旅游化的发展动力已经与乡村要素形成明显的主客体关系,部分乡村要素已经实现了旅游化拓展,且对其他乡村要素的旅游化转型起到明显的带动作用。一般而言,在处于初始旅游化阶段的传统村落乡村旅游地,虽然参与旅游化的发展动力各异,但是在这些发展动力的作用下,首先进行旅游化转型的是村庄民俗要素，甚至有的村庄的农户生计要素也开始进行旅游功能拓展和旅游化转型。既然在初始旅游化阶段，有两个或两个以上的发展动力，则必然形成了基本的动力机制，一般表现为，主体动力（核心行动者）和附带动力（一般行动者）的形式，即一个发展动力充当重要的主体动力作用，另外的一个或多个发展动力充当支撑的附加作用。例如，地方政府的主要动力作用与外来资本主体的附加动力作用的动力搭配。

继续以2013年之后的新建村分析初始旅游化阶段的乡村旅游化发展动力。新建村经历了2013年之前潜在旅游化阶段，当前在各发展动力要素的推动下，乡村要素已经开始快速地进行旅游化转型。在新建村乡村旅游产业起步期和乡村要素具备旅游化转型条件过程中，附近的小南海旅游景区仍然发挥着重要的带动作用。这一阶段，虽然小南海旅游景区不是新建村乡村旅游产业发展和积累旅游化条件的直接动力，但是对农户自发进行乡村旅游小规模经营，推动农户生计要素的多功能拓展影响深远。虽然将新建村这一转型发展阶段称为"潜在旅游化阶段"，但是在这一阶段中部分农户的劳动力要素已经实现了旅游化转型。这种依附于小南海景区进行乡村旅游初步发展的局面，被土家十三寨的规模性修建打破。2015年黔江区政府统筹完成了《重庆市黔江区小南海板夹溪十三寨民族特色村寨保护规划》，主要对新建村做出"四个新村"（宜居新村、文化新村、生态新村和旅游新村）的定位，对土家十三寨做出三大板块的划分（南部综合服务区、中部土家民俗体验区、北部土家原生态展示区）。土家十三寨的建设是新建村乡村旅游自主发展的开端，也是在土家十三寨的带动下，新建村进入了初始旅游化的发展阶段。新建村进入地方政府规划视野的是新建村相对集中的十三个土家山寨，再加上毗邻小南海旅游景区的区位优势，新建村顺理成章地成为黔江区政府支持的乡村旅游典型村庄。

可见，新建村乡村旅游化的第一直接发展动力是黔江区政府，与新建村村委会协作，以主要发展动力的角色，构建了土家十三寨这一主要旅游吸引物。根据乡村旅游发展需要，那些生活在土家十三寨的农户被吸纳进来，他们根据建设规划和自身利益诉求进行农家乐等旅游产品的供给，形成第二批发展动力，推动了农户生计要素的旅游化转型。随着

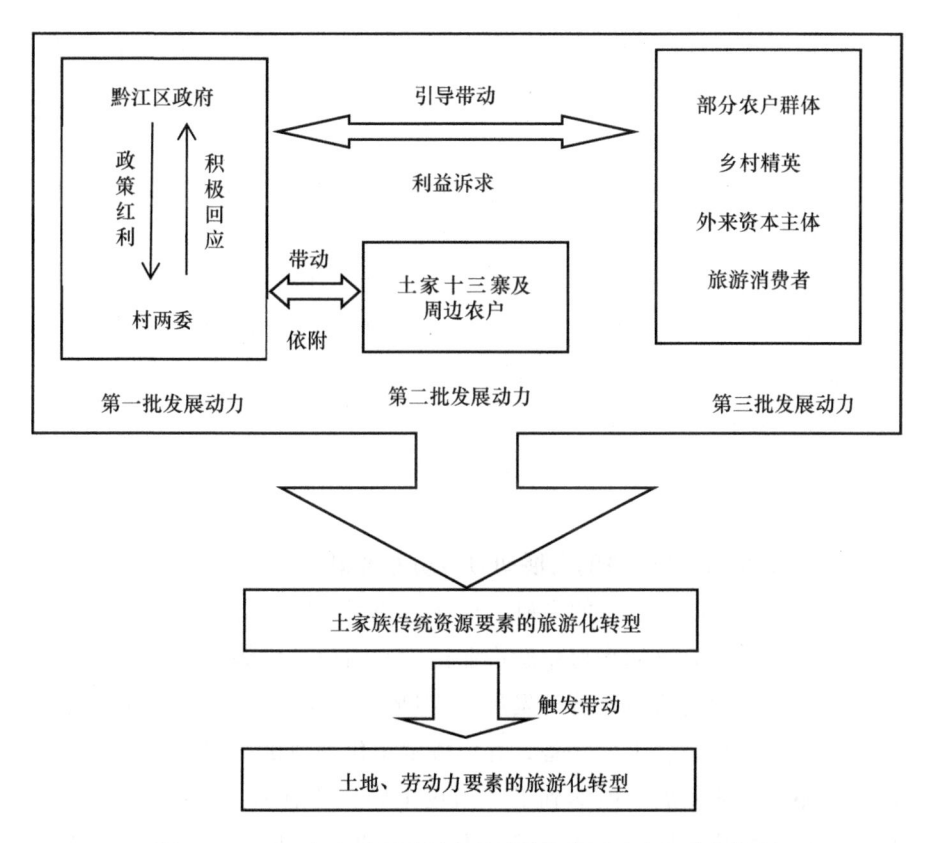

图6-2　2013年之后新建村乡村旅游化发展动力与动力机制

乡村旅游产业的发展，新建村的部分经济精英、宗族精英和基层干部，以及少量外来资本主体也逐渐加入乡村旅游化进程中，连同小规模的游客，一起组成第三批发展动力。经济精英以经济利益获取为主要动机，在乡村旅游化过程中具有明显的主动性，并对其他普通农户起到一定的带动作用。宗族精英以典型的身份特征、特殊的宗族地位和治理地位参与到乡村旅游化过程中，一方面为宗族群体赢得话语权，另一方面为其自身获得一定的经济收益。因新建村基层干部中相当部分是经济精英，他们参与乡村旅游化也同样具有较高的积极性。外来资本主体主要是黔江区旅投集团，它的企业性质决定了其在新建村乡村旅游化中承担上下协同、规划执行的功能，以打造乡村旅游样板化村庄为直接目标，动力作用明显。虽然新建村乡村旅游基本成熟，但是限于交通等方面的因素，可进入性相对较差，除大型节庆活动和暑期旅游旺季，游客依然较少。这相对稀少的游客对新建村乡村旅游化的创新作用值得关注，例如，黔江区中小学生研学旅行明显推动新建村农户乡村要素的旅游化创新转型（如图6-2所示）。①

对处于初始旅游化阶段的传统村落而言，如何正确引导乡村旅游化，实现乡村要素的自然有序地旅游化转型，到达成熟旅游化阶段，是相关利益主体重点考虑的问题。笔者认为，一方面，应持续加强主要发展动力（核心行动者）的引导作用，进一步扩充闭环集合内的发展动力。另一方面，增强村庄内生发展动力的主体作用是推动乡村持续旅游化的关键，因为传统村落乡村旅游化是村庄农户的旅游化，且隶属于乡村经济社会发展的整体格局。

三　成熟旅游化阶段的发展动力与动力机制

处于成熟旅游化阶段的乡村，往往达到了乡村旅游产业高度集成发展程度，形成了完整的乡村旅游产业链，并因规模优势和特色优势，在一定的区域范围内获得显著的发展"垄断力"。这一阶段，推动乡村旅游产业发展的动力已十分完备，并形成常态化动力供给逻辑。这一阶段的乡村旅游产业发展一般达到了"市场主导、政府退出"的发展格局，即在乡村旅游化发展动力要素闭环集合中，地方政府的发展动力功能逐渐退出，市场自觉功能逐渐凸显。在市场推动的成熟乡村旅游化阶段，市场对资源要素配置的功能集中体现在乡村要素与外来要素的旅游功能拓展和旅游化转型方面。一般而言，在成熟旅游化阶段的传统村落乡村旅游地，乡村要素的旅游化转型已经处于相对稳定的状态，即那些参与乡村旅游发展，并在乡村旅游产业链中实现旅游化转型的乡村要素已经在乡村旅游产业链和乡村社会整体发展中处于重要的优势地位，而那些未参与乡村旅游发展，且未进行旅游化转型的乡村要素则难以进入这一稳定系统。在成熟旅游化阶段的传统村落乡村旅游地，推动或者维持旅游化状态的发展动力相对较多，从参与乡村旅游的农户、乡村经济精英、乡村基层干部、乡村宗族精英等内部发展动力，到旅游消费者、外

---

① 新建村是黔江区中小学生研学旅行基地之一。

来资本主体、地方政府等外部发展动力，几乎均有涉及。而这些发展动力之间的作用机制基本形成了以旅游消费者与投资经营主体（包含从事乡村旅游经营的农户、外来资本主体、乡村经济精英等）为两个核心动力，以部分农户、精英与地方政府为系列外围次级动力的格局（如图6-3所示）。

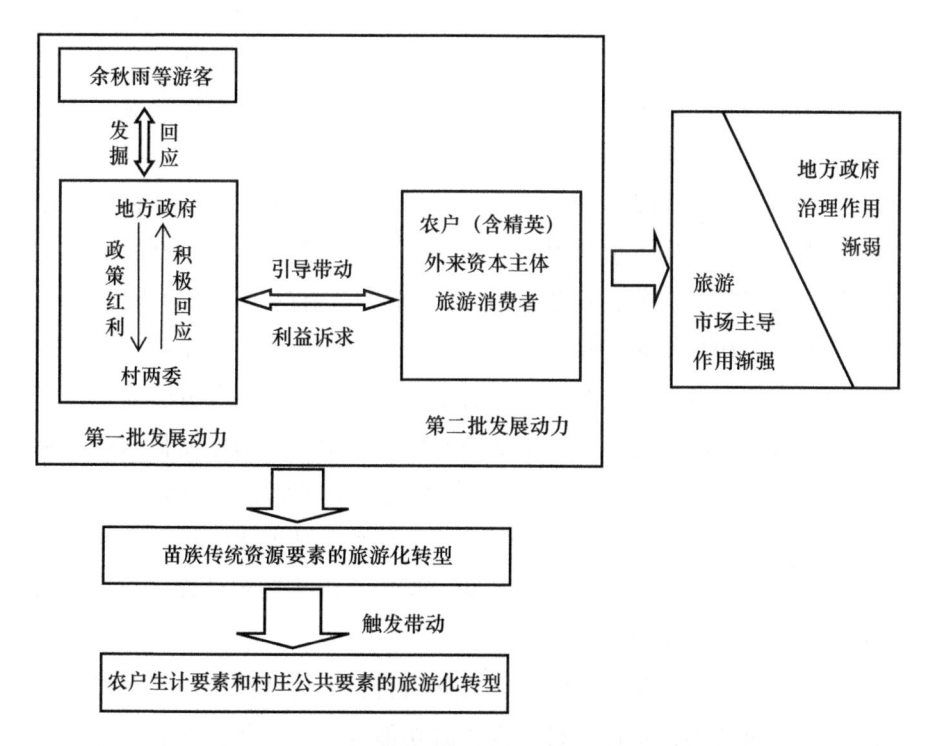

图6-3 西江千户苗寨乡村旅游化发展动力与动力机制

相对于新建村发展的过往与当下，西江千户苗寨作为成熟旅游化的代表更有说服力。西江千户苗寨经历了潜在旅游化阶段和初始旅游化阶段，在各种发展动力的推动下已经达到了成熟旅游化阶段，乡村要素处于旅游化的稳定发展时期。西江千户苗寨乡村旅游产业发展起源和乡村要素旅游化的开端要得益于美国人类学者路易莎1982年的贵州调研，正是这一次来自"国际视野"的建议，使贵州省在1987年将西江千户苗寨列为首批旅游发展项目。从此西江千户苗寨乡村旅游开始发展，村寨部分要素实现了旅游化转型，主要是联户成片的苗族吊脚楼建筑的旅游功能拓展和旅游化转型。但由于交通不便，在后续 20 年左右的发展相对缓慢，其他村寨要素也没有进行明显的旅游化转型。2007 年，余秋雨《用美丽回答一切》的考察引发了西江千户苗寨第二次大规模开发。2008 年贵州省黔东南州决定举全区之力全力打造西江千户苗寨，以求达到"看西江知天下苗寨"的效果。2009 年随着国有旅游企业西江千户苗寨文化旅游发展有限公司的成立，西江千户苗寨进入十年的快速发展期。可见，西江千户苗寨第一阶段（1987—2007 年）乡村旅游产业发展与乡村旅游化的直接动力来源于美国人类学者路易莎的旅游体验，并得到地方政府的积极响应，且赢得地方政府在财政支持、政策倾斜方面的发展动力。西江千户苗寨第二阶段（2007 年至今）乡村旅游产业发展与乡村旅游化的直接动力来源于作家余秋雨的旅游体验，同样得到地方政府的全力支持。第一发展阶段，在游客的直接动力、地方政府的主要动力协作之下，推动乡村旅游初步发展，并实现部分村寨要素的旅游化。在第二发展阶段，在游客的直接动力、地方政府的主要动力协作下，积极引导了外来资本主体、农户的参与，形成完整的发展动力集合，构建完整的乡村旅游产业链，推动乡村旅游产业成熟发展，并实现部分农户的生计资本（劳动力、村寨建筑、传统文化技能等）、部分土地要素、村庄公共治理等乡村要素的整体旅游化转型。可见，西江千户苗寨乡村旅游化发展动力中游客和地方政府的重要作用。

对处于成熟旅游化阶段的传统村落而言，如何持续维护好乡村要素的旅游化转型成果，实现乡村要素旅游功能的稳定发挥，达到推动乡村社会整体发展的效果，是相关利益主体重点考虑的问题。笔者认为，处于成熟旅游化阶段的传统村落乡村旅游地，更容易在片面的乡村旅游产业发展的带动下，造成粗放盲目的乡村要素"唯旅游化"局面。所谓"唯旅游化"是指，某一要素为了追求旅游化转型，而抛弃自身全部已有功能，并放弃其他功能拓展机会的转型局面。传统村落乡村旅游化是一个动态过程，是乡村社会发展系统的整体转型，是传统村落乡村发展的一种选择，而不是唯一选择。若某一个或多个发展动力仅追求乡村要素的"唯旅游化"效果，那么有可能引发乡村发展要素失衡、整体失序的后果。

第二节　发展动力之间的多重摩擦

通过对新建村乡村旅游化相关动力主体的调研发现，在传统村落乡村旅游化过程中，不同的参与主体和利益相关者之间存在千差万别的利益获取、目标定位和行动导向，即使是同一个群体内的不同组成成员之间也存在一定的差异。乡村旅游的多元化、多样性和动态变化使各参与主体和利益相关者的利益追求和行为逻辑会随着乡村旅游的变化而变化。对新建村不同发展阶段村庄的调研发现，传统村落乡村旅游化过程中，农户群体、乡村精英、外来资本主体、地方政府、农村自治组织和游客在利益定位、目标追求和行动逻辑方面存在系统复杂性和因素多元化的特征。相对于乡村旅游化与村庄稳定有序发展，他们的目标更加直接、更易获取，且差异明显，这使各发展动力之间产生多重摩擦，主要表现为以下四个方面。

一　乡村精英与普通农户：发展带头人与资源持有者之间的摩擦

部分农户之所以被称为乡村精英，必然存在远超出其他农户的比较优势，直接表现为对经济、文化、社会、政治等方面资源的获取能力，最终表现为对乡村社会发展的掌控能力。在乡村振兴战略背景下，村庄产业多样化、农业多功能发展，使传统村庄逐渐融入区域发展大格局中，内外部资源要素的流动范围扩大、流动频度增加，使乡村精英的功能与作用得到进一步凸显。普通农户受"小农思维"的影响，在开拓创新、抵抗风险、社会资源等方面与乡村精英存在一定的差距，往往依附于国家政策、地方政策和乡村精英，共同组成村庄整体的发展格局。乡村精英与普通农户均属于村庄农户的组成部分，本应有共同的利益诉求和实现路径，但是在乡村开放程度逐渐提升、多样化利益驱动下，他们之间形成了明显的差序发展格局，并分别以发展带头人和资源持有者的身份独立存在着。

在传统村落乡村旅游化过程中，乡村精英通过自身创新开拓的胆识、丰富的社会网络资源，较早地以各种不同的形式介入这一转型过程中，并承担起转型发展的带头人的角色。但是，乡村精英自有资源要素是有限的，当完成自有要素的旅游化转型之后，便开始带动其他农户持有资源要素的旅游化转型，并力求从中获得一定的收益。这时，部分农户通过服从乡村精英"规则垄断"的方式加入乡村旅游化过程中，在推动自身旅游生计资本提升的同时，也为乡村精英贡献了"规则费用"。这一现象符合"帕累托最优"的游戏规则，但是仍然有部分农户不愿依附于乡村精英的"规则垄断"，依托自有资源要素，通过"自立门户"的方式，寻求乡村精英规则之外的发展空间。乡村精英与普通农户之间的摩擦，实则是发展带头人与资源持有者之间的利益之争，一定程度上影响了乡村旅游化的整体性与规模性，但是同时促进了乡村旅游化的差异化发展。这一现象在资源要素私人占有权利较高的传统村落乡村旅游地，是难以避免的。

通过对新建村的调研，以及与相关案例的比较发现，在初期旅游化阶段，乡村精英与普通农户之间的摩擦最为明显。2013年之前，初步完成乡村旅游整体发展规划的新建村，由于宗族精英和基层干部的参与，经济精英和普通农户还没有加入乡村旅游产业发展和乡村旅游化发展过程中，未出现乡村精英与普通农户摩擦的情况。相对于2013年之前，2013年之后的新建村乡村精英和普通农户的摩擦比较明显。乡村精英依托土家十三寨完成了自有要素的旅游化转型，并形成了"规则垄断"效应，通过约定农户房屋、田地、劳动力的价格，完成对部分农户要素的流动转移，但是存在相当一部分普通农户或出于感性情绪，或出于理性判断，拒绝出让自有资源要素。由于新建村乡村旅游的发展来自自上而下的政府意志，乡村精英参与其中，并从中获取自身利益，但依然是政府意志的执行者，这个"标签"对普通村民形成强大的威慑，推动着普通村民乡村要素的旅游化转型。2017年，土家十三寨成功创建国家AAAA级旅游景区之后，尤其是2018年脱离对小南海旅游景区的依附以来，新建村乡村精英初始引领带动的功能作用已经基本发挥完毕，在外来资本主体、政府指导干预的参与下，乡村精英的"规则垄断"效应逐渐减弱，并与普通农户形成稳定的关系格局。

二 乡村农户与外来资本主体：不同资源占有者之间的摩擦

乡村农户既包括普通农户，也包括乡村精英与农村自治组织。传统农村内部组织结构多元,既有农村基层政治、村级公共治理,也有宗族血缘关系、邻里亲朋关系等,共同组成农村经济社会发展的完整自治系统。这一系统内部相对稳定,但对外来要素具有天然的排他效应,无论是外来政策还是外来资本。当前,乡村要素的流动性逐渐增强,外来资本主体参与乡村发展的现象也逐渐增多,乡村农户持有资源要素与外来资本主体持有的资本要素形成一定的互补作用。由于农户根深蒂固的"小农思维"以及较弱的抗风险能力,他们不愿意主动开拓新的发展空间,更倾向于依附于某一成熟发展主体,形成稳定的合理收益,哪怕是非常廉价的收益,这就形成了外来资本主体主导的农村发展格局,农户资本要素完全依附于外来资本要素。但随着农村发展逐渐成熟,外来资本的获益逐渐增多,而农户资源要素无法获得更大的价值增量,乡村农户与外来资本主体的摩擦逐渐明显。

传统村落乡村旅游化过程中乡村要素的旅游化转型需要大量资本的参与,在地方政府招商引导或者外来资本主体主动寻利的作用下,外来资本主体通过自有资本优势,与乡村资源要素形成互补优势。外来资本成为传统村落乡村旅游化的重要推动要素,并形成以乡村旅游为特色的传统村落内外部要素的有机统一体。相对于要素组合的完美状态,要素持有者之间的关系却时常出现矛盾与摩擦。其一,不同资源占有者之间的利益之争。传统村落乡村旅游化过程中,外来资本主体的主导角色明显,以创新开拓的胆识和较强的抗风险能力,快速聚拢农户资源要素。在前期经营中,农户通过土地、房屋等可以获得相对稳定的租金收益,但随着后续外来资本主体营业利润的增加,农户却不能获得更高的资源要素收益。虽然在风险收益方面实现了均衡,但是对要素持有者而言,摩擦难以避免。其二,不同资源占有者之间的责任之争。外来资本主体关注旅游利益获取,乡村农户在关注旅游利益获取的同时,还考虑其他经济利益,更在农村自治组织的引导下关注村庄的生态、文化、社会的可持续发展。不同的利益诉求容易使外来资本主体与乡村农户之间产生摩擦。

在初始旅游化阶段,乡村农户与外来资本主体之间的摩擦比较明显。2013年之前新建村的乡村旅游化发展阶段,农户还未有效参与,《重庆市黔江区后坝土家分布式博物馆保护性详细规划》(2008年)也未涉及农户的资源要素，所以，乡村农户与外来资本主体之间未产生明显的摩擦。2013年之后的新建村逐渐获得了一定数量的财政专项资金，部分农户也依托自有资源要素参与到乡村旅游过程中，但由于农户与财政专项资金管理者之间权责关系规则的空白，使双方在经济利益分配、社会责任分配过程中相对随意，并出现明显摩擦。最明显的争端在于，在黔江区政府使用专项财政对土家十三寨进行规范打造过程中，对村民房屋、田地等生产生活设施的占用补偿之间的摩擦。摩擦的原因有二：其一是村民对相关补偿政策和标准缺少基本了解，在村民之间横向对比中，产生不公平、心理失衡的情绪；其二是村民对黔江区财政专项资金管理者的不信任，对这种自上而下政策执行方式的排斥。新建村村两委成员和宗族精英在解决这种摩擦中发挥了不可替代的作用。他们或用春风化雨的沟通方式，或用土家传统的道德约定，或用乡村邻里的朴实感情，推动着财政专项资金的落地实施，同时一定程度上缓解了村民的不满情绪。相对于政府财政专项资金，2018年之后，被小南海旅游景区挤出而进入新建村的市场资本因参与面较窄，只涉及一户到两户村民的利益，没有与村民产生明显的矛盾摩擦。未来随着新建村乡村旅游产业的发展、乡村旅游化程度的深化，不可避免地继续吸引大量的外来资本主体参与到乡村旅游化过程中，也不可避免地产生与村民百姓的矛盾摩擦，所以有必要形成新建村村两委、土家十三寨共同参与的，针对外来资本主体的参与规则，以规避或者缓解这种常见的矛盾摩擦。这也是已成熟运营的传统村落的惯常做法，例如，西江千户苗寨形成了相关村委机构与西江千户苗寨旅游公司共同制定的外来资本进入与经营规则。

三 县级政府与农村自治组织：政策制定（资源分配）者与政策接受（资源竞争）者之间的摩擦

在国家行政不断加强对乡村发展干预的背景下，上级政府对乡村发展的影响作用明显增强。国家宏观政策通过财政转移支付的方式加强对乡村发展的支持，并通过政策鼓励社会资本参与支撑乡村发展。根据国家宏观政策导向，地方政府进行政策配套与落实，通过政策制定引导和影响着乡村整体发展的方向，并通过资源分配，激发乡村发展动力。在关于乡村发展的上级政府机构中，县级政府充当政策实践者和资源中转站的角色，对乡村发展影响最大。县级政府可以根据本县的客观现实支配政策红利和资源配置，更多考虑有利于自身政绩、减少责任承担的政府利益最大化。但是农村自治组织则希望通过"竞争"获得更多的政策倾斜和资源支持，从而促进本村的快速发展。两者在追求各自利益最大化的过程中，产生一定的摩擦，一方面，县级政府通过对农村自治组织申请的"慢回复"与"大修改"，控制农村自治组织的欲望；另一方面，农村自治组织通过本村资源优势，或者"政策缺失"的理由，拒绝配合县级政府的政策意愿。

与西欧国家不同，中国四十余年的乡村旅游产业发展，是政府引导和政策推动的结果。也正是政府引导的乡村旅游产业的发展不断推动着乡村旅游化的进程。传统村落乡村旅游化的进程同样离不开国家宏观政策的规划布局和地方政府的创新落实。2014年以来的中央一号文件均强调通过乡村旅游推动农村产业多样化发展。而地方政府，尤其是县级政府在推动乡村旅游政策落地过程中，习惯将其与产业扶贫、农业发展、文化传承等政策相结合，在降低执行成本的同时，获得政策叠加效应。根据上级政府部门政策导向，从乡镇政府到农村自治组织，均积极申请获得乡村旅游政策、资金、资源的支持，推动乡村整体快速发展。但县级政府部门习惯"照顾"到不同的乡镇，但是难以顾全每一个村庄，更倾向于对特殊典型村庄或具备一定基础条件的村庄释放政策红利，以获得典型政绩，规避行政风险。可见，以乡村旅游为特色的传统村落与县级政府之间的利益诉求和目标导向存在明显的差异，两者之间的摩擦也难以避免。

无论是2013年前后的新建村，还是比较案例西江千户苗寨，均是当地县（区）级政府重点进行政策倾斜的村庄。新建村和西江千户苗寨早已分别通过黔江区、雷山县获得乡村旅游政策、精准扶贫政策、传统文化传承等方面的政策红利。两个村庄在获得县级政府乡村旅游政策红利的同时，也要充分落实县（区）级政府部门的政策规则，按照乡村政府部门规定进行资源配置。县（区）级政府从政治利益角度出发，高标准、高要求地设定乡村旅游政策实施效果，但农村自治组织则按照村庄的整体发展对政策规则进行"选择执行"，实现县（区）级政府要求与村庄整体发展的平衡。两者之间难免出现目标冲突、利益摩擦，这时，农村自治组织往往无条件地服从县（区）级政府的政策安排。

四 游客与旅游经营主体：旅游体验获得者与经济利益获得者之间的摩擦

与其他经济形态一样，在传统村落乡村旅游经营过程中，旅游经营者与旅游消费者之间的供需关系、利益诉求是天然的矛盾体，虽然两者之间不断进行妥协前进，但是摩擦依然难以避免，具体表现如下。其一，游客高体验诉求与旅游经营者低成本诉求的矛盾。游客通过传统村落乡村旅游获得传统村落乡村生产生活的体验感和感知度，这要求旅游经营者为游客提供既不能完全演绎化的旅游产品，也要保证旅游的"本真性"，这对旅游经营者是重大挑战，需要旅游经营者具备专业的民俗文化知识和旅游知识，且需要一定的成本支撑。其二，游客特殊诉求与旅游经营者大众供给的矛盾。游客进行乡村旅游除了获得乡村体验感，还希望达到差异化、特色化的体验感，在传统村落乡村旅游消费中则更希望获得地方特色的差异化产品供给，而旅游经营者更倾向于通过大众供给的方式降低成本，获得规模效益。其三，游客短时需求与旅游经营者持续发展的矛盾。传统村落乡村旅游中游客的滞留时间较短，旅游维度较窄，但却有大量的特色差异化的旅游需求，而旅游经营者倾向于按照某一类产品供给、按照某一种经营方式进行长时间的持续发展。传统村落乡村旅游化过程中，游客的体验获得需求与旅游经营者的利益获取欲望之间的摩擦是常态，也难以规避。

通过对新建村十余年乡村旅游化发展历程的调研发现，越是旅游化成熟的村庄，游客与旅游经营者之间的摩擦越频繁。2013年之前的新建村最典型的乡村旅游资源，摆手舞、吊脚楼、哭嫁等还未形成旅游产品，所以也谈不上游客与旅游经营者之间的摩擦，但对乡村旅游爱好者的访谈发现，当时那些土家传统文化要素的展现形式与市场化的旅游需求之间还存在一定的差异。2013年之后，在新建村土家十三寨旅游项目经营过程中，土家族旅游产品的差异性难以体现，尤其是与苗族文化的差异，这是游客对土家十三寨最大的旅游体验落差。而土家十三寨的旅游经营者难以从根本上获得土家族的特色差异，更难以通过旅游产品的形式呈给游客。2015年黔江区政府推进《重庆市黔江区小南海板夹溪十三寨民族特色村寨保护规划》落地、2017年土家十三寨国家AAAA级旅游景区创建以来，土家十三寨为游客提供的旅游产品更加成熟，但也更加固守，难以满足游客千差万别的旅游需求。但这也是以乡村旅游为特色的传统村落的通病，例如，西江千户苗寨游客众多、旅游经营者千差万别，但相互之间的旅游产品供给则相似趋同。游客希望通过在不同旅游经营者之间的消费获得差异化的旅游产品供给，希望通过在最具代表性的苗族村寨获得苗族人民生产生活的切身体验，但西江千户苗寨旅游经营者规模化成熟的运营现状难以轻松转型满足游客的深度旅游体验需求。

第三节 过度旅游：发展动力失衡的集中表现

传统村落乡村旅游化发展动力失衡表现在两个方面：其一是乡村农户、精英群体、旅游消费者、外来资本主体、地方政府等发展动力之间的动力失衡；其二是乡村要素"唯旅游化"转型的乡村发展结构性失衡，而这两者集中表现为传统村落乡村过度旅游。通过对新建村个案系统研究以及个案拓展相关案例的对比分析发现，过度旅游不仅仅指游客过度地进行旅游活动，从公共管理的视角分析，传统村落乡村旅游发展过程中的过度旅游是指乡村旅游各参与主体进行过度旅游引导、过度旅游开发、过度旅游经营、过度旅游消费，从而引起传统村落乡村社会各要素的紊乱，影响传统村落乡村社会的可持续发展的一系列过度行为的统称。

一 过度旅游的具体表现

（一）政策文本过度解读

中国乡村旅游自发端之日起就肩负着明显的外交功能，但市场化、产业化程度较低。2005 年开始，随着中国产业结构调整的深入，乡村旅游开始进入国家宏观设计层面，并频繁地出现在各级政府的宏观规划与产业布局中，尤其是传统文化特色明显的村庄。在政府政策指引、国家资金刺激下，乡村旅游开始被传统村落乡村居民、社会资本关注并接受，进入了十余年的快速发展期。可见，政府政策对传统村落乡村旅游的产生、发展，以及产业化运作起着不可替代的作用。随着国家对乡村发展重视程度的进一步提升，包括乡村旅游在内的涉农产业、要素被提升到一个新的高度。

对新建村旅游相关政策文本的整理，以及对黔江区文旅委、小南海镇、新建村村委会人员的专门访谈发现，根据国家宏观政策布局与引导，重庆市文旅委、黔江区文旅委，以及旅游资源相对丰富的小南海镇政府对传统村落乡村旅游的解读无论是在数量上还是在频率上都有明显的增加，对国家政策文本的过度解读成为新建村这一乡村旅游样板村发展过程中经历的常见现象。中国自上而下的政府体制与运行机制决定了基层政府对上级政府政策的积极响应与贯彻落实。当宏观政策的适应性与地方发展的特殊性发生矛盾时，相对于地方的"发展理性"，基层政府的"政治理性"处于绝对的优势地位，所以，乡村旅游成为传统村落竞相发展的"新兴产业""融合产业""支柱产业""扶贫产业"等。新建村依托民族资源优势成为这些政策争相"关注"的对象。这种自上而下的"政治理性"至少蔓延到黔江区与小南海镇层面，乡村旅游也就成为被各地地方政府尤其是区县政府过度解读的"普适产业"。面对自上而下的政策文本和越发过度的政策解读，处于政策下发末端的县级政府与贯彻执行末端的传统村落村级组织之间的乡镇政府面临着不同的现实处境，却选择了近乎相同的执行方式。适合发展乡村旅游的乡镇的基层政府，往往以此为契机，通过积极争取政策红利，实现乡村旅游的起步与发展。①相反，不适合发展乡村旅游的乡镇的基层政府，面对巨大的政策红利、政治诱饵和寻租机会，对乡村旅游政策的过度解读往往得以顺理成章地延续。这种自上而下、越发夸张的乡村旅游的政策解读，是传统村落乡村社会发展面临的新问题。根据调研，新建村存在的政策文本过度解读，主要体现在政策本文导向与传统村落资源的"硬对接"，这是地方政府贯彻自上而下政策文本的无奈之举。

（二）外来资本过度渗入

当前，对国家政策解读比较充分、对政府指向比较明确的往往不是乡村居民，甚至不是乡村干部，而是资本所有者。相对于传统村落村民而言，资本主体具有更丰富的精力、更敏锐的眼光、更迅速的行动，掌握着政府动向，利用着政策红利，实现着资本投入与增值。在传统村落

---

① 李祖佩：《项目进村与乡村治理重构——一项基于村庄本位的考察》，《中国农村观察》2013年第4期。

乡村旅游产业领域也不例外。如前文所述，中国乡村旅游源自政府的政策引导，而缺少乡村居民的自发性，这为外来资本的渗入提供了空间与机会。另外，地方政府招商引资、项目工程建设也需要外来资本持续不断地向当地各领域渗入。面对叠加的政策引导，外来资本对传统村落乡村旅游的资本渗入呈现出随意性、垄断性和先行性的特点。传统村落乡村干部和乡村居民往往把这种外来资本的渗入看作乡镇政府对本乡村的政策倾斜，并持积极接受和配合的态度。

通过对新建村系列财政资金注入的前后对比不难发现，外来资金入村后，在政策刺激、环境宽松，而缺乏监控与约束的场景下，对乡村旅游的过度渗入成为必然。资本的逐利性使资本投入的领域随机性强且不稳定。在外来资本对新建村乡村旅游产业的渗入中，不难发现，打着传统村落乡村旅游的行业名号，用着乡村旅游的政策红利，从事着一般乡村传统产业的规模经营的现象普遍存在着。例如，从乡村旅游规划中的采摘观光园，到现实运作中的经济作物种植公司。再如，从乡村旅游规划中的民族传统手工艺品体验项目，到现实运作中的普通服饰加工公司。如若在新建村乡村旅游发展过程中，外来资本实现了可持续的增值和盈利，那么外来资本的垄断性将迅速体现出来，乡村居民资本的参与将成为难以实现的愿景。更需要注意的是，传统村落乡村旅游涉及的民族乡村资源多种多样，外来资本的过度渗入，实现了资本主体对民族乡村资源的持续占用。对新建村土家传统文化符号的归属整理发现，新建村土家文化载体的经营权基本归黔江区旅投集团所有，例如土家文化博物馆等。而当这些乡村资源是土地、房屋、核心文化要素时，村民的切身利益往往被迫让步于外来资本的合法收益。可见，外来资本的过度渗入与传统村落居民的可持续发展往往是矛盾的。那么，如何应对外来资本对乡村旅游的过度渗入是乡村公共治理面临的又一新问题。

（三）城市游客过度消费

与其他旅游形态相比，乡村旅游的特色与优势在于能更大程度地满足游客回归乡村、品味乡土、重温乡情、体验乡趣的需求。[①] 传统村落乡村旅游的天然优势与根本属性决定了乡村旅游的消费方式是对乡村要素

---

① 陶玉霞：《乡村旅游需求机制与诉求异化实证研究》，《旅游学刊》2015年第7期。

的亲身体验与现实参与，而不仅仅是传统的观光、饮食等"外围消费"与"末节体验"。对土家十三寨游客的统计调研发现，新建村乡村旅游的消费者以黔江城区及附近的市民游客居多，且多为周末游、家庭游，呈现出较强的季节性特征。在中国当前城乡二元结构依然明显的背景下，市民乡村游的消费，让乡村旅游产业利益相关者体会到更多的经济获得感。在经济利益的驱动下，传统村落乡村旅游产业利益相关者给予市民游客更多的消费空间，以充分挖掘他们的消费潜力，这就促成了城市游客在乡村旅游中的过度消费的现象。

笔者通过对新建村游客问卷调查和对旅游经营者专门访谈发现，新建村乡村旅游中城市游客的过度消费主要体现在旺季游客数量的过度与日常游客消费范围的过度。随着人们旅游观念的转变和现实旅游条件的制约，城市周边的乡村旅游成为人们周末游，甚至是小长假旅游的重要选项。传统村落乡村旅游的淡旺季，游客数量呈现出极端的不平衡。新建村乡村旅游经营者为了"弥补"旅游淡季的空白，在旅游旺季尽力招揽游客，再加上乡村旅游游客数量控制线的缺乏和乡村自治治理环境的制约，乡村旅游中市民游客数量"过度"成为常态。另外，为了满足城市游客回归传统乡村、品味原始乡土、重温民风乡情、体验原始乡趣的需求，实现游客的消费欲望，新建村乡村旅游经营者往往过度迎合游客的旅游需求，增设一些超出乡村旅游范畴，甚至是处于伦理和法律边缘的旅游消费项目，这一定程度上影响了新建村乡村旅游的可持续发展。可见，在现实的城乡二元和乡村社会环境下，城市游客的过度消费与传统村落乡村旅游经营者的迎合供给的问题将长期存在。

（四）乡村旅游过度融合

旅游业是一个复合型产业，与区域内多种不同行业和社会要素之间有密切的关系。这意味着旅游可以与多种产业、多种要素实现融合发展。专家话语也明显地体现出这一特点，乡村旅游多功能性、乡村旅游＋现代农业、乡村旅游＋文化遗产、乡村旅游＋农村电商等一系列乡村旅游产业融合的发展思路被集中提出，[①] 并被地方政府与乡村旅游经营者关注。这种高度融合的特殊性一方面凸显出旅游产业发展的广泛性与区域

---

① 杨阿莉：《从产业融合视角认识乡村旅游的优化升级》，《旅游学刊》2011年第4期。

差异性，另一方面也暴露出旅游产业的高度敏感性。对新建村村委会成员与乡村旅游经营者的调研发现，在政府旅游政策的刺激下，新建村乡村旅游产业发展的广泛性被过度彰显，而敏感性却被人为忽略，这是传统村落乡村旅游产业形态中表现出来的普遍问题。新建村乡村旅游的呈现形式由发展伊始的农家餐厅、农业采摘，逐渐扩展到当前的"乡村旅游+"模式，并且这一融合模式依然被不断扩展。

对新建村产业结构与传统文化要素的梳理发现，传统村落相对单一的产业形态、相对短缺的村民增收渠道，与相对丰富的乡村社会要素、相对独特的乡村旅游资源并存，为传统村落乡村旅游的融合发展提供了广阔的空间。但是在基层政府的政策激励下，在乡村自治的治理过程中，"乡村旅游+"的融合发展模式凸显出明显的过渡性。对新建村十余年乡村旅游化的发展历程梳理发现，新建村乡村要素过度融合的问题凸显。其一，新建村村民生产生活中大部分要素均被旅游化。其二，新建村村民生产生活中可以与旅游融合的要素均被无限旅游化。其三，在各动力推动下，新建村村民生产生活要素与旅游的快速融合使传统的生产生活系统难以适应。但从国内外乡村旅游优势明显的区域来看，乡村旅游融合发展的普遍形式是乡村旅游+现代农业以及衍生的现代服务业。并不是一切乡村要素都可以融合到乡村旅游产业中，也不是一切乡村要素都可以依托乡村旅游进行旅游化转型。传统村落乡村旅游过度融合对乡村要素的影响、对乡村原有产业形态的冲击是乡村旅游发展过程中凸显出来的又一新问题。

二　不可持续：过度旅游带来的新挑战

传统村落乡村旅游中的过度行为冲击着乡村社会的各个要素，也将对乡村原有产业产生一定的影响。归根结底，过度乡村旅游是地方政府、旅游经营者过度追求乡村旅游发展，外来游客过度追求乡村旅游新意，而忽略乡村旅游可持续性的表现。传统村落乡村旅游中的过度行为是一种短期繁荣，影响传统村落乡村社会的整体可持续发展。

（一）乡村旅游资源不可持续

传统村落乡村旅游资源是乡村旅游得以发展的基础，也是形成传统村落旅游吸引力的核心要素，相对于其他旅游形式，传统村落乡村旅游资源更具有明显的差异性与独特性。传统村落乡村旅游资源来源于乡村社会的方方面面，可概括为自然型农事活动、农村的人居环境、农民的生活习俗、农耕生态环境和农业的收获物。[①]

对新建村乡村旅游资源进行梳理，发现其均是围绕传统土家文化、原生自然生态而展开的，但在乡村旅游产品呈现中，土家文化仅以图案、表演等形式让游客受到感官刺激，但游客的感知与土家文化的真实内涵存在较大差异，从而产生土家文化与旅游产品之间的背离，长此以往，真正可以作为乡村旅游资源的土家文化逐渐消淡。新建村的个案研究以及西江千户苗寨的拓展研究表明，过度的乡村旅游使传统村落乡村旅游资源可持续性降低，主要体现在以下两个方面。其一，传统村落乡村旅游资源本质上属于乡村资源范畴，但是过度乡村旅游使乡村旅游资源的乡土色彩逐渐淡化。尤其是在当前普遍存在的重传统村落乡村旅游资源外观形态，轻传统村落乡村旅游资源文化本质的旅游现状下，传统村落乡村旅游经营者为了满足游客的需求与欲望，刻意追求传统村落乡村旅游资源的外显特征，以致传统村落乡村旅游资源的外显特征逐渐脱离其核心本质，这时传统村落乡村旅游资源的空壳化成为必然，而失去文化本质的乡村旅游资源极不稳定，随着市场需求的变化，这一民族乡村旅游资源的断节就难以避免。其二，传统村落乡村旅游资源的基本功能是满足乡村生活的需要，但过度乡村旅游使传统村落乡村旅游资源的功能定位逐渐错乱。过度乡村旅游使传统村落乡村旅游资源的功能定位更倾向于游客需求，而摒弃传统村落乡村生活需求。值得思考的是，传统村落乡村资源之所以可以实现乡村旅游资源的角色转变，归根结底在于这一乡村资源的乡土性，而乡土性则来源于传统村落乡村生活。旅游经营者如若忽视传统村落乡村旅游资源服务于传统村落乡土生活这一定位，那就是典型的本末倒置，那么过度乡村旅游掏空传统村落乡村旅游资源存续源泉的现象就难以避免。传统村落乡村旅游资源的持续性与过度乡村旅游之间的矛盾对乡村旅游经营者提出新的挑战，需要乡村旅游经营者权衡传统村落乡村旅游资源与阶段性旅游利益之间的关系。

[①] 胡静、许贤棠、谢双玉：《论乡村旅游资源的可持续开发利用》，《农业现代化研究》2007年第6期。

（二）乡村乡土生态不可持续

乡村乡土生态有两个层面的含义：其一，是乡村生活中诗情画意的社会生态，主要指道德教训与文化精神；[①] 其二，是乡村生活中原生完整的自然生态，主要指自然环境与生态平衡。[②] 改革开放以来，在工业化、城镇化的发展进程中，乡村乡土生态出现了严重的滑坡。比较西欧国家的历史会发现，这一现象较为普遍，但中国传统村落乡土生态遭遇的冲击更为猛烈。比较中国工业化、城镇化和乡村旅游化对传统村落乡土生态的影响会发现，工业化、城镇化促进了乡村要素向城镇区域、工业领域的集结，使传统村落乡土生态逐渐淡化，而乡村旅游化促进了传统村落乡村要素与外来要素的融合，使传统村落乡土生态趋于多样化。值得注意的是，传统村落乡村旅游促成的传统村落乡土生态多样化是以传统村落原生的民族乡土生态为基础、灵魂和根基的。

在对新建村 24 位村民关于乡村资源与乡村旅游资源的专门访谈中，他们表示难以在乡村旅游与传统乡土社会中进行取舍，但是从他们的表达不难看出他们对乡土生态的留恋，对乡土文化不可持续的担忧。乡村旅游经营户 ZLP 表示，没有乡村旅游，他们的生活水平肯定会下降，但是村庄全方位的乡村旅游变化也使他们的生产生活失去了本来应该具有的"土家幸福"的味道。笔者认为，新建村村民所谓的"土家幸福"味道的消失主要源于传统乡土生态的不可持续。对新建村的个案研究以及对西江千户苗寨的拓展研究表明，过度旅游影响传统村落社会生态的延续，冲击着传统村落传统道德教训和文化精神。虽然有专家学者认为，乡村旅游可以促进乡村文化传承与道德延续，[③] 但传承延续的"本真性"如何，才是传统村落旅游化中需要关注的问题。其一，在过度乡村旅游中，游客关注的对象更多是传统村落社会要素的物质载体，而不是传统村落社会要素本身。其二，在过度乡村旅游中，旅游经营者更多关注的是政策导向与市场需求，以此决定自己的旅游供给。虽然从产业发展的

[①] 方李莉：《从乡土中国到生态中国的期待——以费孝通乡土中国思想研究为起点》，《旅游学刊》2017 年第 1 期。

[②] 张勇、汪应宏：《农村土地综合整治中乡村生态文明的审视》，《中州学刊》2013 年第 4 期。

[③] 鲁春晓：《非物质文化遗产权利流转与嬗变研究》，《民俗研究》2023 年第 5 期。

角度看，这两点属于正常的市场规律，但是过度乡村旅游使传统村落社会生态遭遇产业化运作，必然加速其空壳化，导致其不可持续。另外，过度旅游影响传统村落乡村自然生态的持续，冲击乡村自然环境与生态平衡。这是政府文本和专家话语能频繁关注到的。由于乡村生态环境保护的基础设施较为落后、乡村居民生态环境意识较为薄弱，过度乡村旅游使乡村自然环境与生态平衡遭受冲击。

（三）乡村社会治理不可持续

乡村社会治理是政府政策文本与专家学术话语持续关注的热点问题。政府视角更加注重乡村自治与基层政府的服务能力和执行能力，专家学术话语则重在分析乡村治理中各参与主体之间的权责关系。关注欧美国家乡村社会治理，可以获得一些启示，但是由于发展路径与历史背景的巨大差异，照搬套用他国乡村社会治理模式，不利于中国乡村社会治理的可持续性。乡村社会治理从本质上看，就是乡村社会资源的配置。[①] 传统村落社会资源频繁变化，要求乡村社会治理进行动态调整。

在对新建村村委会成员的专门访谈中，他们认为乡村旅游对传统的乡村公共治理冲击很大，有时不得不进行被动调整。尤其是黔江区旅投集团、多样性旅行社和游客等外来要素的进入迫使新建村村委会频繁地调整公共治理方式进行被动应对。除此之外，西江千户苗寨等成熟乡村旅游地也经历了乡村公共治理难以持续的历史阶段。可见，传统村落乡村旅游产业发展过程中，旅游要素不断向乡村社会渗透，并持续与其他乡村要素产生融合共生的关系，这需要乡村社会治理的适时调整。过度乡村旅游表现出来的政策文本过度解读、外来资本过度渗入、城市游客过度消费和乡村旅游过度融合的现象影响着传统村落乡村社会治理的正常运行。政策文本的过度解读使部分传统村落"被旅游化"，从而分散了传统村落乡村治理的关注重点；外来资本的过度渗入使部分传统村落被资本控制，进而产生了新的矛盾或隐患；城市游客的过度消费使部分传统村落旅游经营者唯利是从，从而产生了触碰法律红线的风险；乡村旅游的过度融合使传统村落旅游符号遍地开花，一定程度上影响了"被融

[①] 党国英：《中国乡村社会治理现状与展望》，《华中师范大学学报》（人文社会科学版）2017年第3期。

合"产业的正常运转。乡村社会治理不仅仅是为了乡村社会的和谐,更是为了乡村社会的发展与村民幸福指数的提高,切实增加村民的满意度与获得感。但过度乡村旅游影响了民主乡村社会治理秩序,破坏了传统村落社会要素的动态平衡,使传统村落社会治理疲于应对各种过度旅游产生的新矛盾与副作用,而无力实施促进传统村落社会发展的系统思考与治理行动,影响了传统村落社会治理的主动性与持续性。

(四) 乡村产业集群不可持续

产业集群是某一区域和领域中相关企业、研究机构等发展要素的集聚化运行的状态。产业集群不是简单的产业链,而是相关产业链的集合,需要某区域具备明显的优势和竞争力。在中国大部分地区,一个乡村的地域范围内难以形成产业集群,乡村产业集群的形成需要更大的地域空间、政策支撑与发展平台。鉴于旅游产业的关联要素和涉及行业众多,大量的传统村落把乡村旅游产业集群作为重要的发展方向,积极吸纳各种相关旅游要素,并将其融入旅游产业集群发展过程中。

在新建村十余年的乡村旅游产业发展与乡村旅游化进程中,黔江区、小南海镇和村庄层面对新建村乡村旅游产业集群的思考与策划具有鲜明的地方特色性与发展针对性,理应可以促进区域内乡村旅游发展、产业结构升级,但是当遭遇过度乡村旅游时,乡村旅游产业集群将面临众多的不稳定性。在新建村24位村民的访谈中,他们认为过度乡村旅游在带动少数村民致富的同时,也降低了一些传统经济活动的活力,当一切资源向乡村旅游聚集、一切活动以乡村旅游为标准时,大部分村民的优势经济活动很容易被打乱。对新建村乡村旅游化过程的研究总结为两点:其一,政策文本的过度解读使乡村旅游产业集群无限扩张,产生面面俱到,但毫无重点与特色的现象;其二,外来资本的过度渗入和城市游客过度消费使乡村旅游产业集群无限利益化与短视化,过度追求收益率高的环节,摒弃收益率低的环节,使乡村旅游产业集群畸形,甚至分裂。过度旅游不仅影响乡村旅游产业集群的可持续性,也影响传统村落其他形态的产业集群的可持续发展,尤其是在乡村旅游过度融合的背景下。乡村旅游过度融合使传统村落其他产业要素背离原有产业的发展需要,转而涌入乡村旅游发展过程中,这一定程度上影响原有产业集群发展的持续性。过度乡村旅游不仅影响传统村落旅游产业集群的可持续性,也影响其他产业集群的持续发展。党的十九大报告中，习近平总书记提出乡村振兴战略，而乡村振兴的关键是产业振兴。如何通过乡村旅游的适度融合促进乡村产业的持续发展是乡村社会治理面临的重要问题。

第七章

"政府主导，主体协调"的平衡治理机制

对发展动力进行系统研究，可以为公共管理框架设计和实践落地提供明确指向。发展动力与平衡治理是公共管理过程中关键的两个逻辑组成部分，或者可称为社会发展系统中的两个核心子系统。两者将公共管理中的各主体和要素结合，并通过内在逻辑实现内部运转，最终决定社会发展的方式和方向。不同的社会制度和环境场域会形成不一样的发展动力，进而需要各式各样的平衡治理机制。公共管理过程中发展动力的失范需要平衡治理的干预，一个动力充沛、和谐有序的社会需要发展动力与平衡治理有机地、最大限度地结合。[①] 在政策强引导下，传统村落乡村旅游化过程中各参与主体释放了发展动力，形成了作用机制，同时也出现了动力之间的矛盾摩擦、失衡失序，这是政策强引导的常态结果。那么，如何构建适应传统村落乡村旅游化发展动力的平衡治理机制，以推动公共管理科学有效？传统村落乡村旅游化符合合作共同体的时代特征，基于行动者网络理论分析传统村落乡村旅游化发展动力与动力机制后，通过平衡治理，构建传统村落乡村旅游化的平衡治理机制具有必要性。

第一节 平衡治理的基本逻辑与方法指导

对新建村的个案研究以及对其他传统村落乡村旅游地的拓展研究表

---

① 李忠杰：《论社会发展的动力与平衡机制》，《中国社会科学》2007年第1期。

明，传统村落乡村旅游化各发展动力的失衡常态迫切需要构建平衡治理机制，以维护乡村旅游化稳定有序，促进传统村落乡村社会整体可持续发展。所谓平衡治理机制是指，某一个社会系统内各构成要素之间进行必要的协调、妥协，以理顺他们之间的利益关系、责任关系，形成平衡的治理机理和方式，以推动社会系统有序稳定运行。

一 基本逻辑

平衡治理注重各利益相关者进行多中心平衡施治，但多中心不等于无中心，以发展动力中的核心行动者和一般行动者的界定为参考，形成以某一核心行动者为治理主体，其他行动者与之协同平衡的网络化治理结构。平衡治理的最高表现是和谐，具体表现为经济发展中的权责平衡、人类社会关系的公平民主、社会整体运行的稳定有序。在某种意义上来讲，发展动力与平衡治理集中表现为更为普遍的效率和公平。另外，发展动力与平衡治理不是孤立存在的，发展动力产生时，相应的平衡治理随之构建，它们之间存在明显的互补关系，当发展动力强劲时，更容易产生动力失衡，更需要平衡治理的渗透。一个理想的社会发展系统，一定是发展动力强劲，而平衡治理有效的格局。衡量一个社会发展理想化程度，还需要考量在发展动力与平衡治理基础之上建立的系列制度、规则、治理体系是否维护了各利益相关者的权责关系，是否实现社会系统中经济社会文化的协调共生，是否推动社会治理有效，以实现社会整体发展的稳定有序（如图 7-1 所示）。①

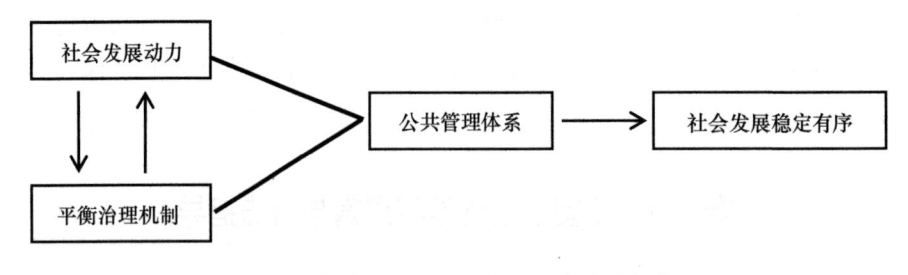

图 7-1 社会发展系统（简图）中的平衡治理

---

① 李忠杰：《论社会发展的动力与平衡机制》，《中国社会科学》2007 年第 1 期。

按照发展动力与平衡治理审视每个国家、每个社会发展阶段,都可以从中找到其发展的优势和劣势、长处与缺陷,进而通过发展动力与平衡治理的内在分析,以及上层社会制度、治理体系的外围分析,可以探索并清晰描绘出其深层次原因和规律性特征。从当前世界范围内共存的资本主义社会和社会主义社会两个社会发展场域进行比较分析,形成传统村落乡村旅游化发展动力与平衡治理构建的历史参照。

从发展动力与运行机制来考量资本主义社会会发现建立在私有制基础上的物质利益追求,建立在生产效率和利润最大化基础上的生产关系是造成资本主义社会动力强劲,而又充满危机的重要原因。从动力机制来看,资本主义社会中各社会要素追求的是物质收益和生产利润,这是任何发展动力主体发挥主观能动性的出发点和落脚点。追求物质收益和利润率组成了资本主义社会中资本家和劳动者行为的根本动力。在此基础之上资本家建立了一套近乎"完美"的生产逻辑和关系制度,即通过榨取最大剩余价值,获得最大利润率。相对于劳动者尽力争取最大物质收益不同的是,其一,资本家通过榨取大量劳动者的剩余价值,获得超大规模绝对利润;其二,资本家通过行业垄断和政治资源,堂而皇之地获得更高的利润率,甚至超过社会伦理道德范围之外;其三,资本家通过制定企业规则、行业规则,深入影响社会运行规则,甚至参与建立社会发展基本制度,使整个资本主义社会成为资本家获得超额利润的"游戏天堂"。在资本家建立的资本主义制度运行过程中,普通劳动者和其他社会发展要素,习惯了"物竞天择"的生存规律,常态化地构建并运行着生产链中的各个环节和各种要素,以求获得更多的物质收益。

这种基于物质收益和利润最大化的资本主义社会,虽然表现出激烈竞争,以至于残酷生存的发展场景,但是每个人的积极参与创造了远超过封建主义社会的生产能力,形成了超强的发展动力。但资本主义社会频繁出现的大规模经济危机、社会动荡,暴露了各种发展动力之间的失衡,以及平衡治理的缺位,具体表现在以下方面。其一,社会财富的分配方面。少数人占据大部分社会财富,多数人占据小部分社会财富,在生产过程中,占据大部分社会财富的资本家,进一步获取更大的社会财富,而占据小部分社会财富的劳动者,获得的财富增加值则非常有限,使贫富差距进一步扩大,利益分配失衡危机潜伏。其二,社会资源的配置方面。资本主义社会最典型的产业运行特点是过度市场化运作，而政府作用严重缺失，在这种情况下市场的盲目性、滞后性、自发性等暴露无遗，使社会资源的利用效率、生产效率和配置效率大大降低，为产业经济危机的诞生提供了"土壤"。其三，社会公平方面。在以物质利益为核心的资本主义社会运行过程中，个人价值完全体现为获得物质财富的能力，那些勇于拼搏、冒险的人或组织更容易获得社会地位和财富积累，而那些普通的劳动者群体和残障人群、文盲、半文盲等社会弱势群体则难以获得社会地位，更难以形成自身的财富积累，这种"公平"扭曲了社会整体发展格局，削减了文化、文明、道德、伦理等的价值功能。其四，社会成员权责关系方面。那些获得更多社会财富、掌握更多社会资源、赚取更多剩余价值的个人或者组织，并没有因此承担更多的责任，反而获得显赫的社会地位和更大的社会权利，这种社会成员权责关系的失衡是社会发展动力削减、社会动荡的重要原因。其五，个人物质利益与社会整体发展方面。在资本主义社会游戏规则内，个人物质利益的最大化驱动着社会要素经济价值的最大化，而忽略社会要素的其他功能价值，当某一要素为个人物质利益贡献了经济价值之后，文化价值、社会价值等其他功能价值随之被任意抛弃，这使由社会发展要素构成的社会整体的发展大打折扣，形成个人物质利益迅速增加，而社会整体发展逐渐下滑的局面。

资本主义社会问题日益暴露，社会主义社会运作机制渐趋成熟。正是由于资本主义社会在平衡治理方面存在的种种问题，激发了劳动者，尤其是工人阶级的坚决反对，并针对资本主义社会的种种弊端和问题进行改革，取得重要的理论成果，产生了社会主义思想。社会主义思想在一些国家的改革应用和创新实践突破了资本主义社会的种种局限，在生产关系、社会组织等方面显示出明显的优越性。建立在对资本主义社会平衡治理问题的反思与改革基础之上的社会主义社会在平衡治理上体现出明显的优势，具体表现在以下方面：对生产资料私有制进行系列改革，并建立了生产资料公有制，极大缓解了社会生产资料、资源配置、财富分配的极端不公平性；对生产要素（包括劳动力要素）的使用进行改革，将资本主义社会中任由资本家摆布的生产要素的使用进行重新规划，避免生产要素的松散性、随意性和偶然性，提高应用的整体性、规模性和规律性；相对于资本主义社会对劳动者剩余价值的榨取，社会主义社会强调反对阶级剥削和压迫，注重公正与平等，强调人和人之间只有工作不同，没有高低贵贱之分，形成人人平等的社会组织秩序；针对资本主义社会过度追求社会要素经济价值，而忽略其文化价值、社会价值的问题，社会主义社会注重社会要素的整体功能和价值追求。

平衡治理改革创新后的社会主义社会迅速在推动产业经济发展、社会和谐进步方面产生了积极的效果，尤其是在集中力量干大事方面，凸显了明显的优势。但是，对平衡治理的过度追求，对发展动力的关注不足，使社会主义社会的问题在初期实践中集中暴露，而这主要集中在发展动力不足领域，具体表现为以下方面：生产资料所有制形式的单一公有制，使生产资料在集中统筹中丧失灵活性和主动性；管理方式的单一政府管理，排斥市场价值，一些本应通过市场途径发挥最大功能、体现最大价值的要素和行为被"一刀切"地打击；管理手段的单一行政管理，排斥经济管理，忽视经济特征，违背经济规律，行政长期干预掌控经济格局，使经济发展格局僵化保守；在生产成果分配上，崇尚平均主义，无论过程如何，保证结果平等，打击了一线劳动生产者的工作积极性和主动性，导致生产资料的极大浪费，生产效率的低迷不振；过于注重集体工程建设，忽视国民生活质量提升，对国民生产价值进行规模性集体化转移，使国民经济生活长期处于较低水平；官僚主义、个人崇拜，权力过度集中，国家机构繁多臃肿，国民权利被集体化、公共化，在一定程度上，国民个人缺乏权利自由权。所有这些问题属于动力机制问题，即有动力要素，但缺乏动力效果。

当然，不能因为传统社会主义模式对发展动力与动力机制关注不足而产生的系列问题，就全盘否定传统社会主义模式的价值。正是因为这些问题的存在，才激发了社会主义发展过程中的改革突破，并不断取得一系列成功经验，形成规律性、理论性、代表性成就。其中，1978年中国改革开放的探索，无论在中国社会主义发展历程中，还是在世界社会主义发展格局中，均具有开拓创新性和典型代表性。中国改革开放极大丰富了生产资料所有制形式，提高了生产资料的流动性和灵活性，振奋了劳动者的生产积极性，以相对完善的动力机制极大激发了社会发展动力。改革开放探索中建立的社会主义市场经济体制，是对社会发展动力、动力机制和平衡治理的改革创新，推动了中国经济社会整体稳定有序发展。

任何社会发展系统中，只有相对充分的发展动力、相对科学的动力机制和相对合理的平衡治理，没有绝对充分的发展动力、绝对科学的动力机制和绝对合理的平衡治理。在一定的社会发展客观条件下，发展动力、动力机制与平衡治理的合理搭配和相对适应，是推动社会发展稳定有序的前提和基础。而这一格局的充分稳定是偶然的，动态变化是必然的，所以对发展动力的探索，对动力机制和平衡治理的改革将一直持续。

二 方法指导

平衡治理对和谐的至高追求，对经济发展中的权责平衡、人类社会关系的公平民主、社会整体运行的稳定有序的要求，需要一种多元参与、民主协商、扁平化的公共治理方法加以指导。平衡治理不同于软治理，软治理是"农民的终结"学术话语中催生出的，是相对于硬治理而言的乡村治理模式，① 而平衡治理则是动态的平衡共治。平衡治理重新定位了治理的目的、治理的主体、治理的方式，是对传统单一中心、单一方向的乡村硬治理的时代革新。

多元化：乡村平衡治理的主体结构。相对于单一的农业形式、固化的村民状态、封闭的资源流动，当前，乡村发展中已经呈现出多种产业结构并存、村民流动加强、资源导入与流出频繁的时代特征。新的场域之下，传统以乡镇政府或县级政府为单一治理主体的治理结构已经不能满足乡村可持续发展的需求。乡村经济社会发展过程中形成的多个权力中心、多种组织结构，必然要求乡村多元化治理。多元化不是乡镇政府、村两委、村民代表等的简单组合，而是在不同乡村客观发展现实中，形成的具有乡村可持续发展表达意愿的责任主体的结构组合。

民主协商与合作共治：乡村平衡治理的路径选择。协商民主理论是20世纪末引入中国乡村治理实践中的，在不同的乡村治理场域中，分别

---

① 刘祖云、孔德斌：《乡村软治理：一个新的学术命题》，《华中师范大学学报》（人文社会科学版）2013年第3期。

形成了咨议质询式、民意测验式和民主审议式三种模式。① 无论哪一种模式，都呈现出深刻的包容性，这也是民主协商得以实行的基础，而民主协商进一步达成合作共治的治理局面。民主协商与合作共治往往是非正式的治理方式，但不一定是边缘化的存在，这取决于基层政府尤其是乡镇负责人、村两委主要成员的民主意识和合作意向。在乡村主体多元、产业多样、资源互通的发展格局中，迫切要求进行民主协商与合作共治。当民主协商与合作共治同村民自治制度紧密结合在一起时，则会对政府硬治理产生伦理上、制度上的硬约束。

满足人民对美好生活的向往：乡村平衡治理的应然目标。党的十九大提出"美好生活"的表述，相对于"物质文化需求"，"美好生活"更加复杂、更加系统、更为升华。在乡村发展中，村民对美好生活的向往，既包括可测量的指标化的经济收入、物质获取，也包括文化获得、技能提升等，更包括情感归属、个体发展等软性的、可持续的要素。可以说"美好生活"是村民个体的主观评价，这对传统政府治理提出更高的要求，锁定了更高的目标。另外，在乡村发展过程中，"美好生活"不是某个人或少数人的"美好生活"，而是全体村民的"美好生活"，这就涉及不同村民主体之间的权责关系和利益平衡，需要通过平衡治理的系统性、整体性，以提高公共治理的效率。

基础能力与服务下移：乡村平衡治理中基层组织的重要作用。"权力上收与服务下移"是国家取消农业税之后，伴随而产生的乡村治理新格局，甚至产生村级治权的合法性渐弱的危机。但国家任务依然需要乡村基层组织进行落实并最终达成。只有适宜于特定乡村社会性质且具有强大基础能力的乡村基层组织才能有效地完成国家任务，其中，基础能力主要是指处理国家与农民之间连接关系，顺畅国家意识下达与村民意见表达的能力。② 长期以来，乡村在国家经济社会转型发展中，发挥着重要的"蓄水池"作用，对稳定国家发展大局意义重大，而"蓄水池"容量的大小、结构的强弱，关键在于村民。乡村基层组织通过服务下移，加

---

① 韩福国、张开平：《社会治理的"协商"领域与"民主"机制——当下中国基层协商民主的制度特征》，《浙江社会科学》2015年第10期。
② 贺雪峰：《论农村基层组织的结构与功能》，《天津行政学院学报》2010年第6期。

强农村基层党组织的领导作用，引导农村经济社会发展，保障村民合法权益，提高乡村治理效率。

第二节 "政府主导，主体协调"平衡治理的政府能力

传统村落乡村旅游化中政策强引导的核心动能决定了政府在乡村旅游化公共治理中发挥主导作用。以平衡治理方法为指导，根据传统村落乡村旅游化中各个发展动力和动力机制的特点，构建具体的平衡治理机制，属于政府公共治理能力范畴。通过对新建村个案研究，以及对拓展个案的系统分析表明，政府政策强引导在行动者网络中扮演核心行动者的角色，并引导了农户、外来资本主体、游客、精英群体的行动参与与转译活动，形成新的公共治理场域。为实现乡村旅游化健康可持续这一公共价值，在多元参与的乡村旅游化公共治理过程中政府应发挥主导作用，并通过行动者网络中"节点—链条"网络关系构建"政府主导，主体协调"的平衡治理机制。

一 对社会文化价值认同的形塑能力

对传统村落乡村旅游地社会文化价值认同的形塑是政府平衡治理最基础的能力要素。中国根深蒂固的乡土文明孕育了稳定且相对单一的乡土文化价值观念。在产业下乡、城乡要素互通的背景下，乡土文化价值观念受到外来文化价值的深刻影响，而传统常规化的政府治理一定程度上加深了外来文化价值对乡土文化价值的裂变效应，在丰富乡村文化价值观念的同时，也产生了系列文化价值碰撞。相对于其他乡村地区，传统村落乡村文化的"本真性"保持得更加完整，村民的文化价值观念也更加传统，并极具乡村特色价值观念。这既是传统村落优秀传统文化的可贵之处，也是乡村要素内外交流互通过程中遇到的最大障碍，这在传统村落乡村旅游化过程中体现得更加明显。乡村旅游的"外向性"明显，既需要乡村要素的输出，也需要外来要素的注入，在传统村落乡村旅游化过程中，乡村要素根据外来信息、外来资本、外来政策、外来游客等多元因素进行着旅游化功能转变，在这一动态变化过程中，外来社会文

化价值观念与传统村落乡土价值观念之间碰撞、妥协、融合，形成新的社会文化价值认同，但这一过程充满挑战，是矛盾摩擦产生的重要因素之一，甚至是影响原本稳定和谐乡土社会环境的关键因素，这对传统政府治理能力提出新的要求。

如果以传统"硬治理"的思维对传统村落乡村旅游地社会文化价值认同进行"自上而下"的形塑，往往产生负面影响，这需要"平衡治理"方式的运用。首先，基层政府需要对自身角色进行多元形塑。在那些以政策导入推动乡村旅游化的传统村落，村民对外来社会文化价值观念的接纳，是以对基层政府的认同为基础的。这要求基层政府既是国家形象和地方政府联系传统村落乡村旅游地发展的"外来官员"，更是推动传统村落乡村旅游地可持续发展的"乡土能人"。类似的现象在中国乡村发展中已经有众多成功的经验，例如，在中国扶贫工作中，驻村第一书记，既是政府部门的公务人员，也是村庄可持续发展的积极推动者，尤其在那些扶贫工作成效显著的贫困村，驻村第一书记更是村庄不可或缺的"村民"组成部分。其次，基层政府需要对"引导"发展角色进行多元形塑。基层政府干预传统村落乡村旅游化的主要目的是推动该乡村的可持续发展，这要求基层政府既不能盲目对传统村落乡土文化价值观念进行"绝对妥协"，更不能对外来文化价值观念进行"拿来主义"，需要在尊重传统村落传统文化价值观念的基础上，对部分传统村落乡村要素进行选择挖掘，对接乡村旅游市场，实现乡村旅游化功能拓展。通过对传统村落乡村旅游地传统文化价值观念的"多元引导"，对外来文化价值观念的"选择性导入"，以使乡村百姓相对清晰地预知到未来传统文化价值转变的清晰轮廓，从而形塑传统村落乡村旅游地社会文化价值观念，以推动传统村落乡村要素的旅游化。

二　对多元合作命运共同体的构建能力

平衡治理强调多元主体、合作共治，那么对多元合作命运共同体的构建是政府平衡治理的主体要求。传统乡村产业结构单一，基本围绕农业种植养殖、农产品加工等单一产业结构展开。村庄的封闭性决定了某一经营单位相对单一，规模较小，与外部要素关联不大，以自主经营为主。在市场经济发展，尤其是城镇化建设过程中，大量劳动力等乡村要素外流，这使农村空壳化严重，相对于传统的"精耕细作"，这一时期的农村产业变得较为粗放，作用于农村产业发展的乡土要素逐渐较少，例如，劳动力、土家肥等，而化学肥料、大型机械等外来要素逐渐增多，但总体而言，无论是农村产业的结构组成，还是要素参与，这一时期的农村产业比传统乡村更加"简约"，以至于"单薄"。城镇化到达一定阶段之后，部分要素开始向农村转移，价值链也开始向农村延伸，乡村旅游产业就是一个典型代表。乡村旅游的"外向性"、组成要素和利益主体的"多元性"使单一的传统乡土变得复杂多样，也伴随着诸多不稳定因素，这为政府治理提出又一挑战。以政策带动的传统村落乡村旅游化，涉及的要素组成和利益主体更加多元，既有传统村落"本真性"要素，也有外来常规化旅游要素，既涉及村内不同村民群体的利益，也涉及基层政府、外来资本、游客等多方利益，这需要通过政府治理构建多元合作命运共同体，形成乡村旅游化稳定发展格局。

传统村落乡村旅游化中，多元合作主体之间利益失衡是常态问题，不能简单归结为政府治理失效，也不能简单地归纳为市场经济的负面影响。传统村落乡村旅游化过程中的多元合作主体格局为政府提供了广阔的公共治理空间。首先，基层政府需要提高多元合作主体的导入能力，这是推动传统村落乡村旅游地从单一利益主体向多元利益主体转变的重要途径，既提高传统村落乡村旅游化的效率，也规避传统村落乡村村民旅游化风险。政府在进行合作主体导入时要从文化价值认同、可持续性、优势互补性、不可替代性等方面进行筛选，避免粗放型导入引发的乡村畸形旅游化，甚至新生社会矛盾。新建村的乡村旅游化进程说明，基层政府应该在引进优势产业政策和诚信市场资本上有所作为。另外，西江千户苗寨等成熟传统村落乡村旅游地的发展历程说明，政府还应该在旅游创新人才导入、科技要素导入方面有所作为。尤其是在现代科技要素在乡村旅游中的应用逐渐增多的背景下，人才和科技的导入对后续乡村旅游化的可持续性和优势塑造意义重大。其次，基层政府需要提高构建合作主体协同共进格局的能力。无论从经济价值获取还是从文化精神传承，传统村落乡村旅游地都是村民赖以生存，且不可替代的"乡土"。政府构建合作命运共同体需要坚持"村民利益优先原则"，通过村民主体参与，提高合作命运共同体的稳定性。另外，在构建合作命运共同体中政府的定位和沟通协调能力也是影响其是否协同稳定的关键因素。新建村乡村旅游化进程说明，结合村庄客观实际进行政府政策强引导是开启旅游化进程的关键，而后续不可避免的利益冲突和矛盾摩擦主要应通过政府的平衡治理，坚持多元共治、权责平衡的原则，并适当提高村庄基层干部的代表性和话语权，通过他们的沟通协调，实现矛盾摩擦最小化，并提高共同的稳定性。

第三节 "政府主导，主体协调"平衡治理的主要内容

一 维护核心公共价值，建立平衡治理制度框架

传统村落旅游化乡村的核心公共价值是乡村旅游化的健康可持续，主要包括各利益相关者之间的网络关系可持续、乡村要素旅游化转型可持续、乡村发展可持续。政府对这一核心公共价值的关注需要通过制度建设处理好乡村旅游化过程中公平与效率的问题。公共管理的制度研究无法脱离公平与效率问题。有学者认为公平与效率是"跷跷板模式"，存在此消彼长的关系，也有学者认为公平与效率之间的此消彼长是一种思维陷阱，公平与效率失衡的主要问题不在于效率过高，而在于公平滞后，没有公平与效率的制度创新，难以构建适应高效率的公平机制。传统村落乡村旅游化过程中公平主要是各利益相关者之间的权责公平，效率主要是乡村要素旅游化的高质高效。当前，传统村落乡村旅游化过程中，政策关注的焦点在于乡村要素旅游化的高质高效，而对各利益相关者之间的公平关系关注较少，这难以实现传统村落乡村旅游化的核心公共价值。在政策强引导下，传统村落乡村要素的旅游化转型快速激进，同时，需要通过制度框架设计促进各利益相关者之间的网络关系和乡村发展可持续，以达到高效率发展过程中公平的跟进。

传统村落乡村旅游化中政府主导的制度框架设计应包含以下几方面的内容。其一，从明确传统村落乡村旅游化与乡村旅游产业关系的角度，确定制度框架涉及的行动者主体、利益相关者、潜在影响者、核心要素、主体要素、辐射要素等。其二，从补充传统村落乡村旅游化过程中乡村缺失要素的角度，确定外来资本主体导入、游客引入、政策倾斜落地等

方式方法。其三，从保障传统村落旅游化乡村村民的主体角色的角度，明确乡村旅游化中村民的获益方式、参与方式、风险预判、危机处理等方面的内容。其四，从稳定传统村落乡村旅游化各利益相关者网络关系的角度，明确政府主导、村民主体、内外协同的权责平衡框架。其五，从提高传统村落乡村旅游化效率和质量的角度，明确乡村旅游化的具体目标、长短期规划、政府任务绩效与权责内容。其六，从传统村落旅游化乡村整体发展的角度，明确乡村旅游治理要素与乡村整体治理要素之间的关系和界限。

为兼顾传统村落乡村旅游化中的公平与效率，政府部门需要根据制度环境的不同进行制度框架的动态调整。在传统村落乡村旅游化前期，涉及相关利益主体较少，但对旅游化的动力介入和乡村要素的旅游化转型需求较大，这时制度应倾向于旅游化的效率，以制度约定刺激乡村旅游化起步。这一时期，政策强引导作用尤其明显，制度框架中应明确政策导入的方式方法，以达到强政府带动弱市场的效果。在传统村落乡村旅游化基本成熟之后，相关的旅游化动力介入完成，并形成稳定的动力机制，乡村要素的旅游化转型基本完成，涉及的相关利益主体逐渐增多，这时制度设计应更倾向于公平向效率的跟进，甚至是效率对公平的反哺。这一时期，政策强引导的作用逐渐降低，自由市场的循环动力已经成熟，制度框架中应适当降低政府微观干预的范围和程度，充分释放市场活力。虽然政府的微观干预逐渐降低，但其宏观主导逐渐增加，尤其是对各利益相关者公平关系的监督、宏观市场管理与危机风险预判，所以，制度框架中应明确政府宏观主导的范围、权责和方式方法，推动公平向效率的跟进。

二　关注利益相关者，建立利益平衡治理机制

"政府主导，主体协调"平衡治理需要明确利益相关者。传统村落乡村旅游化中的利益相关者主要为农户群众、乡村精英、旅游消费者、外来资本主体和地方政府，他们均按照自身的发展逻辑追求自身的应得利益。政府应从不同角度对利益相关者进行利益相关程度划分，从经济利益考量，农户群众、乡村经济精英、外来资本主体是密切利益相关者，乡村宗族精英、乡村基层干部、旅游消费者和地方政府是相对疏松利益

相关者；从政治利益考量，乡村基层干部、地方政府是密切利益相关者，农户群众、乡村经济精英、乡村宗族精英、旅游消费者和外来资本主体是相对疏松利益相关者；从社会利益考量，农户群众、乡村（经济、宗族、政治）精英和地方政府是密切利益相关者，旅游消费者和外来资本主体是相对疏松利益相关者；从旅游体验利益考量，旅游消费者是密切利益相关者，其他为相对疏松利益相关者。其中，最核心的是经济利益相关者之间的利益平衡，政府应从影响与被影响程度、投入与收益比例两个层面进行综合分析，避免仅从投资与盈利的角度片面窄化利益相关者，造成利益失衡的后果。值得注意的是，归根结底，传统村落乡村旅游地是农户群众的生计所在地，他们受乡村旅游化的影响，但未必直接参与乡村旅游化过程，他们有权利获得乡村整体发展的相关利益。

2013年之前的新建村，乡村旅游体量较小，涉及农户范围有限，涉及的直接利益相关者是外来资本主体和相关农户，未产生明显的利益失衡和矛盾摩擦。相对于此，2013年之后的新建村乡村旅游化过程中涉及的直接利益相关者为游客、当地居民、小南海旅游景区、外来资本主体。游客根据旅游需求，通过旅游商品化的过程，按照新建村乡村旅游产品的价格规则，进行合理的交易，实现旅游"买卖"双方之间的利益平衡。当地居民与游客之间的买卖关系，与外来资本主体之间的租赁、出售关系，也通过价格机制和合同约定达成利益平衡。2013年到2018年之间，小南海旅游景区和新建村土家十三寨之间通过协商，建立了两个旅游地之间的合作发展机制，实现了二者之间的利益均衡。2017年，成功创建国家AAAA级旅游景区之后，新建村在持续推进乡村旅游化过程中会涉及更为多样的游客、更为广泛的乡村居民（包括各类精英群体）、更为复杂的外来资本主体，以及地方政府的直接利益。那么，各利益相关者之间可以通过价格机制，以合同契约的形式实现相互之间的利益平衡。

值得注意的是，按照乡村旅游经济规则进行各利益相关者之间的利益平衡，可以实现客观的、简洁的利益平衡，但是从乡村旅游化的角度审视利益平衡治理的构建，单一的乡村旅游产业经济规则不足以支撑利益平衡的持续性和全面性。除此之外，关乎以乡村旅游为特色的传统村落稳定有序发展的利益因素还有地方宗族文化、社会组织秩序、自然生态环境，以及乡村旅游产业之外的其他经济利益。乡村旅游化过程中各利益主体之间需要通过整合与协调进行平衡，不同维度的利益之间也需要通过整合与调试实现平衡。传统村落乡村旅游化过程中，乡村旅游产业相关利益主体和利益关系，要在村庄整体发展格局中进行考量，不能因为单一的乡村旅游产业要素，影响乡村旅游化过程中其他利益主体的合理利益，更不能因此破坏了乡村整体系统利益平衡局面。

三 统筹旅游化内容，建立内容平衡治理机制

"政府主导，主体协调"平衡治理需要统筹乡村旅游化的主要内容。传统村落乡村旅游化的内容主要是乡村相关要素的旅游功能拓展和旅游化转型，以及该过程中经历的乡村旅游产业发展、乡村社会组织结构调整和乡村公共治理变更。其中乡村相关要素主要包括劳动力要素、土地要素、资本要素、传统文化要素、生态要素等。根据不同传统村落的发展情况与资源禀赋的差异和特点，旅游化的乡村要素存在明显的差异性，但调研发现，村庄内传统文化要素的旅游化转型具有普遍性。乡村旅游化中乡村要素的平衡，不是指每个要素均被旅游化，而是指那些被旅游化的要素在功能价值方面的平衡。例如，新建村的摆手舞是具有极大旅游化潜能的土家传统文化要素，但它在旅游化转型之后，应该达到宗族价值、文化价值、旅游价值等功能的内部平衡。乡村要素功能价值的平衡拓展，有利于提高其整体价值，并实现可持续传承和发展。传统村落乡村旅游化过程中，乡村旅游产业发展、乡村社会组织结构调整与乡村公共治理变更之间也要实现关系平衡，只有三者平衡协同才能推动乡村旅游化稳定有序，推动乡村整体可持续发展。而当前传统村落乡村旅游化过程中，重旅游产业发展、轻社会组织建设与公共治理功能的现象普遍存在，这不符合乡村整体发展规律，不能满足乡村旅游化的总体需要，不能达到乡村旅游产业持续发展的目的。

新建村是通过地方政府，尤其是在县（区）级政府的政策带动和资源倾斜的推动下出现潜在旅游化局面，呈现初始旅游化，甚至实现基本成熟旅游化的稳定局面。一方面，县（区）级政府注重政绩效果和责任规避，而其中尤其注意乡村旅游产业经济的贡献度，但另一方面，县（区）级政府又不会像市场资本主体那样向乡村旅游经济利益过度倾斜，而不考虑村庄传统文化、社会秩序、生态环境等方面的协同发展，它们

会根据国家宏观布局和上级政府意志坚守稳定村庄整体发展秩序、保护传统文化、保护生态环境的底线。对新建村的调研，以及相关案例的比较说明，传统村落乡村旅游化是以乡村旅游产业的发展为核心带动，从而引发其他村庄要素旅游功能拓展和旅游化转型的过程。但乡村旅游产业从属于乡村旅游化，而乡村旅游化又从属于村庄整体发展的动态格局。乡村旅游化介于乡村旅游产业发展与村庄整体发展之间，它的内容不但能引导乡村旅游产业的发展方向，还影响着乡村整体发展的稳定局面。这要求我们明确以乡村旅游为特色的传统村落中哪些要素可以被旅游化，哪些不可以被旅游化，而旅游化的程度又要如何进行合理把控。另外，在传统村落乡村旅游化过程中，还需要对乡村要素功能拓展过程中的旅游功能与传统功能进行整合与协调，以实现相互平衡，避免因旅游功能的拓展削弱了其他功能的传承与发展。

四　明确相关责任主体，建立责任平衡治理机制

"政府主导，主体协调"平衡治理需要明确相关责任主体。传统村落乡村旅游化中责任主体的组成与利益相关者的组成相似，主要包括农户群众、乡村精英、旅游消费者、外来资本主体和地方政府，它们在获得相关利益的同时，也理应承担相应的责任。政府应从不同角度对利益相关者进行责任相关程度划分，经济责任包括乡村旅游产业经济增长与利益相关者经济收益分配，主要责任主体应包括地方政府、外来资本主体、乡村经济精英，相关责任主体包括农户群众、乡村宗族精英和乡村基层干部；社会责任主要指乡村社会发展稳定有序，主要责任主体包括乡村基层干部和宗族精英、地方政府、农户群众，相关责任主体包括乡村经济精英、外来资本主体、旅游消费者；文化传承责任主要指传统文化功能拓展与传承，主要责任主体包括乡村宗族精英、地方政府、农户群众，相关责任主体包括乡村经济精英和乡村基层干部、外来资本主体、旅游消费者；生态责任主要指乡村自然环境优美、生态持续，主要责任主体包括地方政府、乡村基层干部和经济精英、农户群体、外来资本主体、旅游消费者，相关责任主体主要是乡村宗族精英。可见，在传统村落乡村旅游化过程中，各参与主体均应该从各个侧面发挥重要责任。同时，在这一过程中，依然应遵循利益与责任之间的对应关系，利益（经济利

益、政治利益等）获得者必然承担对应的责任。

　　当前，传统村落乡村旅游化过程中各利益相关者最关注的是经济责任，其次是生态责任、社会责任，最后才是文化责任。这表面符合一些学者关于农村发展过程中产业经济优先发展的逻辑，也能短期满足村庄农户对生计资本提升的迫切需求，还能满足政府政绩效率和责任规避的需求，而且能为外来资本主体和旅游消费者分别提供快速的利益输出和旅游体验。但是，对以乡村旅游为特色的传统村落而言，差异化的传统文化资源要素、独特的自然生态环境和特色的村庄自治架构始终是最核心的旅游吸引物，所以，各利益相关者需要进行经济责任与生态责任、文化责任、社会责任之间的整合调试，以推动村庄稳定有序发展。在国家行政加大对乡村发展干预和村民自治创新改革过程中，地方政府，尤其是掌握政策权利和资源配置权利的县级政府应该在推动政策落地和资源配置过程中对乡村旅游化的各责任内容承担主导责任，同时农村自治组织，尤其是农村基层党组织也应通过政策解读和发展把控，践行乡村旅游化各责任内容的主体责任。根据参与式发展的要求，传统村落乡村旅游化过程中，农户代表，尤其是乡村精英在参与利益分配、决策制定、实践推广的同时，也应对各责任内容承担监督责任和连带责任。外来资本主体和旅游消费者作为重要的外来责任主体，在赚取经济利益、获得旅游体验的同时，应该在地方政府和农村自治组织的政策框架和规则约束下，践行对应的责任内容。

第四节　"政府主导，主体协调"平衡治理的实践路径

　　无论任何发展系统，绝对平衡是偶然的，动态失衡是常态，而相对平衡则是公共管理主体或利益相关者应该追求的适应状态。传统村落乡村旅游化过程中，发展动力众多，不同的村庄，各发展动力发挥不一样的功能作用，但发展动力平衡的内容或者目标是一致的，基于此，政府应构建包括农户群体、内外部要素等核心参与主体在内的实践路径。

一 突出公共治理效应，发挥政府的引导作用和服务功能

传统村落乡村旅游化过程中发展动力的平衡过程属于公共治理的范畴，是多种参与主体对公共事务实施共同管理，其相互之间逐渐达成一致的妥协过程。西方国家强调，公共治理过程中的多元主体平等共治，不突出政府在公共治理过程中的主导作用和引导功能。但在中国社会主义制度框架下，从国家政治意志到地方政府的权责关系，都要求地方政府在公共治理过程中发挥主导作用和承担主要责任。中国地方政府是党在公共治理过程中的实践者和执行者，否认地方政府的主导作用，可能会损害中国社会主义制度的根本。[1]

传统村落乡村旅游化过程中的利益相关者和参与主体，均有各自的利益需求和行为路径，而作为乡村旅游化要素供给主体的农户群体难以通过自身主观能动性全面维护自身利益，更难以通过自身的意识表达推动赖以生存的村庄的稳定有序可持续发展，而地方政府全心全意为人民服务的责任使命要求其从农户群体的根本利益出发，发挥地方政府行政治理的功能，平衡各利益相关者的权责关系，维护村庄的稳定有序发展。传统村落乡村旅游化过程中，地方政府，尤其是县级政府自始至终充当着产业支撑、政策实施、创新实践的角色，而农村自治组织则一直配合县级政府平衡着各利益相关者之间的权责关系。当然在这一过程中，可能存在县级政府和农村自治组织为自身政绩效率和责任规避而偏离农户的根本利益，但是在国家行政体制逐渐优化、行政规范逐渐科学、行政考核逐渐灵活的背景下，尤其是随着党组织建设的高质量推进，县级政府、农村自治组织必将以农户根本利益为核心遵循，发挥政府的主导作用和引导功能，提升乡村旅游化过程中公共治理的效应。

二 践行发展主体功能，推动农户群体参与式发展

传统村落乡村旅游化的主要内容是农户生计要素的旅游化，其中以土地、资本、劳动力、乡村公共资源等为核心，而随之产生的村庄公共

---

[1] 张宇、刘伟忠：《地方政府与社会组织的协同治理：功能阻滞及创新路径》，《南京社会科学》2013年第5期。

治理的旅游化也是以农户为主体的治理框架，所以，农户在乡村旅游化过程中的主体地位是客观存在的。在传统村落乡村旅游化过程中，无论农户是否参与到乡村旅游化的具体实践中，都改变不了旅游化的发生地是农户赖以生存的农村空间和社会空间的基本事实，无论农户是否从乡村旅游化过程中获得利益，都被动承受了旅游化的风险。

政府在传统村落乡村旅游化公共治理中应践行农户发展主体功能，推动农户群体的参与式发展，关注农户生计要素的旅游化过程，并积极引导农户深入参与到乡村要素旅游化的规划与实践过程中，共同参与乡村旅游化的利益获取，并承担乡村旅游化的应有责任。而实现农户群体参与式发展的重要前提是要科学认识农户群体与地方政府、农村自治组织的关系。在村民自治的框架中，传统村落农户参与旅游化的方式主要有两种：其一是凭借自有资源要素，通过合同契约，实现资源要素的旅游化转型；其二是依附于宗族组织、邻里亲朋，影响乡村旅游化的进程。但限于农户群体、外来资本主体等对乡村旅游化的认知以及短期逐利的主观意识，难以保证农户权责平衡与持续发展。另外，宗族组织在接受新生事物过程中的滞后性和低效率，以及邻里亲朋的不稳定性，难以保障农户群体参与式发展的效率。鉴于地方政府自上而下的宏观把控能力、政策信息与资源优势，农村自治组织的内外统筹能力和社会资源优势，两者依然要发挥引导作用，激励农户参与乡村旅游化过程，合理界定农户在乡村旅游化过程中的权责内容，平衡农户群体与其他利益相关者之间的权责关系。

三 适应乡村旅游化客观需求，整合调试村庄内外部要素

乡村旅游具有明显的外向型特征，触及范围广、辐射影响大，根据不同村庄客观发展现实，需要不同的要素支撑。在传统村落内部，支撑乡村旅游化的资源要素千差万别，均有各自的优势和特色，也存在乡村旅游化的缺口与不足，需要外来要素的补充，所以乡村旅游化过程中，内外部要素的碰撞组合是常态。村庄内部要素以农户生计要素为主，村庄外来要素以国家及地方政府政策资源、市场资本、游客信息与需求欲望为主。

处于不同旅游化阶段的传统村落面临不一样的内外部要素需求，形

成各式各样的内外部要素组合形式，也极易产生不一样的内外部要素搭配失衡的局面。如果说地方政府发挥平衡治理的主导作用，农户群体则是平衡治理的参与主体，那么村庄内外部要素的整合与调试则是平衡治理的主要内容。在传统村落乡村旅游化过程中，政府要制定内外部要素整合调试的目标和理想状态，以村庄内部要素为主体框架和核心优势，外部要素为必要补充，实现内外部要素的协同共生与可持续发展。同时，这一理想目标的实现依然需要相关利益主体的参与、核心发展动力的主导和主要发展动力的支撑。政府构成中县级政府与农村自治组织依然应发挥协调内外部要素的主导作用，通过政策约束与行政权责推动内外部要素之间的平衡。农户群体和外来要素所有者依然要发挥协调内外部要素的主体作用，通过固定的合同契约和道德伦理规则，不断调试内外部要素的关系，推动各要素之间的平衡。另外，应充分发挥游客在内外部要素平衡中的第三方评价作用，以旅游体验评判传统村落乡村旅游化过程中内外部要素的平衡效果。

第八章

研究结论与展望

中国村庄数量众多，分布广泛，特色各异，资源禀赋千差万别，在农村产业结构调整过程中，各个村庄根据自身发展现实与特色优势进行产业多样化、农业多功能拓展。尤其在乡村振兴战略背景下，村庄的发展是系统整体的提升过程，是乡村产业、文化、生态、治理、组织等全方位的振兴。这是对中国乡村凋敝现实的反思与回望，也是进一步将乡村发展融入全国整体发展布局、推动发展要素城乡之间双向流动、充分发挥乡村在中国经济社会发展中的功能价值的集中体现。在这一过程中，我们传统村落中那些具备乡村旅游发展条件、满足乡村旅游产业要求的村庄通过自发或者外部要素推动的方式，走上了乡村旅游产业发展的道路。受传统村落乡村特殊自然资源与文化生态的影响，乡村旅游发展对传统村落经济社会整体发展影响深远，部分乡村要素完成旅游功能拓展和旅游化转型，进而，乡村组织结构、治理体系均发生了明显的旅游化变化。

第一节 研究结论

一 基本结论

已有关于乡村旅游的研究主要集中在乡村旅游产业发展方面，例如，乡村旅游资源禀赋、乡村产业发展影响、乡村旅游管理、乡村旅游生态、乡村文化旅游等方面。但从传统村落乡村整体发展的宏观框架审视乡村旅游产业发展，会发现脱离乡村发展整体格局研究乡村旅游具有一定的片面性和局限性。本书从传统村落乡村整体发展出发，对乡村旅游进行多维拓展和架构提升，提出了"乡村旅游化"的概念。乡村旅游化不是一个固定不变的概念框架，而是一种乡村动态发展路径和过程，是乡村旅游产业发展中乡村整体发展呈现出来的普遍性、客观性现象。本书将传统村落乡村旅游化作为研究对象，利用质性研究中的拓展个案研究法，从案例外围立体宏观环境下解释个案的乡村旅游化现象，利用包括文献研究法、参与式观察法、访谈法、类型比较分析法在内的资料收集与分析方法，系统研究传统村落乡村旅游化的发展动力和平衡治理。如前文分析，本书主要得出以下结论。

第一，传统村落乡村更存在乡村旅游化的可能性、正式性和合理性，更容易实现从乡村旅游到乡村旅游化的转变。传统村落乡村呈现出以乡村公共要素为基础，以村民传统的生产生活要素为主体，层级有序、关联紧密的旅游组织系统，更容易出现乡村系统要素的旅游化转型，从而促成乡村整体旅游化的发展格局。传统村落乡村要素包括劳动力、土地、金融、文化、社会网络、空气、水、房屋等。在乡村旅游产业发展过程中，传统村落乡村要素的原有属性逐渐向旅游化转变。这一转变是一种内向属性向外向属性的变化，是单功能向多功能的变化，也是一种相互的市场化变化。在乡村旅游介入之前，相对于其他地区，传统村落乡村要素属性更偏向内向、单一功能，也更缺乏市场属性，相反，在乡村旅游介入之后，相对于其他地区，传统村落乡村要素的外向属性、多功能和市场化属性更加明显。传统村落乡村旅游化中最具承载性的要素是土地、资金、劳动力三大要素，传统文化、生态环境、公共建筑，以及村民的私有房屋、个人技能等要素的旅游化属性转变往往是依附于三大主体要素的旅游化转变进行的。

第二，村庄是全体农户的村庄，传统村落乡村旅游化中农户充当着资源要素供给主体的角色，而这一角色的动力根源是农户的旅游生计资本。自古而今，任何政策、资源都要通过农民的有效应对发挥作用。国家把控农村发展的重要路径应是"以人为中心"，即不断满足农民物质文化生活等方面的需求，以及农民全面发展的能力，而这都可以归纳为农户生计。乡村旅游产业的发展对农户生计产生深远影响，传统的生计统计标准已不能适应乡村旅游地农户生计的客观情况，基于此，本书提出了"旅游生计资本"的分析框架，包括旅游人力资本、旅游自然资本、旅游物质资本、旅游金融资本和旅游社会资本。农户生计要素的旅游化潜能与乡村旅游产业发展的核心需求之间的对应协同关系是实现农户旅游生计挖掘与乡村旅游产业发展的基础。农户旅游生计在推动传统村落乡村旅游行业、产业发展的同时，对乡村整体发展也有明显的推动作用，主要体现在对国家乡村发展宏观布局的有效应对，以及国家战略在传统村落乡村的落地实践。传统村落乡村旅游地农户的旅游生计是推动乡村振兴战略落地实施的重要动力。

第三，村庄的发展根本依然在于村庄内生动力，传统村落乡村旅游化发展动力中乡村精英群体发挥着重要的引导作用和示范功能。传统村落在市场经济辐射蔓延、在村民自治的乡村政治，以及宗族传统势力影响过程中产生了经济精英、宗族精英和基层干部三类乡村精英。经济精英、宗族精英、基层干部三者之间存在不可剥离的网络关系，他们之间的多元协同成为传统村落乡村发展的新势力，他们引导和推动了乡村要素属性的旅游化转变。传统村落乡村旅游地的经济精英引导产业结构的旅游化转型，推动乡村政治的旅游化转变；宗族精英推动宗族要素的旅游功能拓展和旅游化转型，支撑乡村旅游化治理有效；基层干部推动乡村整体旅游化稳定可持续，推动乡村旅游化中农户的参与和利益分配。研究发现，传统村落乡村旅游地的经济精英、宗族精英和基层干部均包括传统精英与新生精英两部分群体。

第四，旅游化是一个外向的、开放的动态变化过程，传统村落乡村旅游化发展动力中各外部要素发挥重要的激发与推动作用。传统村落乡村旅游化过程中，旅游消费者、外来资本主体和地方政府是外部相关利益主体中三个核心组成部分，它们通过对乡村旅游地的影响和干预，实现自身的利益诉求，并通过乡村旅游地农户、乡村精英等内因要素影响着乡村旅游化的整体进程。旅游消费者在旅游市场中旅游行为的灵活性和自主性打造了绝对"话语权"，推动乡村要素的旅游化，提高乡村旅游化的创新性。传统村落乡村要素的流出，为包括市场资本和财政资本在内的外来资本提供了流入空间，通过市场资本与乡村的直接结合、政府专项资金与乡村的直接结合、政府参与的市场资本与乡村的三者协同的方式，激发乡村旅游规模经济效应、知识溢出效应、社会组织效应。地方政府在乡村振兴战略驱动下，在经济利益、政治利益和公共声誉的激励下，积极加入乡村旅游化过程中，推动乡村旅游产业化、样板化发展，推动地方政府主导的乡村公共治理旅游化。

第五，政策的强引导是推动这些发展动力达成的关键因素、基本动因，在传统村落乡村旅游化行动者网络中充当核心行动者的角色。传统村落乡村旅游化各动力要素均有各自的动力根源、动力路径、动力机制，组合搭配后，动力失衡是常态，绝对平衡是偶然。每个动力要素都有其存在的合理性，都按照自有的行为逻辑和发展规则行使着自身的合法权利，并形成七个微型发展动力系统。这七个微型发展动力系统的作用对象和活动场域都是在传统村落乡村旅游地，进而出现彼此之间的交集、协同、融合、摩擦等各种集合场景，最终形成推动传统村落乡村旅游化的动力机制。而这一动力机制，根据乡村旅游化不同的发展阶段、不同的传统村落社会发展场域，存在明显的差异。在潜在旅游化阶段，推动乡村旅游产业发展的动力相对单一，且不容易获得其他潜在旅游相关者的支持配合。在初始旅游化阶段，乡村旅游产业已经发展到一定阶段，推动乡村旅游产业发展的动力已经形成基本的闭环集合。在成熟旅游化阶段，往往达到了乡村旅游产业高度集成发展程度，形成了完整的乡村旅游产业链，并因规模优势和特色优势，在一定的区域范围内获得显著的发展"垄断力"。

第六，传统村落乡村旅游化过程中，各发展动力之间的失衡集中表现为"过度旅游"。传统村落乡村旅游化发展动力失衡表现在两个方面：其一是乡村农户、精英群体、旅游消费者、外来资本主体、地方政府等发展动力之间的动力失衡；其二是乡村要素"唯旅游化"转型的乡村发展结构性失衡，而这两者集中表现为传统村落乡村过度旅游。过度旅游不仅指游客过度地进行旅游活动，从公共管理的视角分析，传统村落乡村旅游发展过程中的过度旅游是指乡村旅游各参与主体进行过度旅游引导、过度旅游开发、过度旅游经营、过度旅游消费，从而引起传统村落社会各要素的紊乱，影响传统村落社会的可持续发展。

第七，"政府主导，主体协调"的平衡治理是传统村落乡村旅游化治理机制构建的方法指导。任何社会发展系统均要基于发展动力与平衡治理的双核结构，传统村落乡村旅游化过程中，需要构建与发展动力相对应的平衡治理。平衡治理的最高表现是和谐，又具体表现为经济发展过程中的权责平衡、人类社会关系的公平民主、社会整体运行的稳定有序。发展动力与平衡治理不是孤立存在的，发展动力产生时，相应的平衡治理随之构建。衡量一个社会发展的理想化程度，还需要考量在发展动力与平衡治理基础之上建立的系列制度、规则、治理体系是否维护了各利益相关者的权责关系，是否实现社会系统中经济社会文化的协调共生，是否推动社会治理有效，以实现社会整体发展的稳定有序。传统村落乡村旅游化过程中，构建与发展动力对应的"政府主导，主体协调"平衡治理是推动传统村落乡村旅游化稳定可持续的重要机制。乡村平衡治理主体结构的多元化、治理路径的民主协商与合作共治、治理目标之满足人民对美好生活的向往、基层组织治理能力要求和服务下移，共同构成传统村落乡村旅游化公共治理的场域。"政府主导，主体协调"平衡治理的构建需要政府提高对社会文化价值认同的形塑能力和对多元合作命运共同体的构建能力。以平衡治理为方法指导，根据传统村落乡村旅游化中各个发展动力和动力机制的特点，构建"政府主导，主体协调"平衡治理，主要体现在制度建设、利益平衡、内容平衡和责任平衡四个方面。政府应设计维护核心公共价值、兼顾公平与效率的制度框架；从不同角度明确利益相关者，对其进行利益相关程度划分，建立利益平衡治理；明确传统村落乡村旅游化的内容，构建乡村相关要素的旅游功能拓展和旅游化转型的内部平衡，构建乡村旅游产业发展、乡村社会组织结构调整与乡村公共治理变更之间的内部平衡；明确相关责任主体，建立责任平衡治理，各参与主体均从各个侧面发挥应有责任，遵循利益与责任之间的对应关系，利益（经济利益、政治利益等）获得者必然承担对应的责任。

二 相关建议

党的十九大报告要求："坚持农业农村优先发展，按照产业兴旺、生态宜居、乡风文明、治理有效、生活富裕的总要求，建立健全城乡融合发展体制机制和政策体系，加快推进农业农村现代化。"2018年7月，习近平总书记对实施乡村振兴战略作出的指示强调，"要坚持乡村全面振兴，抓重点、补短板、强弱项，实现乡村产业振兴、人才振兴、文化振兴、生态振兴、组织振兴，推动农业全面升级、农村全面进步、农民全面发展"。① 可见，未来城乡融合是多要素、多渠道的融合，乡村发展是全要素、全方位的发展。传统村落乡村在生态环境、传统文化、乡土民风等方面的资源禀赋为其产业多样化、农业多功能提供了基础，也为部分村庄的乡村旅游发展提供了重要前提基础和资源要素。针对传统村落发展乡村旅游的村庄而言，在关注乡村旅游产业发展的背景下，更应该从乡村旅游化这一整体系统的角度对村庄经济社会的全面发展进行把握，以推动村庄的稳定有序发展。通过对传统村落乡村旅游化过程中的主要发展动力、平衡治理的分析，我们认为，可以从以下方面激发传统村落乡村发展的各内外部动力，并通过平衡治理的构建，推动以乡村旅游为特色的传统村落的全面发展。

第一，政府应充分认识乡村旅游与乡村旅游化的联系与区别，从乡村旅游化的视角推动以乡村旅游为特色的传统村落稳定有序发展。如上文所述，每个传统村落都是一个发展系统，而发展系统就需要具备齐全的发展要素，所以传统村落发展一定不仅是乡村旅游产业发展，更应该是村庄全要素的发展，还应该包括农户能力提升、乡土文化传承、生态环境美化、社会组织稳健、公共治理有效等多个方面，即使乡村旅游产业高度发达的村庄也不例外。当然，可以把乡村旅游产业发展作为传统村落整体发展的切入点和有效抓手，并以此带动传统村落其他要素的旅游化转型，从而推动传统村落的稳定有序发展，但是要避免乡村旅游产业发展与乡村社会发展中其他发展领域和发展部分之间的持续失衡。从乡村旅游化的视角推动传统村落的发展，需要利益相关者，尤其是公共治理参与者，重视乡村旅游的功能作用，并从产业振兴、人才振兴、文化振兴、生态振兴和组织振兴的网络视角重视乡村各要素的功能价值，重视各参与主体的利益与责任，推动传统村落乡村旅游化的稳定有序发展。

第二，政府应充分认识农户群体在乡村旅游化中的作用，从提高旅游生计资本的角度，提高他们参与乡村旅游的积极性。如上所述，村庄归根结底是农户的村庄，村庄内的发展要素也涉及农户的根本利益，村

---

① 中共中央党史和文献研究院编：《习近平关于"三农"工作论述摘编》，中央文献出版社 2019 年版，第 19 页。

庄发展不能脱离农户的参与。传统村落乡村旅游化过程中，农户的主体地位体现得非常明显，因为乡村旅游化过程中乡村要素的旅游化与农户生计资本基本重合，旅游化涉及农户生计的方方面面。其一，要推动农户参与式发展的传统村落乡村旅游化进程，以参与式发展彰显农户的主体性角色。农户参与式发展不仅是让其参与到乡村旅游化的利益分配中，还应使其成为乡村旅游化过程中重要事件的参与者，并对最终结果发挥一定的决定权，还应承担相应的责任。避免因种种理由将农户排斥在乡村旅游化之外，而进行没有农户参与的旅游化，这不符合乡村整体发展的基本逻辑，也不利于乡村整体稳定有序发展。其二，要积极帮助农户，推动其生计资本的旅游功能拓展和旅游化转型。通过人力资本的旅游化，提高农户的生产生活能力，使其获得更多的劳动力价值。对没有相关旅游文化和技能、没有可用于旅游化的生计要素的农户而言，根据其需求，通过乡村旅游培训、金融支持等方式，发现其在乡村旅游化中的合理位置。

第三，政府应充分发挥乡村精英的引领和带动作用、外部要素的激发与推动作用，形成传统村落乡村旅游化的整体合力。在乡村振兴战略背景下，乡村发展的全方面提升需要有带头人的引领作用，而在传统村落乡村旅游化过程中乡村精英群体的带动作用也应该得到相关管理部门和治理主体的重视。要注重乡村经济精英的产业经济功能，发挥其在乡村旅游产业发展中的带动作用。还要注重乡村宗族精英的文化功能和治理功能，因为在传统村落乡村旅游化中宗族精英对乡村传统要素的"本真性"见解，以及对乡村传统宗族要素的旅游化转型发挥重要的指导作用。一般而言，乡村基层干部的角色和价值更容易被凸显，需要注意的是，大学生村官、驻村干部等新生乡村基层干部应建立与当地村两委等传统治理主体之间的协同配合关系，以发挥其知识优势、社会资源优势和平台优势。乡村旅游的外向型决定了在传统村落乡村旅游化进程中，要积极获得外部因素的推动与指导。旅游消费者不但对乡村旅游产业发展有供给导向的作用，还能提高乡村要素旅游化的创新性，要将旅游消费者看作乡村旅游发展的一部分，提高他们参与的积极性和贡献度。外来资本的引进不一定是必然选择，根据乡村旅游发展程度进行自我判断，在需要外来资本的情况下，应发挥乡村精英的引领带动作用，通过其社会网络资源，获得优质的外部资本。地方政府掌握更多的旅游政策和发展动向，更能通过集合发展的方式推动传统村落乡村旅游地的多方面发展，需要注意的是处理好地方政府短期利益与传统村落持续发展的关系。

第四，政府应充分权衡乡村旅游化中各发展动力的动力源泉与动力机制，以平衡治理为方法指导，构建对应传统村落乡村旅游化发展动力的"政府主导，主体协调"平衡治理机制。当乡村旅游化发展到一定程度时，参与的发展动力会逐渐增多，但每个发展动力均有自身的动力根源与动力机制，发展动力之间有可能会产生结构性摩擦，甚至彼此背离，这种现象是发展过程中的常态，难以避免，所以传统村落的基层政治组织要发挥管理责任和治理能力，以"政府主导，主体协调"平衡治理为指引，建立制度框架、利益平衡机制、内容平衡机制和责任平衡机制。"政府主导，主体协调"平衡治理机制的落实需要突出公共治理效应，发挥政府的引导作用和服务功能；践行发展主体功能，推动农户群体参与式发展；适应乡村旅游化客观需求，整合调试村庄内外部要素。

第二节 研究展望

本书在已有乡村旅游发展、公共治理研究的基础上，对传统村落乡村旅游化中的发展动力与平衡治理进行了系统研究，提出了"乡村旅游化"的过程性概念，并从多角度研究了传统村落乡村旅游化过程中的发展动力与作用机制，据此提出了平衡治理构建的设想。本书的研究对传统村落乡村旅游产业发展、传统乡村要素旅游化转型、传统村落乡村旅游地持续稳定有序发展具有一定的指导意义和参考价值。但对某一社会发展系统的动力因素的研究难免产生遗漏，且不同社会发展系统存在千差万别的发展动力集合，另外，乡村旅游化是一个动态过程，在资源、政策、市场等要素的变动下，乡村旅游化也会出现明显的变化，进而呈现出更多样化的发展动力，这需要进一步建立对应的平衡治理，因此，由于笔者水平和客观条件的局限，在研究范围、研究深度、研究设计等方面还有很大的改进空间，也为后续研究提供了方向。

第一，对中国乡村旅游村庄进行多维度划分，对它们的乡村旅游产业发展与乡村旅游化过程进行比较研究。本书只是对传统村落乡村旅游地的旅游化过程进行了分类研究，按照潜在旅游化、初始旅游化和成熟旅游化对传统村落乡村旅游地的旅游化进行了分类比较，对发展动力进行比较研究。在后续研究中，将进一步拓展研究范围，从更宽的维度对乡村旅游村庄进行分类研究，提高研究成果的适用性和推广价值。

第二，在当前研究场域范围内，对乡村旅游化的发展动力进行更深入的研究。本书对传统村落乡村旅游化中的农户群体、乡村精英、旅游消费者、外来资本主体和地方政府的作用进行了系统梳理，但是缺乏对每一个发展动力的内部要素、分类标准、动力根源、作用机制、价值功能与影响的细化研究。在后续研究中，将进一步对各动力要素进行深入细化分析，通过社会人类学的研究方法进行充分的实证研究。

第三，基于"政府主导，主体协调"平衡治理的构建，对乡村旅游化中的公共治理问题进行研究。本书仅从传统村落乡村旅游化发展动力的角度提出"政府主导，主体协调"平衡治理构建的设想，缺乏"政府主导，主体协调"平衡治理建立之后乡村公共治理问题的持续研究。但"政府主导，主体协调"平衡治理的构建归根结底应归属于乡村公共治理，在后续研究中，将拉长研究链条，在平衡治理构建的基础上，探索完善乡村公共治理体系，提高乡村公共治理效率的实现路径。另外，在国家行政体系加大对农村发展干预的背景下，在乡村旅游化过程中，继续研究乡村公共治理体系与国家行政体制协同共生的公共管理模式。

参考文献

中文文献

［德］伊曼努尔·康德：《历史理性批判文集》，何兆武译，天津人民出版社2014年版。

［德］尤尔根·哈贝马斯：《重建历史唯物主义》，郭官义译，社会科学文献出版社2000年版。

［美］辛格尔顿：《应用人类学》，蒋琦译述，湖北人民出版社1984年版。

［美］道格拉斯·C·诺斯：《制度、制度变迁与经济绩效》，刘守英译，生活·读书·新知三联书店上海分店1994年版。

［美］杜赞奇：《文化、权力与国家：1900—1942年的华北农村》，王福明译，江苏人民出版社2003年版。

［美］乔·萨托利：《民主新论》，冯克利等译，东方出版社1998年版。

［美］小爱德华·J. 梅奥等：《旅游心理学》，南开大学旅游学系译，南开大学出版社1987年版。

［美］约瑟夫·熊彼特：《经济发展理论》，何畏等译，商务印书馆1990年版。

［日］富永健一：《社会学原理》，严立贤、陈婴婴、杨栋梁、庞鸣译，社会科学文献出版社1992年版。

［英］戴维·赫尔德：《民主的模式》，燕继荣等译，中央编译出版社1998年版。

［英］弗里德利希·冯·哈耶克：《法律、立法与自由》（第二、三卷），邓正来、张守东、李静冰译，中国大百科全书出版社2000年版。

［英］莫里斯·弗里德曼：《中国东南的宗族组织》，刘晓春译、王铭铭

校，上海人民出版社 2000 年版。

［美］E. 赫尔普曼：《经济增长的秘密》，王世华、吴筱译，中国人民大学出版社 2007 年版。

《列宁选集》（第四卷），中共中央马克思恩格斯列宁斯大林著作编译局编，人民出版社 1995 年版。

《马克思恩格斯全集》（第十七卷），人民出版社 1963 年版。

白凯、杜涛：《民族旅游社区治理：概念关联与内部机制》，《思想战线》2014 年第 5 期。

不列颠百科全书编委员会：《不列颠百科全书（国际中文版）：第 5 卷》，中国大百科全书出版社 1999 年版。

曹正汉、史晋川：《中国地方政府应对市场化改革的策略：抓住经济发展的主动权——理论假说与案例研究》，《社会学研究》2009 年第 4 期。

车婷婷、肖星、黄栋：《西北地区县域旅游市场分析与预测——以肃南裕固族自治县为例》，《甘肃农业》2005 年第 2 期。

陈培培、张敏：《从美丽乡村到都市居民消费空间——行动者网络理论与大世凹村的社会空间重构》，《地理研究》2015 年第 8 期。

陈剩勇、徐珣：《参与式治理：社会管理创新的一种可行性路径——基于杭州社区管理与服务创新经验的研究》，《浙江社会科学》2013 年第 2 期。

陈向明：《质的研究方法与社会科学研究》，教育科学出版社 2000 年版。

陈宇：《湘西少数民族地区乡村旅游资源分类及评价》，《中国农业资源与区划》2019 年第 2 期。

陈玉福、刘彦随、龙花楼、王介勇：《苏南地区农村发展进程及其动力机制——以苏州市为例》，《地理科学进展》2010 年第 1 期。

陈振明等：《公共服务导论》，北京大学出版社 2011 年版。

辞海编辑委员会：《辞海：第一卷》，上海辞书出版社 1999 年版。

党国英：《中国农村改革与发展模式的转变——中国农村改革 30 年回顾与展望》，《社会科学战线》2008 年第 2 期。

党国英：《中国乡村社会治理现状与展望》，《华中师范大学学报》（人文社会科学版）2017 年第 3 期。

［美］道格拉斯·诺思、罗伯特·保尔·托玛斯：《西方世界的兴起》，张

炳九译，学苑出版社 1988 年版。

邓小平：《邓小平文选：第三卷》，人民出版社 1993 年版。

杜江、向萍：《关于乡村旅游可持续发展的思考》，《旅游学刊》1999 年第 1 期。

方李莉：《从乡土中国到生态中国的期待——以费孝通乡土中国思想研究为起点》，《旅游学刊》2017 年第 1 期。

费孝通：《乡土中国与乡土重建》，风云时代出版公司 1993 年版。

费孝通：《乡土中国》，生活·读书·新知三联书店 1985 年版。

费孝通：《乡土重建》，岳麓书社 2012 年版。

冯尔康等：《中国宗族社会》，浙江人民出版社 1994 年版。

符继红：《旅游法概论》，科学出版社 2006 年版。

付翠莲：《乡村振兴视域下新乡贤推进乡村软治理的路径研究》，《求实》2019 年第 4 期。

高春凤：《自组织理论视角下的农村社区发展动力》，博士学位论文，中国农业大学，2007 年。

龚为纲：《农业治理转型》，博士学位论文，华中科技大学，2014 年。

桂华：《"没有资本主义化"的中国农业发展道路》，《战略与管理》2013 年第 6 期。

郭凌、王志章、朱天助：《社会资本与民族旅游社区治理——基于对泸沽湖旅游社区的实证研究》，《四川师范大学学报》（社会科学版）2015 年第 1 期。

郭山：《旅游开发对民族传统文化的本质性影响》，《旅游学刊》2007 年第 4 期。

韩福国、张开平：《社会治理的"协商"领域与"民主"机制——当下中国基层协商民主的制度特征》，《浙江社会科学》2015 年第 10 期。

何景明：《边远贫困地区民族村寨旅游发展的省思——以贵州西江千户苗寨为中心的考察》，《旅游学刊》2010 年第 2 期。

贺雪峰：《论乡村治理内卷化——以河南省 K 镇调查为例》，《开放时代》2011 年第 2 期。

贺雪峰、董磊明：《中国乡村治理：结构与类型》，《经济社会体制比较》2005 年第 3 期。

胡粉宁、丁华、郭威：《陕西省乡村旅游资源分类体系与评价》，《生态经济》（学术版）2012年第1期。

胡静、许贤棠、谢双玉：《论乡村旅游资源的可持续开发利用》，《农业现代化研究》2007年第6期。

黄高智等：《内源发展——质量方面和战略因素》，中国对外翻译出版公司1991年版。

黄晓星：《"上下分合轨迹"：社区空间的生产——关于南苑肿瘤医院的抗争故事》，《社会学研究》2012年第1期。

焦长权、周飞舟：《"资本下乡"与村庄的再造》，《中国社会科学》2016年第1期。

赖海榕：《乡村治理的国际比较——德国、匈牙利和印度经验对中国的启示》，《经济社会体制比较》2006年第1期。

兰觉：《贵州山区少数民族乡村经济发展探析》，《贵州民族学院学报》（哲学社会科学版）2010年第4期。

李长健、伍文辉、涂晓菊：《和谐与发展：新农村文化动力机制建构研究》，《长白学刊》2007年第1期。

李良平：《建设农村的社会资本：为农村提供可持续发展的动力》，《理论观察》2006年第5期。

李林凤：《优势视角下的西部乡村民族社区发展》，《中央民族大学学报》（哲学社会科学版）2012年第4期。

李小云主编：《谁是农村发展的主体？》，中国农业出版社1999年版。

李小云主编：《参与式发展概论：理论—方法—工具》，中国农业大学出版社2001年版。

李星群：《民族地区乡村旅游开发村寨居民交际和社会认知能力研究》，《广西民族研究》2010年第1期。

李亚娟：《国内外民族社区旅游开发模式研究》，《贵州社会科学》2016年第8期。

李志飞：《少数民族山区居民对旅游影响的感知和态度——以柴埠溪国家森林公园为例》，《旅游学刊》2006年第2期。

李忠杰：《论社会发展的动力与平衡机制》，《中国社会科学》2007年第1期。

李祖佩：《项目进村与乡村治理重构——一项基于村庄本位的考察》，《中国农村观察》2013年第4期。

刘冠生：《城市、城镇、农村、乡村概念的理解与使用问题》，《山东理工大学学报》（社会科学版）2005年第1期。

刘树成主编：《现代经济词典》，凤凰出版社2005年版。

刘旺、吴雪：《少数民族地区社区旅游参与的微观机制研究——以丹巴县甲居藏寨为例》，《四川师范大学学报》（社会科学版）2008年第2期。

刘遗志、胡争艳、汤定娜：《贵州民族地区旅游生态补偿机制研究》，《改革与战略》2019年第3期。

刘永佶：《农民权利论》，中国经济出版社2007年版。

刘祖云、孔德斌：《乡村软治理：一个新的学术命题》，《华中师范大学学报》（人文社会科学版）2013年第3期。

鲁可荣：《后发型农村社区发展动力研究——对北京、安徽三村的个案分析》，安徽人民出版社2009年版。

陆军：《实景主题：民族文化旅游开发的创新模式——以桂林阳朔"锦绣漓江·刘三姐歌圩"为例》，《旅游学刊》2006年第3期。

陆文荣、卢汉龙：《部门下乡、资本下乡与农户再合作——基于村社自主性的视角》，《中国农村观察》2013年第2期。

吕亚荣、王春超：《工商业资本进入农业与农村的土地流转问题研究》，《华中师范大学学报》（人文社会科学版）2012年第7期。

罗章：《民族乡村旅游开发中三组博弈关系及其博弈改善——以贵州省XJ苗寨为例》，《社会科学家》2015年第1期。

麻国庆：《家与中国社会结构》，文物出版社1999年版。

齐飞：《旅游消费者行为：后现代主义下的趋同与分化》，《旅游学刊》2014年第7期。

钱杭：《宗族建构过程中的血缘与世系》，《历史研究》2009年第4期。

钱宁：《对新农村建设中少数民族社区发展的思考》，《河北学刊》2009年第1期。

秦德文、王怀忠：《制度创新：农村经济发展的强动力》，《农业经济问题》1995年第3期。

尚前浪、陈刚、明庆忠：《民族村寨旅游发展对社区和家庭生计变迁影响》,《社会科学家》2018 年第 7 期。

沈费伟、刘祖云:《发达国家乡村治理的典型模式与经验借鉴》,《农业经济问题》2016 年第 9 期。

史玉丁、李建军:《武陵山区旅游产业发展与生态资本提升协同研究》,《生态经济》2017 年第 10 期。

史玉丁、李建军:《乡村旅游多功能发展与农村可持续生计协同研究》,《旅游学刊》2018 年第 2 期。

苏静、孙九霞:《旅游影响民族社区社会关系变迁的微观研究——以岜沙苗寨为例》,《旅游学刊》2017 年第 4 期。

孙新华:《农业经营主体:类型比较与路径选择——以全员生产效率为中心》,《经济与管理研究》2013 年第 12 期。

唐文跃、张捷、罗浩:《新西兰旅游研究及对我国的启示》,《地理与地理信息科学》2007 年第 3 期。

陶犁:《云南怒江州旅游资源评价》,《学术探索》2002 年第 2 期。

陶玉霞:《乡村旅游需求机制与诉求异化实证研究》,《旅游学刊》2015 年第 7 期。

童星:《发展社会学与中国现代化》,社会科学文献出版社 2005 年版。

涂圣伟:《工商资本下乡的适宜领域及其困境摆脱》,《改革》2014 年第 9 期。

汪涛、何昊、诸凡:《新产品开发中的消费者创意——产品创新任务和消费者知识对消费者产品创意的影响》,《管理世界》2010 年第 2 期。

王兵:《从中外乡村旅游的现状对比看我国乡村旅游的未来》,《旅游学刊》1999 年第 2 期。

王冬萍、阎顺:《1998—2000 年新疆国内游客调查分析——兼析新疆旅游市场的发展》,《干旱区地理》2003 年第 1 期。

王沪宁:《比较政治分析》,上海人民出版社 1987 年版。

王能能、孙启贵、徐飞:《行动者网络理论视角下的技术创新动力机制研究——以中国自主通信标准 TD-SCDMA 技术创新为例》,《自然辩证法研究》2009 年第 3 期。

王汝辉、刘旺:《民族村寨旅游开发的内生困境及治理路径——基于资源系统特殊性的深层次考察》,《旅游科学》2009 年第 3 期。

王锐生:《社会主义本质论》,《中国社会科学》1996年第4期。

王思斌:《村干部的边际地位与行为分析》,《社会学研究》1991年第4期。

王兆峰、鹿梦思:《民族地区旅游市场结构、游客行为与感知分析——以湘西州为例》,《西南民族大学学报》(人文社会科学版)2016年第12期。

吴晓萍、LIU Hui-wu:《论乡村振兴战略背景下民族地区的乡村建设与城乡协调发展》,《贵州师范大学学报》(社会科学版)2017年第6期。

吴晓山:《民族文化旅游产品文化失真对消费者行为影响的实证检验》,《统计与决策》2012年第22期。

吴莹、卢雨霞、陈家建、王一鸽:《跟随行动者重组社会——读拉图尔的〈重组社会:行动者网络理论〉》,《社会学研究》2008年第2期。

吴祖鲲、王慧姝:《文化视域下宗族社会功能的反思》,《中国人民大学学报》2014年第3期。

肖佑兴、明庆忠、李松志:《论乡村旅游的概念和类型》,《旅游科学》2001年第3期。

谢天慧:《中国乡村旅游发展综述》,《湖北农业科学》2014年第11期。

熊辉、彭重华、朱明:《湘西侗族村寨旅游资源评价及可持续发展对策》,《湖南林业科技》2007年第1期。

徐唐龄:《中国农村金融史略》,中国金融出版社1996年版。

徐燕、熊康宁、殷红梅:《贵州少数民族地区乡村旅游开发研究——以兴义市南龙村为例》,《贵州民族研究》2007年第6期。

徐勇:《"政策下乡"及对乡土社会的政策整合》,《当代世界与社会主义》2008年第1期。

许远旺、陆继锋:《现代国家建构与中国乡村治理结构变迁》,《中国农村观察》2006年第5期。

薛晋华:《农业信息化是推动农村经济发展的动力》,《中共山西省委党校学报》2005年第1期。

薛群慧、邓永进:《论民俗风情旅游消费需求的激发及其行为特征》,《贵州社会科学》1998年第5期。

颜德如:《以新乡贤推进当代中国乡村治理》,《理论探讨》2016年第

1 期。

杨阿莉：《从产业融合视角认识乡村旅游的优化升级》，《旅游学刊》2011 年第 4 期。

杨富斌：《旅游法研究：问题与进路》，法律出版社 2011 年版。

杨通银：《侗族语言资源和非物质文化遗产》，《贵州民族研究》2009 年第 1 期。

于建嵘：《新时期中国乡村政治的基础和发展方向》，《中国农村观察》2002 年第 1 期。

于建嵘：《岳村政治——转型期中国乡村政治结构的变迁》，商务印书馆 2001 年版。

俞可平：《思想解放与政治进步》，社会科学文献出版社 2008 年版。

郁建兴、高翔：《地方发展型政府的行为逻辑及制度基础》，《中国社会科学》2012 年第 5 期。

［美］詹姆斯·S. 科尔曼：《社会理论的基础：上册》，邓方译，社会科学文献出版社 1999 年版。

张富刚、刘彦随：《中国区域农村发展动力机制及其发展模式》，《地理学报》2008 年第 2 期。

张宏梅、刘少湃、于鹏、唐玉凤：《消费者创新性和使用动机对移动旅游服务融入意向的影响》，《旅游学刊》2015 年第 8 期。

张金鹏：《多民族地区乡村民族社区发展研究》，《云南民族大学学报》（哲学社会科学版）2005 年第 1 期。

张善根：《乡村振兴视野下的村治立法探析》，《西北大学学报》（哲学社会科学版）2019 年第 2 期。

张勇、汪应宏：《农村土地综合整治中乡村生态文明的审视》，《中州学刊》2013 年第 4 期。

张宇、刘伟忠：《地方政府与社会组织的协同治理：功能阻滞及创新路径》，《南京社会科学》2013 年第 5 期。

张卓、刘伟江：《旅游消费者权益保护的现实困境及其立法完善》，《重庆社会科学》2018 年第 9 期。

赵洪凤：《媒体对旅游消费者权益的保护研究》，《新闻战线》2015 年第 5 期。

钟洁:《西部民族地区旅游生态补偿政策实施的实践探索》,《民族学刊》2017 年第 1 期。

朱剑峰:《从"行动者网络理论"谈技术与社会的关系——"问题奶粉"事件辨析》,《自然辩证法研究》2009 年第 1 期。

朱希刚:《农村产业结构调整与农村经济发展》,《农业技术经济》1999 年第 6 期。

朱璇:《新乡村经济精英在乡村旅游中的形成和作用机制研究——以虎跳峡徒步路线为例》,《旅游学刊》2012 年第 6 期。

英文文献

Boulding, K. E., "The Economics of the Coming Spaceship Earth", *Environmental Quantity in a Grouting*, Vol. 58, No. 4, 1966.

Bramwell, B., Lane, B., "Critical Research on the Governance of Tourism and Sustainability", *Journal of Sustainable Tourism*, Vol. 19, No. 4 – 5, 2011, pp. 411 – 421.

Foxall, G. R., *Corporate Innovation*, New York: St Martin's Press, 1984.

Robinson, Guy M., *Conflict and Change in the Countryside*, USA: Belhavan Press, 1990.

Hardy, C. A., Williams, S. P., "E-government Policy and Practice: A Theoretical and Empirical Exploration of Public E-procurement", *Government Information Quarterly*, Vol. 25, 2008, pp. 155 – 180.

Mahring, M., Keil, M., Montealegre, R., "Trojan Actor-networks and Swift Translation: Bringing Actor-network Theory to IT Project Escalation Studies", *Information Technology & People*, Vol. 17, No. 2, 2004, pp. 210 – 238.

Mark Elvin, *The Pattern of the Chinese Past*, Stanford: Stanford University Press, 1973.

Miscenic, E., "Croatian Case 'Franak': Effective or 'Defective' Protection of Consumer Rights?", *Harmonius Journal of Legal & Social Studies in South East Europe*, Vol. 22, No. 10, 2016, pp. 184 – 209.

Moser, Caroline O. N., "The Asset Vulnerability Framework: Reassessing Urban Poverty Reduction Strategies", *World Development*, Vol. 26, No. 1,

1998, pp. 1 – 19.

Myrdal, G., *Economic Theory and Underdeveloped Regions*, London: Duckworth, 1957.

Nunez, T. A., "Tourism, Tradition and Acculturation: Weekendismo in a Mexican Village", *Ethnology*, Vol. 12, No. 3, 1963, p. 347.

Pierre Bourdieu, Loic Wacquant, *Invitation to Reflexive Sociology*, Chicago: University of Chicago Press, 1992.

Richardon, H. W., *Regional Growth Theory*, London: Macmilan, 1973.

Schneider, L., "Social Change: Social Theory and Historical Proces, American Joural of Sociology", Vol. 84, No. 3, 1978.

Selucká, Markéta, "The New Civil Code and Protection of a Consumer Concluding an Off-premis-es Contract", *Cheminform*, Vol. 40, No. 4, 2015.

Shaler, N. S., *Man and the Earth*, New York: Fox Duffield, 1905.

The World Commission on Environment and Development, *Our Common Future*, Oxford: Oxford University Press, 1987.

Thomas, K., *Man and the Natural World: Changing Attitudes in England, 1500 – 1800*, London: Allen Lane, 1996.

Vabdana, D., Robert, B. P., *The Companion to Development Studies*, Oxford: Oxford University Press Inc, 2002.

Word Bank, *Word Development Report 2000/2001 Attacking Poverty*, New York: Oxford University Press, 2001.

World Bank, *World Development Report 1994: Infrastructure for Development*, Oxford: Oxford University Press, 1994.

Yuksel, F., Bramwell, B., Yuksel, A., "Centralized and Decentralized Tourism Governance in Turkey", *Annals of Tourism Research*, Vol. 32, No. 2, 2005, pp. 859 – 886.

Zhang, B., Kim, J. H., "Luxury Fashion Consumption in China: Factors Affecting Attitude and Purchase Intent", *Journal of Retailing and Consumer Services*, Vol. 20, No. 1, 2013, pp. 68 – 79.

附　　录

调查问卷：新建村乡村旅游体验与发展调查

尊敬的游客：

您好！

请您在百忙之中，在不用任何工具查询或外人帮助下，凭借自己的能力完成问卷。本问卷的相关内容仅用于博士学位论文研究，请您放心填写相关信息。

谢谢！祝您生活愉快！

1. 您的性别：男（　　）　女（　　），出生年份：_____年，
2. 现住址：_____
3. 您的职业：_____，受教育程度：_____
4. 您去过黔江_____个旅游点，您认为黔江最好的乡村旅游地是_____
5. 您第一次来新建村旅游是_____年，这是您第____次来新建村旅游
6. 新建村最吸引您的是_____
7. 新建村乡村旅游最大的变化是_____
8. 您在新建村旅游过程中，购买的旅游服务或旅游物品频次或偏爱度排名

[　] 农家乐餐饮　　　　[　] 民宿　　　　[　] 摆手舞体验
[　] 采摘　　　　　　　[　] 土家民俗博物馆

[　] 银器等小型旅游商品　　[　] 跑客节等活动
　　[　] 农家土产品　　　　　　[　] 纯休闲　　　　[　] 吊脚楼
　　[　] 生态风光　　　　　　　[　] 手工艺体验　　[　] 名人馆
　　[　] 土家寨子　　　　　　　[　] 风雨廊桥

9. 您在旅游过程中，会不会把旅游体验简单的反馈给旅游经营者？
　　[　] 会　　　　　　　　　　[　] 不会

10. 您认为当前新建村乡村旅游较为薄弱的基础设施是什么？（可多选）
　　[　] 交通　　　　　　　　　[　] 餐饮　　　　　[　] 住宿
　　[　] 医疗　　　　　　　　　[　] 安保

11. 在新建村乡村旅游过程中，您接触最频繁的是？
　　[　] 旅游经营者　　　　　　[　] 村民　　　　　[　] 旅游管理者

12. 您认为，新建村乡村旅游经营应该以哪些人为主体？
　　[　] 专业旅游人员　　　　　[　] 旅游公司
　　[　] 新建村村民　　　　　　[　] 无所谓

13. 您认为，游客对乡村旅游创新性的影响？
　　[　] 很大　　　　　　　　　[　] 较大　　　　　[　] 一般
　　[　] 较小　　　　　　　　　[　] 几乎没有

14. 相对于新建村本真性的土家文化，您是否更喜欢市场化的土家文化产品？
　　[　] 是　　　　　　　　　　[　] 不是　　　　　[　] 无所谓

15. 您喜欢新建村体系化的乡村旅游，还是喜欢原生态的乡村旅游？
　　[　] 前者　　　　　　　　　[　] 后者　　　　　[　] 无所谓

16. 作为游客，您可以在哪些方面推动新建村乡村旅游健康发展？（可多选）
　　[　] 发展思路　　　　　　　[　] 产品设计
　　[　] 宣传营销　　　　　　　[　] 文化挖掘
　　[　] 旅游活动参与　　　　　[　] 创新要素
　　[　] 其他：＿＿＿＿＿＿

17. 作为游客，您可以通过什么方式推动新建村乡村旅游健康发展？（可多选）

[ ] 建议留言　　　　　[ ] 人才对接
[ ] 政策参与　　　　　[ ] 技术推广
[ ] 其他：_____

调查问卷：新建村村民生计与旅游化参与调查

尊敬的新建村居民：

您好！

请您在百忙之中，在不用任何工具查询或外人帮助下，凭借自己的能力完成问卷。本问卷的相关内容仅用于博士学位论文研究，请您放心填写相关信息。

谢谢！祝您生活愉快！

1. 您的性别：男（　）　女（　），出生年份：_____年，

2. 现住址：[ ] 土家十三寨：_____；[ ] 土家十三寨周围

3. 您主要的收入来源：_____，您的受教育程度：_____

4. 您的家庭有____人，其中，60岁以上____人，40—60岁____人，20—40岁____人，10—20岁____人，10岁及以下____人。

5. 您的住房是_____结构，住房面积_____。

6. 您有田地面积____亩，山林面积____亩，水塘面积____亩。

7. 您有过金融借贷吗？如果有主要是哪种方式？

[ ] 没有

[ ] 有：[ ] 银行金融，[ ] 乡村高利贷，[ ] 乡村村民之间的借贷，[ ] 乡村村民和组织机构的无偿援助

8. 您参与的社会组织有哪些

[ ] 村委会　　　　　[ ] 村民代表组织

[ ] 人大代表：●乡镇，●区级，●重庆市级，●全国

9. 您的社会关系主要是：●亲戚，●乡邻，●外出务工工友，●其他：_____

10. 新建村乡村旅游发展过程中，您参与程度如何

[ ] 全程参与　　　　　[ ] 偶尔参与　　　[ ] 无参与

11. 您的哪些生产生活要素参与了新建村乡村旅游发展

[　] 房屋　　　　　　[　] 土地　　　　　　[　] 劳动力

[　] 手工艺　　　　　[　] 个人才艺　　　　[　] 个人资金

[　] 其他：_____

12. 您参与新建村乡村旅游发展的过程是否顺畅：● 是，● 不是。如果是，主要动力来自

[　] 政策引导　　　　[　] 村干部带动

[　] 能人精英带动　　[　] 家族权威人士带动

[　] 个人争取　　　　[　] 其他：_____

13. 参与乡村旅游发展，对您生计的影响

[　] 很大　　　　　　[　] 较大　　　　　　[　] 一般

[　] 不明显　　　　　[　] 无作用

14. 乡村旅游过程对新建村土家传统文化改变

[　] 很大　　　　　　[　] 较大

[　] 不明显　　　　　[　] 无改变

15. 在乡村旅游经营过程中，是否遇到摩擦或矛盾，如果有主要在哪方面

[　] 没有

[　] 有：[　] 与村委会　　[　] 与外来经营者　[　] 与本村村民

[　] 与游客　　　　　[　] 与乡镇政府　　[　] 与黔江旅投集团

16. 您认为新建村乡村旅游发展中各要素参与的最大推动者是

[　] 黔江区政府　　　[　] 小南海镇政府

[　] 村委会　　　　　[　] 普通村民

[　] 游客　　　　　　[　] 村民精英

[　] 其他：_____

17. 您认为，在利益、责任划分方面，新建村乡村旅游管理者把控的如何

[　] 把控很好

[　] 有待改进：_____

访谈提纲：乡村经济精英参与乡村旅游化情况

1. 您为什么要转行做乡村旅游？动力来自哪里？
2. 您做乡村旅游过程中，主要的阻力是什么？如何化解的？
3. 您对新建村乡村旅游发展的前景有何看法？为什么？
4. 您对新建村乡村旅游发展带来哪些正能量？发挥了什么作用？
5. 在新建村乡村旅游发展过程中，您如何处理自身利益与普通村民利益、村庄公共利益的关系？

访谈提纲：新建村村干部与党员代表参与乡村旅游化情况

1. 您认为新建村乡村旅游产业发展对新建村经济社会带来的影响有哪些？
2. 村委会在新建村乡村旅游发展中主要发挥了什么作用？
3. 您认为新建村乡村旅游发展中村民哪些要素的参与是至关重要的？为什么？
4. 您认为新建村乡村旅游发展有没有冲击以往的村庄公共管理？如何应对？
5. 您认为新建村乡村旅游发展最重要的动力来自哪里？是如何发挥作用的？
6. 在新建村乡村旅游产业发展和村民要素旅游化过程中，让您印象最深的危机事件是什么？您是如何化解的？

访谈提纲：新建村宗族代表参与乡村旅游化情况

1. 您认为新建村乡村旅游发展对传统土家文化等要素的冲击大不大？为什么？
2. 新建村乡村旅游化过程中，您家族是如何参与的？发挥了什么作用？
3. 新建村乡村旅游化过程中，各宗族代表之间是否有意见冲突？在哪些方面？

访谈提纲：黔江区旅游管理部门与乡村旅游化

1. 黔江区为什么选择新建村重点发展乡村旅游产业？
2. 在推动新建村乡村旅游发展中，获得了哪些部门的协作？它们为什么参与？效果如何？
3. 在推进新建村乡村旅游发展过程中，镇政府、村委会的响应程度如何？是如何自上而下地落实乡村旅游发展事项的？
4. 黔江旅投集团在新建村乡村旅游发展中主要发挥什么作用？未来如何处理其与新建村村民的权责关系？
5. 在以乡村旅游推动新建村经济社会健康发展过程中，最大的障碍是什么？是如何化解的？
6. 黔江区会不会参与新建村乡村公共治理？如何参与？为什么？

后　记

书稿暂时告一段落，但我却没有如释重负的感觉。乡村旅游的路依旧坎坷，甚至乡村旅游的命题依然根基不深。乡村旅游研究本应是一个问题导向非常清晰的学术阵地，但在深刻的学科研究范式的影响下，已然成为"门槛极低"的"众议话题"，不同学科的学者对乡村旅游有着截然不同的看法，甚至专门研究乡村发展、旅游管理的学者对乡村旅游的学理判断和现实发展问题的观点都相差甚远，可见聚焦乡村旅游现实命题的应用研究依然任重道远。

屈指算来，我关注乡村旅游问题已有十二年整，从重庆旅游职业学院任教，到中国农业大学读博，再到中国旅游研究院（文化和旅游部数据中心）进行博士后工作，对乡村旅游的认识经历了"看山就是山，看山不是山，看山还是山"的些许顿悟。有幸长期工作生活在重庆市东南地区，这是一个传统村落聚集、民族文化氛围浓郁、自然生态完好、百姓善良纯朴的多省交界的地方，是非常适合学术研究的珍贵净土。通过长期对渝东南地区乡村旅游现象的观察思考，我对乡村旅游研究的兴趣越发浓厚，传统村落旅游化、旅游地农户生计等问题逐渐成为我的学术研究主阵地。从乡村系统发展的角度分析乡村旅游现象会发现，乡村旅游发展过程中的多主体博弈、可持续发展、各主体利益追求与乡村高质量发展目标之间的摩擦等问题将长期存在，看似成为一个无解的永恒难题，但也从土家十三寨、濯水古镇等乡村旅游地的发展经验中总结出具有一定普遍性的发展方案。众所周知，一百个乡村，就会有一百个形式各异的乡村旅游模式，关于乡村旅游发展规律性的研究颇为困难，但通过提升维度看问题，不难发现，任何一个乡村旅游地的发展都是被当地居民、各级政府、游客等主体推动的，所以，从多主体和多动力的角度研究乡村旅游发展问题，自然提高了研究的普适性和规律性。

本书的核心命题是乡村旅游化。乡村旅游化（Rural Tourismization）是在乡村旅游发展过程中，乡村内外部要素，在形态、功能、价值、权责等方面，由原有属性向旅游属性动态变化的过程，具有明显的系统性、动态性、关联性特征。乡村旅游化对乡村经济社会发展的影响深远，对乡村产业格局、社会组织结构、综合治理系统、乡土文化脉络等均产生了显著影响，所以，对乡村旅游化的研究不仅是旅游管理问题，还是重要的乡村社会发展问题和乡村公共管理问题。本书没有对"旅游化"进行主观价值判断，而是将其作为一个系统化的研究对象，以旅游化动力为切入点和重要抓手，研究旅游化的动力机制和公共治理对策。这种研究具有全面性和综合性，是对以往乡村旅游研究的新拓展，也是解决乡村旅游地公共治理难题的一种新探索。

本书聚焦于传统村落，对其乡村旅游化问题进行系统研究。本书敏锐地观察到，传统村落的乡土文化留存完整、传统乡村社会特色鲜明，与普通村庄相比，传统村落更具备旅游化的可能性、正式性和合理性。本书对这一现实问题的分析视角和研究过程，一定程度上拓展了旅游管理和乡村公共管理研究的理论视野。

至今，我也难以自我断定关于乡村旅游的研究是否有可持续的价值，但有两点是可以肯定的：第一，乡土情怀一直是我学术长河的河床，正是因为有乡土情怀，关于乡村旅游的学术生命才显得自信而厚重；第二，问题导向一直是我张扬学术影响、守护学术阵地的利器，正是因为善于聚焦问题、勇破学科壁垒，才使我关于乡村旅游的研究赢得些许关注。这本书是我长期关注乡村旅游发展后，形成的自我学术里程碑式的成果，其中"乡村旅游化""过度旅游"是长期进行乡村旅游田野调查后的理论思想总结；"旅游生计资本""精英价值""政府主导"是从乡土社会系统视角关注乡村旅游现实问题后提炼的现实命题。但无论是新提出的理论思想，还是新得出的思路观点，均需要再次通过大量的田野调查进行深入研究，以充实理论框架，佐证思路观点，不得不说，乡村旅游化的研究任重道远。

只有站在巨人的肩上，才有可能提升维度看问题，获得高瞻远瞩的成果。本书从框架搭建到研究方法，从案例选择到观点提炼，均得到我的博士生导师——中国农业大学人文与发展学院李建军教授的耐心指导，在此向敬爱的李建军教授表达深深的敬意。本书在撰写过程中，查阅、参考了大量关于乡村旅游、乡村治理、农户生计、系统论等不同学科，贯通中外的学术成果（在本书的参考文献中已尽量详尽地收集编入相关研究成果，但仍难免有所遗漏），在此，谨向各位作者与出版机构表示衷心的感谢。

本书得到2023年山东省高等学校青创科技支持计划"乡村振兴过程中外来资本与农户利益联结机制创新研究"（项目编号：2023RW086）、2023年度山东女子学院优秀学术著作出版基金的资助和支持，在此一并致以诚挚的感谢。

史玉丁

2024年10月21日